中共贵州省委宣传部、贵州大学
“部校共建”传媒学院专项资金资助出版

Xiwang Communication Library

贵州大学溪望传播文库

社交化阅读中的知识生产与服务研究

杨逐原　著

WUHAN UNIVERSITY PRESS
武汉大学出版社

图书在版编目(CIP)数据

社交化阅读中的知识生产与服务研究/杨逐原著.—武汉：武汉大学出版社,2021.4(2022.4 重印)
贵州大学溪望传播文库
ISBN 978-7-307-22181-9

Ⅰ.社…　Ⅱ.杨…　Ⅲ.互联网—关系—知识经济—研究　Ⅳ.F062.3-39

中国版本图书馆 CIP 数据核字(2021)第 047111 号

责任编辑:唐　伟　　责任校对:李孟潇　　版式设计:马　佳

出版发行：**武汉大学出版社**　(430072　武昌　珞珈山)
(电子邮箱：cbs22@ whu.edu.cn　网址：www.wdp.whu.edu.cn)
印刷：武汉邮科印务有限公司
开本:720×1000　1/16　印张:15　字数:242 千字　插页:2
版次:2021 年 4 月第 1 版　　2022 年 4 月第 2 次印刷
ISBN 978-7-307-22181-9　　定价:49.00 元

序　言

知识生产与服务已经成为国家促进经济社会发展的重要战略。在互联网尤其是移动互联网蓬勃发展的今天，社交化阅读平台不会安心于做知识传播的载体，它犹如一盏高悬的明灯，照耀着知识的生产、传播、消费和分享等各个领域，在社会建设和国家发展中的发挥着巨大的作用。

知识生产与服务是互联网的下一个爆点，社交化阅读空间中蕴藏着一个个人类未曾想象过的充满魅力的知识生产与服务平台，来自各个领域、各个阶层的知识生产、服务主体都能随时随地地进入社交化阅读平台上开展相关的活动，使社会化阅读平台中的知识生产与服务深深地嵌入网络社会的基础结构之中，成为推动社会变革的巨大力量。对社交化阅读中的知识生产与服务展开研究，可以窥探互联网时代人类知识生产和服务的新现象和新问题，也可以窥探媒介资本的运行轨迹。

在具体的研究中，本书将社交化阅读平台视为一种全新的知识生产与服务空间。就生产空间来说，作者认为“连接革命”让社交化阅读成为新的知识生产空间——在社交化阅读中，人类不只是实现了人与信息的连接，还实现了人与人、人与机器、机器与机器等各个方面的连接，各种连接构成了一个巨大的知识生产空间。可以说，在 Web1.0 做人与信息连接的基础上，Web2.0 时期的社交化阅读进行了一系列的“连接革命”。在 Web2.0 时代，借助进一步改进的互联网技术，社会大众的思想创新能够及时呈现在互联网空间之中，知识生产的权力逐渐由 Web1.0 之前的“社会精英”扩展到广大用户，不愿如蒲公英飘散的用户，一旦固定下来，往往能够长成移动互联网知识生产平台上的参天大树。需要特别指出的是，在社交化阅读这一知识生产空间之中，知识生产权力是不平等的，平台对知识生产主体的审查，使得数量庞大的原本可以随时参与知识生产的用户被人为地阻挡在信息生产圈子外面，“精英化”生产再次抬头，普通用户在更广阔的范围内参与知识生产的权力被削弱。就服务空间来说，作者认为社交化阅读平台不仅能够为用户提供阅读的素材，还能为用户提供互动空间，让用户开展知识分享活动，使得用户获得了知识、体验感等多重服务。

社交化阅读使人类的知识生产出现了联结式、数字化、大众化等多种方式，一种没有时空界限、具有动态调适作用以及开放性的知识生产体系横空出世，包括用户、社交媒体的信息采编人员、智能机器等各类知识生产主体，都能够轻易地在这个体系中生产知识。关于这一点，本书也进行了阐述。作者认为，在各种主体的参与下，社交化阅读空间中出现了知识问答平台、知识订阅平台、知识学习平台以及用户自己的空间（可视为自我展示平台）等各种知识生产平台，并形成了众包、即创等生产机制。本书指出，社交化阅读空间中的知识生产经历了三个阶段，即从野蛮生长到精致优雅（IP 时代）、从内容、流量到产品服务（ID 时代）、从产品服务贩卖到产品服务创造（IDIP 时代）。在众多主体的参与下，社交化阅读空间中的知识生产出现了知识生产的“创作共用”、开放式生产中的版权调整等新规则，且知识生产的属性、类型、工具、生产方式都发生了较大的变化，知识生产空间出现了明显的转场趋势。需要指出的是，社交化阅读平台的知识生产既存在着网络经济发展、身份认同和自我实现、认知盈余的充分利用等价值，又存在着知识碎片化、社会大众的自主性遭受压抑以及裹挟着大量垃圾信息等。

关于社交化阅读中的知识服务这一话题，本书将其视为“流行文化”和“商业生态”，认为其产品形态包括圆柱型、三角型、鱼钩型、礼物型及整合型等多个类型。作者认为，社交化阅读中知识服务经历了知识传播、知识付费、“知识+”服务三个阶段，出现了、共享、互动、多链条的生产与服务对接以及弱连接等多重机制，因而在提供知识服务时，社交化阅读平台应该采用以下手段：克服知识服务中拥抱用户的偏差、做好内容推送、筑牢服务平台、走产业发展道路、深耕垂直领域、打造较为完善的知识服务生态圈、做好娱乐与知识服务的融合创新以及培养老年用户。

较为难能可贵的是，本书还对社交化阅读中的知识生产与服务走向“知识共创共享共同体”的路径进行了探讨。呼吁各参与主体积极提供能够塑造“中华民族”身份、能够提升大众的社会认同的知识，以此不断筑牢“知识共创共享共同体”的根基，为中华民族的伟大复兴而作出积极贡献。

近年来，杨逐原一直专注于知识生产与服务的研究，已取得一定的成绩，本书正是其中的一项较为重要的成果。期待杨逐原在知识生产与服务方面推出更多的研究成果。

2021年2月于中国人民大学新闻学院

目　录

第一章　社交化阅读勃兴下的知识生产及服务形态的变化

技术是人类进步的杠杆，任何新兴技术的出现都会引起相关领域的变革。就知识生产和服务来说，社交化阅读这一新兴技术的勃兴，必然会引发其形态的变化，而知识生产和服务形态的变化，必然会使其参与主体更为多元化。

第一节　传播技术发展与人类阅读形态及生态的变迁

在互联网尤其是移动互联网的赋权下，社交化阅读呈现出蓬勃发展的态势，将人类阅读带入了全新的境界——社交化阅读的场景之中，让人类的阅读活动有了全新的体验感。

一、传播技术发展与人类阅读形态的变迁

众所周知，阅读载体及其所形塑的阅读场景的形态、状况与阅读领域的革命存在着千丝万缕的联系。在信息传播技术的不断发展下，人类的阅读方式不断地发生着变化，从人类真正意义上的阅读活动开始，在阅读载体及其所形塑的场景的演变中，信息传播科技至少促使阅读领域发生了三次巨大的变革。

一是原始的信息载体的使用，让人类有了最初的阅读活动。一般认为，人类的阅读活动是在有文字的书写之后才产生的。在文字诞生之前，人与人之间进行交流时使用的媒介是口语和各种姿态语言，而文字诞生以后，人们可以借助原始的载体进行信息的传播和沟通，这些原始的载体主要有树皮、兽皮、兽骨等，当然也包括后来经过特别制作的竹简、锦帛等。这些相对原始的书写载体，不仅可以进行较大面积的书写，还能将信息固化后带至其他地方，甚至穿越到后世的时

空之中，让人类可以在不同的时空中进行阅读，开启了人类较为文明的信息传播时代。阅读一直是文明传播的重要方式，从最初的口口相传、结绳记事到在多种相对原始的媒介上的书写，使阅读成为人类的一种重要的行为，尤其是简策及锦帛等信息载体的出现，使人类信息传播的范畴得以大大扩展，传播的速度得以大大提升，依靠后人的阅读和传承，很多有价值的事件、有意义的知识得以不断流传下来。需要指出的是，树皮、兽皮、兽骨以及后来的竹简、锦帛等书写媒介的出现，其传播能力远不如印刷术时代，更不如今天的电子时代，但不可否认的是，这场阅读领域的革命，毫无疑问也是建立在人类制造和使用媒体的能力提升的基础之上的，它将人类的阅读和信息传播等活动带入了一个极具价值的时代。不过我们也应该看到，在这一阶段，无论是从阅读的空间、时间来说，还是从人们阅读的积极性、主动性方面来说，都还存在不少的问题。

二是造纸术、印刷术的发明和不断推广，将人类的阅读带入了纸质媒介阅读时期。造纸术和印刷术皆是我国发明的，是我国为人类社会作出的尤为辉煌的贡献，东汉蔡伦于公元105年制作出了植物纤维纸，让人类可以利用纸质媒介进行信息的书写与传播，而这也大大改变了人类的阅读形态。而宋仁宗时期毕昇发明的活字印刷术，更是使人类的阅读活动急速地向纸质化阅读的方向迈进，继树皮、兽皮及锦帛阅读之后，人类的阅读形态又发生了划时代的变革。在纸质阅读时期，人类实现了信息的大规模生产和大面积的复制，且能够轻易地将信息载体带至各地进行阅读，还能够更长时间地将信息保存起来。因此可以说，纸质化的阅读方式大大加速了人类文明的进程，人类依靠技术获取阅读红利的情况愈加明显，推动了各类文化在不同时空中的交流、沟通，人类进入了文明的繁荣时期。不过在纸质阅读阶段，人类的互动性难以得到提升，文明的传播速度依然相对缓慢——信息传播的速度几乎等同于物质的流通速度。

三是计算机、互联网等新兴的信息传播技术的诞生，将人类带入了电子化、数字化阅读阶段，而随着移动化、社交化技术的发明和推广，人类在电子化、数字化阅读中的互动尤为频繁，各类新兴的媒体竭尽所能地传播信息并着力提升读者的阅读体验。在这种情况下，传统的阅读形态受到了巨大的冲击，新媒体赋权下的数字化阅读活动尤其是社交媒体中的阅读活动，让人们能够随时随地地开展阅读和交流活动，只要轻轻地点击鼠标，各种各样的阅读信息就会扑面而来。而如果想要找到自己感兴趣的信息，只需要进行搜索或者开展知识付费活动，就可以随时随地获取。在电子化、数字化阅读阶段，人类的阅读形态更为成熟，不但能够随时随地阅读，还能够随时随地互动，同时还能够徜徉于各类阅读场景之中深深体验阅读的乐趣。可以说，在这种阅读形态下，信息传播的时空都被抹平了，人类已经将阅读当成一种日常生活、一种大众狂欢活动，人类阅读的积极性、主动性得到了前所未有的提升，信息流通和文明交流在量上和频度上都急速扩大。不过客观地说，电子化、数字化阅读这一形态并不是完美的，其在时间空间方面都存在着碎片化的状况，浅阅读情况随处可见，深度阅读远远不足。

当然了，人类阅读方式的变迁，除了受技术这一尤为重大的因素的影响外，一些其他的因素如政治、经济的发展水平以及教育的发展状况等也对阅读方式的变化起到了较大的推动作用。不过相对来说，技术的影响是最为巨大的，因为技术连接着阅读的载体、形态和模式，连接着阅读场景的形塑，只要技术发生了变化，载体、形态、场景等与阅读方式相连的各种因素就会发生变化。也正是在信息传播科技的作用下，人类的阅读活动才能不断突破时空的限制。对于人类来说，其会最大限度地利用特定时期的媒介技术来不断变革阅读的方式，也正因为如此，人类的阅读活动才经历了从树皮、兽皮、兽骨、竹简、锦帛阅读到纸质阅读，又从纸质阅读到电子化阅读等阶段。在今天来说，得益于移动互联技术，有声图书、数字音频、数字视频等阅读方式将会成为主流的阅读方式。特定的阅读形态依赖于特定的信息技术，而特定的阅读形态也会大大地改变人类的阅读习惯，随着互联网技术尤其是移动互联网技术的深入发展，社交化阅读将会成为新潮流，它将在覆盖传统阅读的同时开发出更多有价值的阅读内容，并使人类的阅读活动更具体验感，人类的阅读也会凸显出较为明显的“快餐化”特征，但随着时间的推移和人类求知欲的上升，深度阅读活动也会越来越多。

二、传播技术发展与人类阅读生态的变迁

上文对传播技术与阅读形态的变化进行了追溯，由相关的追溯可知，技术对人类的阅读活动的影响是极为巨大的。就阅读生态来说，其发展变化也深受技术的影响，因为新技术会为阅读加入新的生态要素或者让其中的某个要素的生态位发生变化，以社交化阅读这一生态系统为例，其最为明显的情况就是广大用户不

但成为了信息的阅读者，还成了信息的生产者和传播者，正是社交化的技术优势使得这种新型的阅读方式中信息生产和传播的关系生态发生了变化，也因此使得社交化阅读平台的经营者在新的生产、传播中采取了完全不同于以往的方式和方法。同时，在社交化阅读生态系统中，移动阅读设备、场景等也成为了极为重要的因素，得益于移动阅读设备和场景，人们能够不分白天夜晚、不分区域地进入社交化阅读平台开展阅读活动，进行极具个性化的体验。

传播技术的发展推动着阅读生态系统的不断演化：在相对原始的树皮、兽皮、兽骨、竹简及锦帛阶段，信息传播是最初的文字传播阶段，只有拥有文字书写能力的人才能利用这些媒介来生产信息，阅读活动也只能在识字的人群中才能开展，这时的阅读生态的最为明显的特征是你书写我阅读，信息传播者和接受者的界限尤为分明。而在纸质媒体时代，虽然造纸术、印刷术能够让信息在更大的范围内进行传播，但信息的生产仍然掌握在具备文字书写能力的人的手里，虽然在印刷中会出现一些图片，有些时候不需要识字也能看懂图片，但总体来说仍然需要识字才能获得全面的信息，因此在这一时期，信息传播者和接受者之间的界限仍然比较明显。而随着互联网等新兴电子媒介的兴起，信息可以文字的形式来呈现，也可以图片的形式来呈现，还可以音频、视频等形式来呈现，而且社会的识字率大大提升，人们参与信息生产和传播的途径也较为多样化且门槛较低，在这种情况下，信息生产者和接受者的界限已没有那么明显了，甚至很多人同时扮演着信息生产者、传播者和接受者的角色，阅读生态的变化极为明显。

由此可知，阅读与媒介的接近和使用权密切相关，信息传播技术的赋权对广大读者尤其是乡村读者的阅读方式及习惯的影响是极为巨大的。人们掌握信息技术的差异性决定了信息媒介的使用能力的差异性，而信息媒介使用能力的差异将会导致信息生产、传播技能的差异，而信息生产、传播技能的差异往往会对人们的生产、生活产生影响，这在文字传播、印刷传播时代显得较为突出。而在以互联网为代表的电子化、数字化传播时代，由于互联网技术具有信息传播量大、准入门槛低、互动性强等优势，因而赋予了包括广大草根群体在内的所有民众快速、主动阅读、传播信息的能力，各类阅读运营商积极向移动化、社交化阅读领域进军，纷纷布置数字媒体时代的阅读活动，人类的阅读方式也发生了巨大的变迁，无论在什么地方，数字技术都能提供多样化的阅读内容，都能有针对性地细分阅读市场，并为读者带来无尽的情感、娱乐体验，而人们也纷纷使用数字化、社交化的阅读方式。在这种情况下，传统的纸质阅读的方式逐渐被抛弃，电子化阅读异军突起。当前，社交化阅读呈现出较为明显的马太效应，不少专门经营社交化阅读的商家火力全开，根据不同的读者群体灵活地推送个性化的信息并在技术方面辅以多维化、融合化的传播方式，以此不断锁定阅读市场。众所周知，社交化阅读 App 是一种数字化的客户端，借助这一客户端，各类社交化阅读的经营者能够及时捕捉到用户信息需求的情况，并能够快速地传播相关信息，且传播成本较低，这些优势是传统媒体难以比拟的。社交化阅读在推动人类阅读方式的变化方面具有较为积极的作用：首先是为所有读者提供大抵一致的服务水平；其次是拓展了阅读中的沟通空间；再次是提供了极具个性化和尤为丰富化的阅读内容；最后是迎合了读者碎片化、体验化的阅读需求。正因为如此，人类的阅读会迅速走上社交化的道路，并由此改变人类阅读的生态。

可以肯定的是，随着社交化阅读内容的丰富和人们在阅读中的互动性的加强，社交媒体正在改变着广大用户的阅读及沟通方式，进而改变着人类的信息传播方式乃至广大用户的生活方式。在社交化阅读不断普及的情况之下，人们的信息生产、传播、服务和消费时时处处都在进行着，人类的知识呈现出井喷的状态，社会的政治、经济及文化也随之发生了巨大的变化。随着人类阅读生态的变迁，网络出版、电子出版、自出版、博客等各种出版形式蓬勃发展，这些出版形式与传统的出版样式相互融通，为广大读者群体的阅读提供了空前丰富的信息内容和极其便利的阅读途径，也为社交化阅读提供了强大的技术平台支撑——人类的阅读生态的变迁极为明显，早在 2009 年，英国针对 25 岁以下人群的阅读情况所做的一份问卷调查就显示，以电子书为主要阅读对象的人数就达到了 30%以上。在中国，在阅读中以新媒体为主要对象的情况也极为明显，如 2010 年，还在盘整期的手机阅读就保持着较快的发展速度，主要表现为用户数量急剧增加、阅读的积极性和主动性不断增强。单在 2010 年，中国的手机阅读市场就拥有了将近 2 亿的活跃用户，手机阅读的市场收入就接近 6 亿元，年增长率达到了 13.4%。① 据此可知，社交化阅读终端的发展和普及，极大地改变了人们传统的阅读形态和阅读方式，以报纸、图书、杂志、广播以及电视为阅读载体的市场局

① 黄健．新媒体浪潮［M］．广西教育出版社，2011：445.

面发生了巨大的变化，社交化阅读的积极介入使人类的阅读进入了读书、听书、互动交流的时代。这就是当前的移动化阅读生态，其变化对人类的生产和生活方式都有着巨大而深刻的影响。

第二节　新传播技术赋权下社交化阅读的勃兴

随着网络等信息传播技术的发展，各种新兴媒体如雨后春笋般纷纷出现，且很快地融入人们的生产和生活之中，对人类社会产生了巨大的影响。在阅读领域，新传播技术还带来了社交化阅读的勃兴，使得无论是在偏远的乡村还是在繁华的都市，人们都能够随时随地地开展互动性的阅读活动，而传统时期的阅读习惯也正在悄然地改变。

一、新传播科技赋权下社交化阅读的兴起

1. 新传播技术赋权概述

20 世纪六七十年代，西方的学术研究中开始提及赋权（empowerment）一词。关于赋权，学者们有着诸多有价值的界定，但最令人称赞的当属 Conger 等人，他们从个体心理学动机和社会关系这两个视角进行界定。Conger 等（1988）以个体心理学动机为切入点，对赋权进行了较有见地的界定，他们认为赋权是“赋能”或者一种“自我效能”，它源自于个体对自主的一种内在需求。个体通过提高自身的效能意识，不断增加自身达成目标之动机，进而使自己有控制局面之感。

我国学者陈树强以社会关系为切入点为赋权下了一个定义，指出“赋权是一个动态的、跨层次的、关系性的概念体系，是一个社会互动的过程”。① 一般来说，赋权其实是一个赋权对象在其所参与的各种活动中应该拥有的权力、效能等不因负面评价和刻板印象而减少甚至无权的过程。赋权在更宽泛的层次上来说，还是一种精神状态，包含着权力再分配的过程及目标。总的来说，赋权是处于“无权”或“少权”状态下的人们，通过学习知识、获取和利用相关资源来争取

① 陈树强．增权：社会工作理论与实践的新视野［J］．社会学研究，2003（5）：77.

权力的赋予的过程。

在传播学中，赋权也成为学者们研究的热门问题。在《赋权与传播：来自社会变革的组织经验》一文中，美国知名传播学者 E. M. Rogers 等就对赋权进行了研究，他认为赋权是一种传播过程，这一过程往往来自小群体成员之间的交流。① Bergsma（2004）认为，从心理赋权这个视角来说，传播能与个体的公民身份产生联系。由于需要有外在刺激个体的赋权才能够得以实现，而相应的刺激过程往往发生于群体的交流过程之中，因此传播在赋权之中扮演着较为重要的角色。有关赋权的研究还体现在发展传播学之中，在发展传播学研究方面较有建树的学者，如凯瑞、詹姆斯等，也对赋权有着较为深刻的见解。通过对传播学进行文化批判的反思，凯瑞、詹姆斯等人发现，在很多发展中国家之中，现有的权力结构呈现出严重失衡的状况，这使得在单纯的信息发布、创新扩散中，只有身处城市中的数量较少的精英能够获益。但就发展传播学理念来说，只有针对广大的草根群体的赋权行动才是有价值的。在凯瑞等学者研究的启发下，越来越多的发展传播学的学者对赋权理论展开了探讨，赋权理论与发展传播学产生了共鸣。

随着网络技术的普及和发展，人们能在全球范围内传播和共享信息，因而对网络这一新传播科技赋权的研究也在全球兴起。在网络赋权的定义方面，梁颐等人指出，互联网赋权指的是社会中有机会使用互联网并有可能通过使用互联网而提升自己权力的人，通过使用互联网进行信息沟通、积极参与决策和采取行动的实践性互动过程。通过赋权，个人的不利处境会得以改变，自身的能力或权力也会得以提升，并由此改变社会的权力结构。② 以色列的传播学者 Hamburger（2015）从个体、人际、群体以及公民四个层面进行思考，把众多的与网络传播特性密切相关的研究发现均纳入电子赋权的范畴之中。就个体来说，Hamburger 认为网络有两个重要的作用——提高个人效能和身份重建。就提高个人效能方面来说，网络能为世人提供特别高效的掌握经验和模仿学习环境；就身份重建来说，个人在网络空间中的种种活动，都可以视为其寻求重新定位身份的行动。师曾志等（2013）在《新媒介赋权：国家与社会的协同演进》一书中指出，网络

① E. M. Rogers, A. Singhal, Empowerment and Communication: Lessons Learned From Organizing for Social Change [J]. International Communication Association, 2003, 27 (1): 27.

② 梁颐. 互联网赋权研究：进程与问题 [J]. 东南传播，2013 (4): 14.

公共空间能对经济资本、社会资本和文化资本进行重新分配。对于想改变自身境况、提升自身权力的个体、群体以及组织来说，技术赋权使他们有了主动作为的途径，而那些原本不想改变自身权力的个体、群体和组织，也被动或主动地思量改变策略。就社会结构方面来说，网络等新媒体的赋权呈现出自上而下与自下而上相结合的情况。网络自组织能够较为有效地助推民间力量的发展壮大，使公用政策和权力机构的某些缺失得以弥补，而赋权也因此能惠及弱势群体。

综上所述，我们可知，网络技术赋权是社会中“无权”“少权”的群体，通过使用网络实现信息沟通、决策参与以及采取行动的实践互动过程。在网络技术的赋权中，“无权”“少权”的群体的权力和能力得以提升，并由此改变社会权力结构的社会事件状态。在赋权中，网络赋予的是权力而非权利，其赋权的对象是“无权”“少权”的草根大众。对于广大用户来说，网络除赋予其政治参与、发表意见等权利外，还赋予了其参与文化传播、信息生产和消费的权力，使之成为集信息生产、传播和消费为一身的社会群体，成为网络空间中名副其实的劳动者。

2. 社交化阅读的勃兴

在对“社交化阅读的勃兴”这一问题进行探讨之前，需要对什么是“社交化阅读”进行界定。

信息技术的发展，引发了人类阅读方式的变迁，任何阅读形态都印上了技术的烙印。在数字技术迅猛发展的今天，人类的阅读方式也被深深地打上了数字化、社交化的烙印。实事求是地说，随着移动阅读设备的普及和各类社交网站的兴起，使用智能手机、iPad 等智能阅读设备开展社交化阅读的人数已经大大超过了利用纸质媒体和电脑进行阅读的人数，这得益于阅读设备的便携性和社交媒体空间的知识的可分享性。

在社交化阅读兴起之后，阅读软件也朝着可交互性的方向发展，并在知识生产和服务场景中构建了独特的视觉模式。在社交化阅读中，用户可以在对各类文本进行加工的同时充分与他人互动。这正印证了 Kliegl 等人对阅读的界定：阅读实际上是包含多重复杂系列的一种认知过程，其间“既有着‘低水平’的眼睛运用，也有着‘高水平’的认知加工活动”。①

① Kliegl, R. Tracking the mind during reading: The influence of past, present, and future words on fixation durations [J]. Journal of Experimental Psychology: General, 2006 (135): 12-35.

在《社交化阅读：阅读的未来》一文中，钟雄认为互联网为社交化阅读提供了肥沃的土壤，并对社交化阅读进行了界定：社交化阅读是在社交化网络媒体发展演化的基础上成长起来的，它是一种以读者为核心，强调互动、分享的全新阅读模式。在《移动阅读新模式：基于兴趣与社交的社交化阅读》一文中，毕秋敏等人把社交化阅读的界定为：以社交关系为纽带，核心是内容，着重于分享和交流互动的一种移动阅读的新兴模式。

根据钟雄、毕秋敏等人所下的定义，可以将社交化阅读界定为：广大用户利用各种电子化、数字化的阅读设备如PC、智能手机、电子阅读器、MP3、MP4、PSP、PDA等进入社交媒体空间对电子资源进展开阅读和分享的活动。在社交化阅读中，人们阅读的媒介、阅读对象的形态以及思维方式都与传统的阅读方式有着巨大的差别。

社交化阅读平台已经成为空间、知识、主体以及情感交互的新场所。在开展社交化阅读的过程中，用户既能够静下心来开展“沉浸式”的阅读，也能够进行“快餐化、碎片化”的阅读，同时还能够进行即时分享，并可以获得诸多的体验感。

“媒介即讯息”是世界知名的传播学大师麦克卢汉的最有建树的媒介观之一。关于“媒介即讯息”的论断，有学者是这样解释的：媒介本身才是真正有意义的讯息。换个容易理解的说法，即人类有了某种媒介才有可能从事与之相适应的传播和其他社会活动，因此，从漫长的人类社会发展过程来看，真正有意义、有价值的“讯息”不是各个时代的传播内容，而是这个时代所使用的传播工具的性质，它所开创的可能性以及带来的社会变革。① 在各种新媒体迅猛发展的今天，更让人感受“媒介即讯息”这一知名论断的精妙之处：凭借着数字化、互动性及开放性等优势，新媒体能够承载数量极为庞大的信息，且能够突破时空的限制，瞬间将信息传播到世界的任何地方。这在传统媒体时期是绝对做不到的，人类只有在拥有新媒体之后才能从事这种突破时空的传播活动，新媒体技术融入人类的生产生活并促使其发生了巨大的变化，新媒体为人类的发展开创了无限可能的空间，人类无论是进行信息传播活动还是开展生产活动，抑或进行生活体验，都能达到事半功倍的效果。就阅读活动来说，凭借新媒体技术，之前相对

① 郭庆光．传播学教程［M］．中国人民大学出版社，2011：118.

枯燥的阅读变成了一件极具吸引力、极为轻松的事情。此外，麦克卢汉还提出了“媒介即人的延伸”的著名论断，认为任何媒介都不外乎是人的感觉和感官的扩展或延伸：文字和印刷媒介是人的视觉能力的延伸，广播是人的听觉能力的延伸，电视则是人的视觉、听觉能力的综合延伸。① 而对于新媒体来说，人类的感觉、感官的延伸是综合性的，或者用麦克卢汉的观点来说，是统合性的：新媒体集人的视、听、触等感觉、感官于一身，是人的视觉、听觉和触觉的综合延伸。人类在新媒体空间中的读书活动，包括了读、视、听等各种感官的运动，所有的感觉器官都被调动起来了。

正是凭借着新兴媒体特有的技术基因，人类的阅读才得以进入读、视、听综合行动的社交化阅读阶段。我们已经清晰地看到，在新媒体技术的助推下，社会大众的社交化阅读呈现出蓬勃的发展生机。可以肯定的是，随着我国互联网普及率的不断扩大、网民数量的不断攀升及上网时间的不断延长、网民媒介素养的不断提高、阅读意愿的不断增强以及国家全民阅读工程的不断推进，社交化阅读的发展前景将会更为广阔。《第 44 次中国互联网络发展状况统计报告》的数据显示，截至 2019 年 6 月，我国网民规模达 8.54 亿，手机网民已达 8.47 亿，网民的人均周上网时长超过 28 小时，互联网普及率为 61.2%。② 同时，在全民阅读工程的实施下，国家积极布局城乡的新媒体阅读活动，期望通过新媒体推送有利于经济社会发展的信息，不断提升民众的科学文化知识及思想道德修养，资本的疯狂进入和阅读场景的体验感不断增强，更是为社交化阅读的发展加足了燃料，社交化阅读的发展呈现出势不可挡的态势。

众所周知，阅读是人类发展进步的重要阶梯，也是人类文明发展的源泉所在。在全世界来说，无论哪个国家、哪个民族皆特别重视民族的阅读活动，把阅读视为所有民众的不可剥夺的权利。作为致力于人类文化发展的重大组织，联合国教科文组织尤为重视各国民众的阅读活动，将其看成是创新、传播、传承人类文化的基础性工作，在阅读领域投入了巨资，开发了大量的项目，在全球不遗余力地推广阅读活动。早在 1972 年，在对众多的国家尤其是处于亚非拉的相对贫

① 郭庆光．传播学教程［M］．中国人民大学出版社，2011：119-120.

② 中国互联网络信息中心：第 44 次中国互联网络发展状况统计报告［OL］．(2019-08-30)［2019-12-22］．http：//www.cac.gov.cn/2019-08/30/c_1124939590.htm.

穷落后的国家的图书出版、国民阅读情况进行深入的调研后，联合国教科文组织就提出了“全民读书”的口号，还将这一年定为“国际图书年”。随着时间的推移，1982年，联合国教科文组织又因势利导地提出了“走向阅读社会——20世纪80年代的目标”的口号，大力指导、支持世界各国制定和实施图书发展战略，并确定了阅读工作中予以优先支持的项目——图书出版及识字教育。在互联网没有得到推广应用的条件下，联合国教科文组织将公共图书馆作为开展全民阅读的重要平台，认为公共图书馆可以担负起保障特殊群体及贫困人口实施其阅读权利的责任。因而，联合国教科文组织在1994年发布了《公共图书馆宣言》宣称：

每一个人都有平等享受公共图书馆服务的权利，而不受年龄、种族、性别、宗教信仰、国籍、语言或社会地位的限制。对因故不能享用常规服务和资料的用户，例如少数民族用户、残疾人用户、医院病人或监狱囚犯，必须向其提供特殊服务和资料。①

要推进世界各国的读书活动，光发表《公共图书馆宣言》显然是不够的，得有更有价值、更具象征性的举措，因而联合国教科文组织实施了“世界读书日”的活动，规定从1995年起，每年的4月23日为“世界读书日”。阅读与技术的发展进步有着不可分割的关系，随着信息传播技术的发展，人类来到了互联网时代。在互联网时代，社会化阅读迅速崛起。社会化阅读之所以呈现出蓬勃发展的态势，与便携式阅读设备的普及、读者阅读习惯的改变、阅读资源的多元化和成本的低廉化、信息获取的便捷化、信息生产和传播的去中介化，以及阅读的体验化等有着极大的关系。

第一，就阅读设备来说，在信息化浪潮的席卷下，诸如Kindle、iPad等众多的电子阅读器不断涌现，使人们的社交化阅读有了极佳的载体。由于迎合了用户开展移动化、社交化阅读的需求，这些电子阅读器不断更新换代，就Kindle来说，已经更新到了第十代。各类电子阅读器迅速普及的原因，除了便于携带外，方便阅读和节约资源也是不可忽视的原因，众所周知，凡是有太阳的地方，都可打开电子阅读器进行阅读，在方便的同时还十分省电，且比较环保。更为重要的是，随着技术的进步，目前所有的电子阅读器都可以较好地模仿纸质阅读的优

① 《中华人民共和国公共图书馆法学习问答》编写组．中华人民共和国公共图书馆法学习问答［M］．中国法制出版社，2019：146.

点，如记笔记等，这赋予了电子资源纸质版的体验感，做笔记的功能能够让读者对阅读的信息进行归类和贴标签处理，能够满足深度阅读的需求，并可以随时查找相关的阅读内容。

第二，就读者阅读习惯的改变来说，各国的用户有着独具特色的设备使用习惯，如 Kindle 电子阅读器，在美国等国家深受欢迎，然而却很难在中国市场上找到突破口。受中国庞大的阅读市场的诱惑，一些公司（包括国内外的）专门针对中国用户的情况进行研发和生产，但 Kindle 等阅读器仍然难以占领中国市场，原因在于中国的用户习惯于使用智能手机等设备来开展阅读活动。另外就是虽然经过专门的研发和升级换代，但 Kindle 等阅读器的体验性仍然不足，很难赢得中国用户的芳心。所以就整体上来说，诸如 Kindle、iPad 等阅读器尤其是 Kindle，其发展前景并不乐观。除了阅读设备的使用习惯对大众阅读器的普及有影响外，阅读内容的需求情况也会影响社交化阅读的推进，早在 2016 年年初，亚马逊就专门针对中国的电子阅读市场展开了调查。在调查中，用户的阅读习惯以及电子书的阅读使用情况被列为重点调查的对象，调查显示，中国用户最喜欢阅读的内容中，网络小说排在第一位，而东野圭吾的《解忧杂货店》成为下载量最大的小说，其中不少是用户在付费的情况下进行下载的。值得一提的是，不少商家将纸质版图书和电子书同时发售，取得了较好的效果。为了抢占市场，Kindle 积极发挥其撒手锏——笔记及标注的功能，赋予用户根据自己的喜好和需求随时进行标注的能力，以此增强阅读的体验感，试图吸引、留住更多的用户。实事求是地说，这是很多电子书都不曾有过的功能，确实在较大的程度上增强了阅读的体验感，并对用户开展“沉浸式阅读”极有帮助。然而在中国，这种做法所收到的效果也不理想，因为中国的很多公司都针对用户爱使用智能手机等设备阅读的习惯，开发出了不少的阅读客户端，因而智能手机、iPad 等始终占据着中国电子化阅读市场的主要位置。近年来，中国的互联网公司，如新浪、腾讯等，纷纷开发出了自己的阅读器，为广大用户开展社交化阅读铺平了道路，利用各大网络公司针对智能手机开发的阅读器，广大用户群体能够随心所欲地选择自己需要的内容进行阅读，并在阅读中逐渐适应特定的信息场景，逐渐养成特定的阅读习惯。这样一来，中国用户尤其是青少年用户越来越远离传统的图书、期刊等阅读方式，他们都喜欢利用手机进行阅读，在碎片化的时间中获取个性化的信息。

第三，就阅读成本来说，社交化阅读的成本极为低廉，人们只需要支付少量的费用甚至往往不要付费，就可以随时随地地开展阅读活动，这种“少付费甚至免费的午餐”尤其受广大用户喜爱。由于社交化阅读能够提供包罗万象的信息，因此，之前广受欢迎的电子书的使用率明显下降，很多电子书的经营者都致力于提升电子书的体验感，力图利用体验感来保住市场，但这种做法效果不会明显，因为社交化阅读的体验感是电子书没有办法做到的，同时社交化阅读中的免费或者近乎免费的阅读资源，是电子书难以拥有的。

第四，就信息获取的容易化来说，在社交化阅读平台上，用户利用搜索等技术，能够很容易地获取到自己想要的信息。当前，我国社交化阅读的用户呈爆炸性增长的趋势，社交化阅读的经营者也顺应潮流，想方设法地为用户提供服务。在社交化阅读的运营商的努力下，用户能够即时、轻松地获取丰富的阅读资源。利用丰富的资源、强大的服务以及先进的阅读设备等优势，社交化阅读的运营商能够为用户随时、随地和随意的阅读提供强大的服务平台。使得用户能够充分利用碎片化的时间开展阅读活动，让他们在公共汽车、出租车、地铁、火车甚至飞机等交通工具上都能够随时接受信息，在上厕所、步行等时间开展阅读，在吃饭以及睡觉前浏览信息，实现了全方位、全时段的阅读服务。加之利用数字化技术，无论是社交化阅读的运营商还是广大用户，都可以进行信息的整合、加工和检索等动，为用户获取和利用信息资源提供了更为宽广的舞台。也许有人会说，社交化阅读平台上的知识是分散的、杂乱无序的、毫无关联的，并不具备系统性的特征，虽然其获取渠道较为多样化，但其更新速度快，需要进行有深度的整合，因此即使广大用户较易获取，但使用起来也比较麻烦。这其实并不会影响社交化阅读产业的发展，因为无论怎么说，各类碎片化的知识，无疑能够为用户的知识体系的构建提供素材，在构建“个体知识体系”的过程中，用户会利用各种数据技术，从海量的信息中选取对自己最有用的碎片知识，将其串联起来，形成能够满足现实需求、解决现实问题的相对系统的知识链。其实，我们不能一味地对碎片化的知识进行鞭挞，因为有碎片化的知识总比什么都没有好。同时，碎片化的知识有其特定的优势，首先是碎片化的知识能够让读者快速、便捷地获取，这是草根群体开展阅读、学习活动的重要知识库，其生产时间短、传播范围广、传播时间快，广大用户既参与生产碎片化的知识，又参与利用碎片化的知识，成了互联网空间中的知识贡献者。此外，碎片化的知识适用于使用多种阅读设备进行获取，用户可以根据自身的终端拥有情况，不受时空的限制，随心随意地获取相关的知识，使阅读活动更容易走上全民化和普及化的道路。其实，碎片化的知识还有一个优势，就是能够满足不同用户随时提取的需求，并选择自己喜欢的表达形态（文本、音频、视频、全媒体等）来进行阅读。这就是社交化阅读平台中充斥着碎片化的阅读内容，但仍受用户喜爱的原因。

第五，就信息生产和传播的去中介化来说，社交化阅读平台的开放性，使得平台经营者、各类专业作家和业余作家、广大用户乃至智能机器等，均能在其中生产信息，而如果平台的运营商想要将有价值的信息结集出版，可以绕开传统的出版社，直接在网络平台上推出。在这种情况下，社交化阅读平台上的知识生产和传播就能够绕开传统时期的出版社这个中介，将出版社逐出网络知识生产和传播的空间。以亚马逊为例，它极力将出版社排除在外，因为“在数字出版方面，出版社是很保守的，最不愿意向图书馆提供电子书服务的就是出版社，他们想守住以前的地位，但守是守不住的”。① 在今天，随着网络出版、自出版等的兴起，传统的出版社的出版业务正遭遇巨大的冲击，从信息生产直接到读者，社交化阅读平台不但节约了成本，还实现了直截了当的服务，而用户也对这种原汁原味的信息表现出极大的兴趣，因而社交化阅读也就能更好地发展了。

第六，就阅读的体验化来说，阅读是人的生活的一个重要组成部分，其在任何时候的价值都不可估量。在传统阅读时期，人类的阅读是相对乏味的，而在数字化、社交化的阅读中，阅读变得越来越有体验感，人们在阅读中不断与他人进行互动，能够更好地认识自我、了解世界和他人。从兽骨阅读、纸张阅读到数字阅读，阅读体现了人类文明的进步，体现了人类精神层面的发展。在今天的数字化、社交化阅读时代，知识生产、传播的速度越来越快，人类获取知识的方式越来越便捷。通过社交化阅读，人类能够及时了解最新的知识，获得有利于自己生存和发展的技能技巧。我们深知，在短时间之内，社交化阅读不能取代纸质化阅读，但社交化阅读符合人类阅读前进的方向，现阶段它与纸质媒体交融发展，在获取纸质媒体深度阅读的优势后，其阅读更具体验感，更能传达细致入微的情感，也更容易满足人类与生俱来的社交需求。此外，社交化阅读能够将阅读的增

① 顾晓光．拥书权拜小诸侯——图书馆馆长访谈录［M］．海洋出版社，2014：15.

值服务嵌入读者的阅读之中，使他们在获取阅读资源的同时获得舒适感和愉悦感。

上述六个原因，使社交化阅读呈现出蓬勃发展的势头，其在人类社会的发展中的贡献也才会更为巨大。

二、社交化阅读勃兴下的阅读活动

1. “快餐化阅读”活动

在信息传播技术的推动下，社会大众的阅读生态发生了较大的变化，而阅读生态的变化又促使社会大众的阅读习惯发生了变化。就目前还说，学者们关注得最多的是阅读的深浅度问题，即是快餐式阅读还是沉浸化阅读。很多学者认为，互联网时代的阅读往往是一种浅阅读活动，因为互联网的信息量尤为庞大，人们的时间是极为碎片化的，只能在片段化的时间中开展阅读活动，这种阅读具有“浮光掠影”的特征，人们只求及时获取信息、及时开展阅读体验和娱乐活动。也就是说，“快餐化阅读”是基于读者的兴趣和特定的需求展开的，读者在阅读时一般都采取浏览式、跳跃式的方式进行，阅读中的随意性比较突出。因而很多学者呼吁读者走向深度阅读活动，以充分吸取知识的精髓，并不断提升思考能力。不过实事求是地说，在信息社会，一方面是人们忙于各种工作和学习，很难抽出时间来进行深度的阅读，另一方面是信息呈指数级增长，信息爆炸让信息的洪流冲击着世界的每一个角落，面对滔滔的信息洪流，人们很难开展较为深入、全面的阅读。因而以快速获取信息、及时进行体验为目的的“快餐化阅读”仍然是具有较大的价值的。这也就是为什么传统阅读会日渐式微，而新媒体空间中的阅读会深受欢迎的重要原因。

在互联网尤其是移动互联网不断发展和普及的今天，社会大众的阅读环境和阅读方式都发生了巨变，由纸质媒体阅读迈向新媒体空间的带有交互性质的阅读，使得社交化阅读产业得以迅速扩大和延伸，找到了快速增殖的空间。在这种情况下，各种与社交化阅读相关的出版、载体及设备等迅速普及，社交化阅读的盈利模式不断翻新。可以说，社交化阅读的不断普及和受众阅读习惯的不断变化为社交化阅读的发展提供了极为广阔的空间。不过就目前来说，作为社交化阅读的一个重要组成部分的网络出版、数字出版，目前仍处于具象设计、体验场景搭建的阶段，较难满足社会大众多感官开展阅读活动的要求。面对这种情况，社交化阅读的运营商要积极向广大读者（用户）提供优质的阅读资源，在将传统载体上的阅读内容转化为数字阅读内容的同时，不断在阅读场景上下功夫，针对用户的阅读设备和阅读需求推送“碎片化”的信息，让受众不但能够随时找到适合自己兴趣和需求的额信息，也能够全身心地进行场景体验。在场景体验方面，最主要的是开发好社交化阅读App，使民众能够随时随地、随心所欲地徜徉于各种信息搭建的场景之中。不过在对碎片化的阅读进行巧妙推行的过程中，应该注意到一种情况，即在社交化阅读的信息出版的传播的主体之中，不仅有专业性的出版社、媒体，还存在着数量众多的网络公司，而网络公司在内容生产方面更具有技术、资金和市场优势，但网络公司信息生产中的“快餐文化”现象也比较突出，其产品主要是青春、奇幻类信息，其读者群主要是青年群体，在阅读中也主要以追求娱乐和情感体验为主，专业性往往显得不足。因此，社交化阅读向深度阅读的方向发展是尤为重要的，应对某些有价值的知识、信息进行深挖，充分体现其价值 、引发读者的共鸣，不断扩展社交化阅读的空间。

2. “沉浸式阅读”活动

相对于“快餐化”阅读这种浅层次的阅读来说，“沉浸式阅读”属于一种深度阅读活动。在“沉浸式阅读”中，读者在对相关的内容进行阅读的同时，往往有意识地了解和思考相关的内容，并对重点内容进行记忆，以充分掌握所阅读的内容。因而可以说，“沉浸式阅读”能够培养阅读者的思考和推理能力，能够提升阅读者的判断力和感悟力，能够让读者吸收知识的精髓。无论什么时代，学习和掌握知识都是很重要的，因此在互联网空间中，进行“沉浸式阅读”是很有必要的，尤其是在推动经济社会发展的应用性知识的阅读上，更需要“沉浸式阅读”，因为这类知识往往都比较复杂，靠“快餐化阅读”难以较好地理解和把握其要领。面对这种情况，社交化阅读等运营商要积极整合阅读资源，使推送的信息勾连性较强且较为容易理解，并通过多种形态来传播，以调动广大读者开展“沉浸式阅读”的积极性。

也许大家都发现，在信息和时间的碎片化特征都比较明显的今天，“沉浸式阅读”并不受欢迎，读者们都倾向于采用“快餐化阅读”的方式进行阅读，但可以肯定的是，“快餐化阅读”不会一直是主流，当信息的生产、传播和消费主体日益向纵深推进时，“沉浸式阅读”方式将会逐渐受到重视。“快餐化阅读”能够让读者在碎片化的时间之中获取较多的信息，并得以忙里偷闲地进行娱乐和情感体验。然而对于整个社会来说，要使文化得以有效传承、要切实提升广大民众的素养，进而实现经济社会的快速、持续发展，就必须高度重视并积极推广“沉浸式阅读”这一阅读方式。换句话说，“快餐化阅读”能够培养众多的“知道分子”，但没有办法培养掌握促进经济社会发展的方法的专家，而国家的发展、民族的振兴，必须拥有大量的有知识、懂经营管理的行家里手，在这种情况下，必须积极实施“沉浸式阅读”工程。实施“沉浸式阅读”工程，需要阅读运营商、广大读者、相关的政府部门共同努力，其中阅读运营商的作用是尤为巨大的，从阅读运营商的层面来看，要实施“沉浸式阅读工程”，必须要做好几件大事：

第一，社交化阅读的运营商要积极转变思想，抛弃传统的做内容供应商的思维，积极思考如何做知识服务商。在《变革时代的数字出版》一书中，张新新指出，早在2010年时，互联网期刊、电子图书、数字报纸（网络版）的总收入为18.49亿元，在数字出版的总收入中所占比例约为1.76%，这说明单纯地将纸质出版物数字化缺乏原创内容，难以在市场上立足。① 在这种情况下，社交化阅读的运营商要充分分析和把握读者的各种阅读习惯和信息需求特征，提供优质的原创内容，同时积极对现有的阅读资源进行整合和加工，以全面提高自己的服务能力，获取更多的用户。众所周知，一些社交化阅读的运营商为了迎合用户的“碎片化”“快餐式”阅读的口味，以此获取经济利益，没有想方设法地推出具有深度体验感和文化厚重感的阅读资源，即使有部分社交化阅读的运营商推出了，也往往让人感觉比较艰涩，很难做到浅显易懂，因此丢掉了不少读者。要想从根本上提升自己的服务能力，社交化阅读的运营商就要俯下身子、沉下心来，认认真真地调研、分析读者的需求情况，并把握其变化趋势，做到在不断拓展信息的推送范围的基础之上实现精准推送。同时，社交化阅读的运营商还要注意寻觅有价值的作者，并加强和他们的联系，以形成长期、深入的合作关系，让社交

① 张新新．变革时代的数字出版［M］．知识产权出版社，2016：34.

化阅读平台能够长期推出读者喜爱的阅读资源，变内容推送为内容服务。《明朝那些事儿》等书能够实现热销，使我们明白：在我国，“沉浸式阅读”并不是没有市场，而是没有适合读者需求的阅读资源。在今天，广大读者、相关机构、社会组织对阅读资源的需求日益多样化，社交化阅读的运营商要紧跟市场需求，推出适合深度阅读的电子资源，并搭建充满体验感的消费场景，通过对现有资源的整合加工，探索出多元化的经营模式，不断扩大阅读资源的附加值，实现在有深度、个性化的信息的基础上推动社交化阅读平台的发展，由此实现较大的社会效益，并获得较多的经济利益。

第二，协调推进社交化阅读和传统阅读。社交化阅读是新媒体空间的阅读形式，这种阅读更容易引起读者的共鸣，更容易让读者展开即时的沟通和互动活动，但这种阅读往往停留在较浅的层面。而传统的阅读一般能够吸引读者进行“深度”的阅读，但读者之间很难展开互动活动。在这种情况下，专门经营阅读活动的运营商应该积极将社交化阅读与传统的阅读结合起来，在推动纸质图书阅读的同时，积极将纸质图书转化成电子资源，而对于那些深受读者喜好的读者书，可以及时将其转化为纸质图书。无论是开展社交化阅读还是传统阅读，都应积极借助媒体造势，将优质的阅读资源及时推介给读者。这里要特别指出的是，在将传统的阅读资源如纸质图书、期刊等转换为电子阅读资源方面，目前做得还不是很好，原因在于阅读运营商在将纸质图书、期刊等转化为电子阅读资源方面的积极性还有待进一步提高；将纸质图书、期刊等转化为电子阅读资源，往往会在版权方面需要做很大的努力，甚至可能吃官司。此外，不少读者对转化为电子资源的图书、期刊的阅读积极性尚不高。这就是我们经常看到的一种奇怪现象：读者在苦苦寻找有价值的阅读资源，但社交化阅读等运营商因为版权等原因不敢提供相关的阅读资源，或者本来可以转化的阅读资源，因为转化的积极性不高而未去转化。就阅读和知识传承来说，这一问题必须得以解决，而要解决这一问题，需要加大知识产权的保护力度，全面开发好 IP 资源，让相关人员的合法权益得到保障。此外，要解决这一问题，还需要社交化阅读等运营商科学谋划和安排，积极寻找、科学安排和推送有价值的阅读资源。

第三，切实做好数字化阅读资源的转化和整合这件事。社交化阅读是一种全新的阅读方式，其与生俱来的互动性和体验性，对社交化阅读的经营者和广大读者都具有极大的诱惑力，因此就目前来说，不少互联网公司都在积极寻求机会，以期较好地打开社交化阅读的市场，并在该市场上站稳脚跟，获得利益。在蠢蠢欲动的互联网公司中，有不少是具有数量庞大且忠诚度比较高的粉丝的，它们要实现转型就显得相对容易。面对这种情况，现有的社交化阅读的经营者要积极把握机会，有效整合行业内外的资源：从行业内部来说，要与其他社交化阅读运营商协同创新，大力丰富阅读资源。从行业外来说，要学会与相关互联网公司合作，不断拓展社交化阅读平台的运营模式；加大与相关政府部门的合作，对阅读信息的推送进行有效的监管，避免在信息推送中出现舆论引导不畅的情况；与各阅读设备制造商合作，大力规范、优化社交化阅读的终端，让终端也参与推介阅读信息；加强与作者的合作力度，不断挖掘有价值的阅读资源，并消除侵犯知识产权的情况。通过这几种方式，社交化阅读的运营商就能够建立一个较为良好的生态系统，并能够以此获得巨额利润。

综上所述，在“碎片化”“快餐式”等阅读方式风靡全球的今天，社交化阅读获得了庞大的阅读基数，这种情况为“快餐化阅读”向“沉浸式阅读”转变奠定了较为坚实的基础。同时，大量资本涌入社交化阅读领域、各种各样的阅读终端的诞生及迅速普及，则为社交化阅读产业的拓展筑牢了平台。在这种情况下，广大读者能够自由地选择所需的阅读内容，并能够随时随地开展阅读活动，且能够在阅读中获得丰富的知识和巨大的乐趣。从这个方面来看，在互联网尤其是移动互联网高度发展的今天，“快餐化阅读”以及“沉浸式阅读”都是必不可少的阅读活动，社交化阅读的运营商要学会用“快餐化阅读”来迅速传播各种简单易懂的知识，不断扩大读者的知识面并为之提供情感体验。与此同时，社交化阅读的运营商要积极推广“沉浸式”的阅读方式，不断优化广大读者的思维，提升他们对经济社会问题的预测能力和判断能力。也就是说，社交化阅读的运营商要在“快餐化阅读”和“沉浸式阅读”两个方面下工夫，打造社交化阅读平台上的“双阅读效果”。

3. “碎片化阅读”活动

在社交化阅读中，社会大众的阅读时间呈现出了明显的“碎片化”特征，同时，由于用户加入信息生产之中，因而社交化阅读平台上的信息也呈现出“碎片化”的特征。这种情况使得社会大众的阅读活动呈现出“碎片化”的状况。众所周知，受工作、学习和生活杂事的困扰，很多人很难抽出足够的时间开展固定化的阅读活动，只能利用工作、学习和处理生活杂事之余的时间进行阅读，因而见缝插针、忙里偷闲开展阅读活动，就成为了社会大众的主要阅读方式，这就是社会大众的阅读具有典型的碎片化特征的原因。一般来说，人们会在上班的路上、在交通工具上、在等待的过程中、在厕所里开展阅读活动。而在下班后，也会抽出时间进行阅读，在下班后的阅读中，当数睡觉前的阅读最为普遍。除时间的碎片化以外，信息传播的碎片化也是社会大众开展碎片化阅读的重要原因。众所周知，社交化阅读平台上的信息生产的主体已迈向多元化阶段，除平台运营商外，还有各种类型的作者、用户，甚至还有智能机器，很多生产者提供的信息是碎片化的，读者往往抓取其中的一个小片段就开始进行阅读，很难将之延展开去。此外，在知识付费时代，很多知识问答平台基于用户的特定需求，提供碎片化的知识，用户在付费后就可以阅读特定的、片段化的知识。这些都充分说明，社交化具有明显的“碎片化”特征。

4.“刷屏式阅读”活动

在社交化阅读不断向纵深化发展的今天，广大读者也时常采用“刷屏式阅读”的方式开展阅读活动，这是在“快餐式阅读”的基础上产生的。由于时间等因素的限制，社会大众在阅读时经常抱着看大概内容的心态，快速地刷屏。这种阅读带有典型的功利性特征，阅读者尽力追求阅读的实效性。众所周知，在网络等新媒体空间中的阅读兴起之前，社会大众阅读的载体主要是图书、期刊等，阅读一般是“沉浸式”的，追求实现的深度。而随着互联网尤其是移动互联网的发展和普及，社会大众的阅读越来越呈现出社交化的特征，各种大众化的文化逐渐占据阅读平台，读者也期望在阅读中获得更多的愉悦感和快感，阅读成为一件较为轻松的事情，人们在阅读中相互沟通、嬉笑谩骂，阅读内容是否具有“趣味性”成为人们是否阅读的一个重要标准，这时的阅读其实就是一种“悦读”活动。随着“悦读”成为一种时尚，各种社交媒体得以迅速进入社会大众的生活，人们几乎整齐划一地沉浸在“悦读”之中，自身的思想观念、生活态度、行为方式等均有受到了较大的影响。于是乎，在各个社交化阅读平台上，即使知识零散化、碎片化的阅读，也充斥着各种段子，人们在阅读中爆笑不断，阅读已经娱乐化了，而娱乐化带来的后果就是阅读内容的浅显化、阅读文化的庸俗化，“庸俗化”阅读成了社会大众的“流行病”，很多人产生了“庸俗依存症”，无段子就很难提起他们的阅读兴趣，娱乐、庸俗走进了某些人的生活，甚至融入了他们的骨髓。在这种情况下，那些经过渲染、具有强大的视觉冲击力的内容广受读者的欢迎，各种带着刺鼻味道的内容也纷纷出现在社交化阅读平台之中。我们得承认，各种富有刺激力、冲击力的信息，能够让人在较短的时间之内看到并记住较多的信息，广大读者只需要进行“刷屏式”的浅阅读就行了。而那些饱含品位、有严肃性特征的内容，需要花较多的时间和精力进行细细的品位，才能入脑入心，才能回味无穷。对于身处社交化阅读空间中、深受娱乐和庸俗困扰的社会大众，为了求得愉悦，经常选择那些辣眼睛的图片和文字进行阅读，他们追求的是信息的视觉冲击效果和身体刺激效果，认为这样能够卸下传统阅读中需要不断思考的思维“负担”。正因为如此，一些丧失信息引领信念，只追逐经济效益的社交化阅读平台，发挥浑身解数，采用多样化的传播形态，将猎奇、刺激性的内容带给读者，并辅以相应的阅读场景，这些做法将广大读者深深地吸引过去，阅读出现了随意性、寻求刺激性等特征，“沉浸式阅读”“精度”大范围地被“刷屏式阅读”所取代，“快餐式阅读”的波涛愈加汹涌。当然了，社会大众之所以迅速滑向“浅阅读”的深渊，主要原因还在于生活空间、阅读时间被快节奏的生活分割成了若干小块，社交化阅读平台上的信息量又是极为庞大的，加之一些平台故意推送庸俗性的信息，因而要寻找有深度的阅读内容是极为困难的，其需要付出的时间成本显然不是碎片化的时间能够对冲的，因此对内容采取“浏览”的方式，期望在浩如烟海的阅读信息中一目十行甚至一目百行地阅读，以尽快和不断地找到娱乐的痛点，是很多人共同追求的目标，这也是“沉浸式阅读”不断被弱化的重要原因。

据此可以肯定地说，从传统时期的阅读到新媒体空间中充满社交色彩的阅读，人类的阅读经历了三个明显的时代——阅读时代——悦读时代——刷屏式阅读时代。在当前的“刷屏式阅读”时代，社会大众在开展阅读活动时，停留在文本上的时间被逐渐压缩，特别是阅读大幅面文本时，更是显现出蜻蜓点水的状况，阅读的感性化越来越强，阅读的思考性越来越不足，理性的阅读活动越来越少。毫无疑问，随着被技术驯化程度的加深，以及社交化阅读商家推波助澜，“刷屏式阅读”这一阅读方式将会越来越流行，社会大众阅读的深度、阅读的效果将会大打折扣，理性化、思考性的“沉浸式阅读”遇到巨大的挑战，而如何回归“深阅读”也将会成为学界关注的重点。

5. “分享式阅读”活动

众所周知，新媒体具有两个根本特征，即技术上的数字化和传播上的互动性。互动性这一优势让社会大众在开展阅读活动时能够进行信息分享，并在信息的分享和交流中不断形塑自身的社会关系。从互动的角度来看，人类的阅读呈体现出三种鲜明的路径：一是从“私人默读”到“公共朗读”；二是从“私人阅读”到“社交阅读”；三是从“个人感悟”到“众人分享”。无论是哪一种路径，都体现出从自我到与他人互动的特征，而伴随着互动出现的，就是阅读中的信息的分享。“分享式阅读”与传统的阅读有很大的区别，在传统的阅读之中，社会大众的阅读带有私人的性质，其注重的是思想、内容的体验，因而在阅读中渗透着大量的思考活动，能够吸收较多的信息，并能够达到知识内化的效果。而“分享式阅读”带有浓厚的社交色彩，甚至有人就是为了社交才开展“分享式阅读”活动的，无社交不阅读已经成了一种典型的现象。可以说，社交化阅读中的互动特征，使阅读中的参与和分享成为了激发人们情感、提升阅读乐趣的重要因素，它使得社会大众在开展社交化阅读时既能够较好地展示自我也能够进行良好的互动，因而在“分享式阅读”中，社会大众可以以极为轻松的心态投入，并随时随地、兴高采烈地与他人分享知识、经验，表达自己的情感、发表自己的观点，而一旦与他人产生情感共鸣、出现观点相通的情况，自己更是有了强烈的身份认同感。当然了，“分享式阅读”也有可能让社会大众抛弃高雅的文化，经常在低俗的文化空间中打转，因而社交化阅读的运营商应该为社会大众提供有品位的阅读内容，使他们在交流沟通中走向高雅文化的园地。

6. “搜索阅读”活动

新兴传播科技的赋权让社会大众在开展社交化阅读时，不再被动地接受信息，而是扮演着信息生产者、传播者、消费者等多重角色，他们在阅读中具有较强的主观能动性，面对浩如烟海的信息，会主动搜索自己所需要的内容。对社会大众来说，主动搜索的阅读带有显著的个性化的特征。也就是说，作为读者的社会大众已经迈过了单纯接受信息的门槛，在阅读中能够具有很大的选择性和自主性，他们再也不是媒体提供什么样的信息就阅读什么样的信息的群体，传统的阅读场域、阅读模式已经被彻底地颠覆，人人都可以根据自己的兴趣爱好和特定的需求，自由地选择相关的信息来阅读，阅读成为个性化的、自由性的活动。需要指出的是，这种自由、自主、个性化的搜索阅读，能够在更大的程度上激发社会大众的理解力和创造力，使他们在参与社交化阅读平台上的知识生产的时候，能够产出各具特色的优质产品。面对读者身份的变化，很多社交化阅读平台已经有了清晰的经营思路，如知乎的《读读日报》，就打出“人人都可以成为知识的主编，每个人皆可以过一把主编瘾”的口号，认为读者阅读主动性的不断增加，对传统的阅读形式和传统的编辑方式均产生了巨大的冲击。在深入分析《读读日报》这款阅读 App 时，笔者发现，在《读读日报》平台上，每个读者皆可按照自己的兴趣爱好和特定需求，构建起极具个性化的主题日报，且都可以以主编的身份向其他的读者推荐自认为较为优质的信息。从文本的类型来看，《读读日报》含有文字、图片、音频、视频、音乐、游戏及商品等极为丰富的文本样式，在传播路径以及文本边界方面均有了巨大的突破，用户自主搜索阅读的特征十分明显。可以肯定地说，《读读日报》平台个性化的阅读内容、自主化的阅读方式将会成为社交化阅读中的一种引领性的模式，成为新媒体空间中不可逆转的阅读趋势。

在这种情况下，社交化阅读的智慧化特征将会日趋突出，作为阅读者的社会大众，其个性化的观念将会得以迅速传播，富有特色的人格将会得到不断的张扬，社交化阅读将会被打上情景化、个性化的烙印。而根据社会大众的信息需求情况，推送“定制化”的阅读内容，必将成为社交化阅读平台内容服务的“阿拉丁神灯”。需要注意的是，在社交化阅读中，广大读者并不是僵化的阅读体，他们的信息阅读是动态化的，其身份结构也是不断变化的，社交化阅读的运营商应该采取动态化经营策略，时刻注视着属于自身的那个“阿拉丁神灯”，立体化、动态化地为社会大众推送阅读信息。当然了，社会大众在社交化阅读中的兴趣爱好和身份的分化、重组往往不是靠肉眼就能观察到的，它需要进行精心的分析和研判，否则就可能在极为复杂的变动面前迷失信息服务的方向。不过话又说回来，作为阅读者的社会大众，只要在社交化阅读中开展信息阅读活动，无论其兴趣爱好和身份变化多么复杂，在算法推动较为流行、在大数据画像已较为普及的今天，社交化阅读的运营商只需要利用相关的技术，对社会大众的阅读行为进行跟踪和分析，社会大众的信息需求和兴趣爱好就会露出原形，就能有针对性地开展精准营销活动。也许大家都发现了一个问题，就是为了捕捉广大读者的信息需求状况，很多社交化阅读平台除了借助算法推送和大数据技术外，还开通了所谓的RSS订阅功能，这种功能能够让广大读者将具有相同主题的阅读内容按特定的标签聚合起来，一旦读者进行内容聚合，社交化阅读的运营商就能够知晓读者的内容需求情况和阅读习惯，就能够有针对性地推送相关的内容。而由于读者在使用RSS订阅功能时，能够自主地对信息进行归纳并贴标签，以此形成信息集束，扮演着准编辑、类编辑的角色，很大程度上颠覆了传统阅读中的信息选择以及组织的模式，能够实现读者与读者、读者与编辑、编辑与编辑之间的身份互换，因而广大读者的欢迎。而读者越欢迎，社交化阅读平台越容易开展相关的经营活动。

7. “全感官阅读”活动

社交化阅读具有信息量大且多元、体验性强、沟通便捷、信息传播形态多样化等优势，社会大众在进入社交化阅读平台开展阅读活动时，会置身于网络这个虚拟的空间之中，不断体验着各种各样的阅读内容，不断与他人进行互动。在这个过程中，读者会不断在现实与虚拟空间中来回穿梭，现实中交织着虚拟、虚拟中充塞着现实。借助于现实的自然、人造景观、地理信息、文化以及集团记忆等多种多样的元素，能够在社交化阅读这一虚拟空间之中创造出全新的社会关系网络和多姿多彩的场景，使得全身的感觉器官——眼耳鼻舌身等都进行着信息接受和体验活动，研究眼睛看到的、耳朵听到的、鼻子嗅到的、身体碰到的，都是阅读的内容，这是在网络场景中才能享有的“全感官阅读”活动。“全感官阅读”能够让读者从传统时期的文本阅读进入全新的“身体实践”之中，阅读具有了更强的象征性。

在“全感官阅读”之中，人们抛弃了传统的阅读方式，在各类阅读App中享受多元的信息和多样的传播形态，这种全新的阅读方式能够充分调动读者的各种感官，使阅读更具价值。可以肯定地说，网络这一新兴的传播技术为社交化阅读提供了无限可能的空间，随着更适合开展社交化阅读的设备的不断生产和更适合进行社交化阅读的场景的构筑，“全感官阅读”将会成为阅读的新常态。任何人都预料得到，智能阅读设备、5G通信技术的发展和应用，人类的社交化阅读的场景将会越来越新奇，阅读将会朝着自主化、个性化、互动化以及精准化的方向发展，社会大众的阅读受特定时空所限制的现象将会逐渐消失，全新的传播、全新的体验、全新的观念将会应时而生，除了“读”这一典型的、受到世人公认的阅读行为外，“视”和“听”也将成为重要的阅读活动，这也就是移动听书业持续火爆的原因。面对这种根本性的变化，社交化阅读的运营商必须改变经营模式，开足马力向提升服务体验的方向前进，以新鲜的内容、体验化的场景来打动读者，这也意味着在当前的阅读中，社交化阅读将会释放出特有的魅力与活力，人类的阅读活动向着社交化方向迈进已成为不可逆转的趋势。

在这种情况下，我们不需要为传统阅读的日渐式微而悲叹，也不需要为社交化阅读持过于乐观的态度，因为我们知道，社交化阅读有“浅显化、庸俗化”的缺点需要克服。或许可以这样认为，传统的阅读方式仍然具有其“深度”的优势，因而面对传统阅读式微、新兴阅读崛起的场面，我们需要坚持的理念就是——阅读向来就是人类生活的一个重要组成部分，不管信息传播技术如何变化，阅读都是达成人类精神诉求的一个重要途径。因此，要正确看待社交化阅读，知晓其能够为社会大众提供丰富多元的阅读资源，阅读是一个值得潜心经营的产业，社交化阅读要对读者进行画像，根据读者的需求提供个性化的信息，但要防止走上庸俗化的道路，以长期占领阅读市场，为经济社会的发展作出应有的贡献。就当前来说，作出传统的阅读将会消亡的预言似乎尚不恰当，但传统阅读方式逐渐被读者抛弃，社交化阅读等新媒体空间中的全新阅读方式的不断崛起已是不争的事实。也许可以说，新兴的阅读形态取代传统的阅读形态是一件必然的事情，因为它符合新事物终将战胜旧事物的论断，因而我们应该积极运营好社交化阅读等新兴的阅读产业，使其发挥较大的社会效益和良好的经济效益，为社会的发展进步而作出积极的贡献。

三、社交化阅读的发展历程

自诞生以来，社交化阅读就以较快的速度向前发展，到目前为止，社交化阅读已经走过了一段极为耀眼的历程。众所周知，社交化阅读是建立在互联网尤其是移动互联网技术的基础之上的，正是这种新兴的技术催生了各式各样的社交媒体，才为社交化阅读的发展筑牢了平台。因此，在研究社交化阅读之前，需要对移动互联网的发展做一个简要的介绍。一般认为，我国移动互联网的诞生时间是2009年1月7日，因为这一天，工业和信息化部分别给中国移动、中国联通以及中国电信等三大通信领域的巨头颁发了第三代移动通信（3G）牌照。不过也有不少研究者把颁发第三代移动通信（3G）牌照视为移动互联网诞生的日子持怀疑态度，然而总的来说，将2009年1月7日视为我国移动互联网的诞生时间，得到了更多人的支持。其实话又说回来，纠结于移动互联网的诞生时间，在本质上并没有多大的价值，因为移动互联网的诞生是历史的必然趋势，并不由某个部门、某个公司所决定，人类要做的事情就是乘势而上，把握技术所具有的开创性的价值，因势利导地发挥其中推动经济社会发展中的作用，使其更好地为人类服务。任何技术都不会永久保持其诞生时的模样，它会根据社会的需求而不断演进，尤其是在与其他技术交融后，更会体现出势不可挡的发展势头。移动互联网的发展促使了社交化阅读的出现，社交化阅读与智能手机终端、互联网以及其他各种通信技术的结合，使其发展有了多只翅膀。

首先，就智能手机来说，其与社交化阅读的联系极为紧密，在中国更是如此。智能手机（Smart Phone）首先被IBM公司生产出来，与所谓的“功能机”相比，智能手机均有独立的操作系统如安卓等，有独立的运行空间，用户可以按照特定的需求安装各种软件，其功能类似于一个个人电脑。当然了，智能机只是一个机器而已，要使其具有生命活力，必须有其他要素的加入，网络的接入使手机立即复活，因为连通了网络，智能手机就能够与人合为一体，人们就能够与手机进行互动，随时随地获取自己所需的信息。因此有人指出，从本质上来看，智能手机就是手机与计算机的组合体。在接入网络后，智能手机给予了人们不一样的体验感，IBM公司生产的Simon之所以被视为第一款智能手机，就是因为其具有触摸屏这一全新的体验功能，当然了，Simon还具备自身的操作系统——ROM-

DOS 系统。应该说，后来更先进的智能手机是在 Simon 的基础上研发出来的。令人遗憾的是，作为全球第一款智能手机的 Simon，由于种种原因而不能走进千家万户，被后来的苹果迅速赶超。苹果公司于 2007 年推出了 iPhone，这款智能机一经推出，便迅速抓住了消费者，因而仅一年之后，便推出了 iPhone 3G。iPhone 3G 可谓当时智能机中的翘楚，其在人类手机史上具有划时代的意义，凭借其金刚玻璃、虚拟键盘、拟物化的应用程序图标、滑动操作、宽屏多点触控等人类前所未闻的功能优势，使其在极短的时间之内就风靡于 80 个国家（地区）。后来，iPhone 3G 又开发了 App Store 这一功能，在于互联网结合后，其已经突破了发短信、打电话的既有界限，成为了一个智能化的移动终端，具有极高的艺术品位。iPhone 的功劳还在于轻松地让通过 WAP 访问网页的模式一去不复返，任何人都可以直接连通网络，利用各种浏览器展开信息阅读活动。值得一提的是，iPhone 使用虚拟键盘，让之前使用物理键盘的手机倍感汗颜，虚拟键盘让 iPhone 的外观充满未来感，而 ios 系统的使用，更是让用户有了超强的体验感。正因为如此，iPhone 一诞生就广受追捧，人们将之称为“上帝的手机”，其缔造者史蒂夫·乔布斯深受世人景仰。如今，一提到智能手机，人们首先想到的就是苹果，大家对通过苹果的 App Store 下载和安装各类客户端充满极大的兴趣，利用各种客户端，用户可以通过 iPhone 开展各种各样的活动，如拍照发照、搜索及阅读信息、谱写歌曲和玩游戏等等，还可以进行在线支付，达到一机在手，生活无忧的境界。可以说，而 App Store 的出现，大大简化了用户购买和使用软件的流程。一般来说，App Store 里的很多软件都比较便宜，甚至有不少是免费使用的，付费的往往会先提供免费试用版。此外，而 App Store 的一站式应用商店的功能，为各种开发商尤其是中小型的研发团队提供了合作的机会，并为其便利地使用各类软件与大公司进行周旋提供了坚强的后盾，而 App Store 的价值也因此得以凸显，这是对史蒂夫·乔布斯引入第三方应用平台这一手段的丰厚回报。正因为如此，App Store 上各类应用软件的下载量一路攀升，仅在推出一周后就突破了千万大关，两个月之后突破了 1 个亿，半年多的时间便突破了 10 亿，五年之后则达到了 500 亿。下载量仅是一个小小的成就，更为重要的是，App Store 催生了数量繁多的移动应用商店，瞬间改写了移动产业原有的游戏规则。

其次，在网络接入这一层面，在第一代 iPhone 刚刚出现时，苹果公司就为其设计了内置了 WiFi 功能，而到了第三代时，就已经具备了 3G 上网功能，为 iPhone 无线接入网络筑牢了强大的平台，而随着 WiFi 的普及、网络服务包月成本的锐减，以 iPhone 为代表的智能手机打败了电脑，成为世人上网、开展阅读活动的首选工具。可以毫不犹豫地说，智能手机以及网络这两大因素的融合，让各种应用程序、软件由“固态”转为了“气态”——在台式电脑时期，各类程序、软件被固定在个人电脑里，而在智能手机、互联网尤其是移动互联网兴起之后，这些程序和软件像空气一样围绕在用户的身边，在 5G 已经逐渐普及的今天，网络这条“信息高速公路”正被急剧加长和拓宽，其所具有的信息传播能力是以往任何技术都没有办法比肩的。随着时间的推移，6G、7G、8G、9G、10G……NG 会陆陆续续地出现，技术具有无限的可能性，社交化阅读的发展不可想象。从本质上来说，技术是为人类服务的，技术背后的社会需求才是促使技术发展的最为重要的因素。社交化阅读是在人类需要回归到社交领域、回归最原始的面对面的交流的背景下产生的。对社会大众来说，没有哪个时候对信息的渴求有今天这么强烈，而带有互动化的社交化阅读平台上的信息，由于满足了社会大众的阅读、分享、体验和娱乐等多重需求，因此深受社会大众的欢迎。众所周知，认识自我、了解世界，追求物质和精神享受，尤其是追求精神享受，是人类永恒的目标，而要达到这些目标，必须扎扎实实地开展阅读活动，以不断提高自己认识和判断事物的能力，不断丰富自身的精神世界。这种说法并不难理解，因为人类文明的发展是在不断的阅读中进行的，自人类诞生以来，人们在发展生产、改进生活方式的过程中就面临着各种各样的难题，这就需要不断地探索世界发展的奥秘，并把相关的知识传承给后辈，而传承知识的重要手段就是阅读。在信息超载的今天，人们被各种各样的信息包围着，生产、传播和获取有价值的信息成为主要的活动方式之一。面对如洪水般涌动着的信息流，靠传统媒体来提供有效的阅读已经不可能，要想在信息的海洋中较为精准地找到并阅读所需的信息，只有靠有强大的互联网基因的社交化阅读等新兴的阅读方式才能实现，社交化阅读能够让人随时随地创造和传播新思想、新技能，能够使人类的知识和智慧得以广泛而快速地传播、传承，而且所付出的成本极低。

需要指出的是，在社会化阅读中，有一个重要的因素是无论如何也不能低估的，那就是场景。可以肯定的是，场景已经成为新媒体时代传媒业的一个极为重要的要素，其强势介入社交化阅读之中，必然会对社交化阅读带来颠覆性的影响——在社交化阅读中，场景可以为广大用户提供现场感，使广大用户在网络这一虚拟空间中产生在场的感觉。在新兴传播技术的赋权下，网络空间中的场景远比现实空间中的场景还要逼真，还要让人迷恋。正因为社交化阅读能够借助新兴的技术，在网络空间中搭建鬼斧神工的阅读场景，才使读者长时间留在网络空间之中。彭兰曾经指出，随着移动互联网的出现和发展，人们可以文字或其他形式交流与互动，形成一种虚拟的在场感。① 以微信读书为例，利用微信公众号，用户可以随时进入微信读书 App 所构建的虚拟场景之中开展阅读活动，并在阅读中进行好友匹配、与其他人开展信息分享和交流活动。在思考选择什么样的内容进行阅读时，用户可以利用排行榜来了解他人阅读的内容、阅读的时长，以此来决定自己选择什么样的内容、与谁互动等。同时，通过查看排行榜，用户还可以看到自己的排名情况，并可以看到好友收藏的书目。除此之外，在微信读书这个场景中，用户还可以随时查看阅读界面，跟正在与自己读同一本书的人成为好友。由此可知，在诸如微信读书等社交化阅读平台中，用户通过互动，能够产生较强的现场感，并由此获得浓浓的体验感，忘记我自己处于虚拟空间这一事实。因而场景这一要素的加入，无疑会为社交化阅读的发展注入强大的动力。

综上所述，随着互联网尤其是移动互联网的发展和普及，以及各种便携式阅读终端的广泛应用，社交化阅读得以蓬勃发展。相对于原始的、纸质的阅读载体来说，社交化阅读具有信息量大、传播范围广、传播速度快、互动性和体验感强、信息分享频繁、读者数量尤为庞大、阅读成本低廉、超链接等优势，正是这些优势使得社交化阅读得以迅速普及，彻底地颠覆了既有的阅读生态，在社交化阅读时代，“全民阅读”真正成为现实。随着社交化阅读深入发展，社会大众的阅读习惯也在不断地发生着变化。从社会发展的角度来说，阅读是人类获取信息、传承知识，加快文明进程的重要手段。社会化阅读具有强烈的现场感，其内容尤为丰富，信息形态尤为多样化，人们在开展阅读活动时极为放松，其必将成为主流的阅读方式，在推动经济社会的发展中具有不可估量的作用。

---

① 彭兰．移动互联网时代的“现场”与“在场”［J］．湖南师范大学社会科学学报，2017（3）：147.

第三节　社交化阅读中知识生产及服务形态的变化

在社交化媒体的影响下，人类的知识消费的方式不断变化，因而知识生产和服务的形态也不断发生变化。

一、网络技术的发展与知识生产及服务形态的变迁

信息传播形态的变化是由信息技术的发展引起的，互联网的发展，使各类信息传播的媒介逐渐走向融合，形成了全媒体的形式。因此在信息传播中出现了多媒体、全媒体等全新的传播形式，信息的传播形态也有过去相对单一的形态变成了集文字、图片、音频、视频于一体的综合形态。社交化阅读是在互联网这一新兴的传播技术的赋权下诞生的，其阅读内容的生产和传播也是多形态的。随着分答、知乎等一系列知识问答平台的兴起，社交化阅读平台也肩负起了知识生产、服务的使命。众多的生产主体采用多种多样的传播手段在社交化阅读平台上生产、分享知识，使得社交化阅读平台上知识生产和服务的形态发生了较大的变化。

21 世纪伊始，弗里德曼就对其信息传播的状况进行了预测——世界是平的。在弗里德曼看来，全球化不可逆转，但可以肯定的是，对于任何个体来说，每天都可以感受到信息传播、获取的“平坦性”。① 在 21 世纪，由于信息传播技术的发展，人们的信息传播和获取已然突破时间和空间的限制，在新兴的传播技术的赋权下，再高的山、再远的路、再长的水，都不能阻止信息飞速传播的步伐，人们能够即时性地传播、接收、分享任何信息，那种信息翻越崇山峻岭，等接收到时已经过时的时代一去不复返了，现在人们接收到的内容，都是刚出炉的，阅读时还冒着热气。同时，在获取相关信息后，阅读者如果有自己的想法，也可以及时反馈和交流，通过互联网这个“平坦的世界”将新出炉的观点和情感迅速传播出去。

从知识生产的视角来说，远在阿帕网刚刚诞生之时，人们就对互联网寄予了

---

① 孙俊峰，等．一生读书计划：党政干部书架［M］．山西教育出版社，2016：127.

厚望，认为其在“反抗知识、信息垄断”方面能够发挥巨大的作用。① 在迈入Web1.0这个将内容视为核心的时期后，各国的互联网公司抢抓机遇，把原本依靠传统媒介来传播的各种形态的内容进行精心的加工和处理，使之以多媒体的形态传播出去，这种做法深受用户欢迎。在这个时期，中国没有落在别人的后面，诸如新浪、搜狐、网易等公司，都积极行动起来，将传统媒体的优质内容进行加工整合后，单向度传递给用户，掘到了互联网信息传播的第一桶金。不过客观地说，在Web1.0时代，人们看重的是内容，互联网主要起着汇聚重要信息的作用，知识生产没有发生本质性的变化，因此其所凸显的仍然是信息传播载体在技术方面的发展这一问题。这种变化是建立在互联网（当时称作万维网）天然的技术特征（可以提供包括文字、图片、音频、视频等多种信息形态）的基础之上的，来自不同传统媒体的内容，通过网络特有的超链接技术联系在一起，内容的传播不需要专业的口令，而是在图形化的界面的指令下完成。不过我们也不能否认，就是网络的准入门槛极低，无论是何人，只要接入网络，就可以生产、传播、消费各种形态的信息，因而将人类带入了“信息大爆炸”的时代，“信息大爆炸”的状况在Web2.0时代显得尤为突出。

在Web2.0时代，一个炙手可热的概念——UGC（User Generated Content）迅速风靡全球，在互联网的赋权下，在传统媒体时期仅仅扮演信息接收角色的受众，一下子就变成了集信息生产、传播和消费于一身的生产消费者（prosumer）。通过触网，数量尤为庞大的用户在各类网站聚集，传播信息、交流观点，形成了一个个的社群，社群的出现，使信息生产和传播更具群体性和规范性，促进了社群经济的蓬勃发展。

随着移动互联网的产生，知识、信息的生产形态及流通模式都在不同程度上发生了变化。移动互联网最大的作用就是能够让用户使用便携式设备进行随时随地的交流和互动，知识、信息生产、传播的成本急剧下降甚至渐趋为零，生产者、传播者从以前的专业团队演变成可若干具有写作和传播能力的个体，生产工具也从传统媒体时期的各种大型的、专业性的工具演变成了个人电脑甚至是小巧轻便的手机，通过这些小巧轻便的工具，任何人都能在接入网络后开展具有多媒

① 董军．被遗忘的一段想象：现代互联网思想的启蒙［J］．上海师范大学学报（哲学社会科学版），2018，47（1）：85-91.

体形态的知识、信息的生产和传播活动。知名传播大师，被誉为“电子时代的先驱”的麦克卢汉在其知名的论著——《理解媒介：论人的延伸》中指出：这是一个将自然完全变形或转换成人为技术的世界。它已经近在咫尺，我们的电子时代已经伸手可及这样的世界。我们可以将整个世界的场景迁移到电脑的储存器之中。① 这充分说明，人类已经打破了“世界的存在终止于书中”的紧箍咒，能够在互联网的数字世界中任意遨游。在这样的技术背景下，人类的知识生产，尤其是知识分享往往是基于互联网空间来进行的。而今天极为流行的知识付费，实际上就是将自己共享知识（信息）的这种行为进行变现的一个动作。②

二、社交化阅读中的知识生产和服务形态

1. 文本形态：从铅字到电子化

对于网络原住民来说，很难想象先辈们在传统媒体时期一头扎进《辞海》《不列颠百科全书》等知识海洋中寻找有利于自己认识和改造世界的知识的情景是什么样的。因为在浩如烟海的知识之中寻找对自己有用的信息，无异于大海捞针，所需花费的精力和时间可想而知。而在互联网得以广泛应用的今天，传统媒体时期知名的著作，几乎都被转化为数字化的形式储存于网络之中了，而新生产的知识也基本都以数字化的形式出现。在这种情况下，只需要轻轻地敲击键盘、滑动鼠标，就可以较为精确地找到自己想要的知识。可以说，由于信息技术的进步，人类的知识生产、服务的文本形态经历了由铅字向电子化、数字化的转型，来到了以网络介质时期。社交化阅读平台中的知识生产和服务，都是以数字化的形态存在的，它包含着文本、图片、音频以及视频等多种形态。

2. 载体形态：由纸质到网络

人类知识生产和服务的载体已经过了多次质的变化：由兽骨、竹简到纸质，由纸质到电子化，这其中使用时间最长的当属纸质这种载体。在纸质媒体时期，

① 马歇尔·麦克卢汉．理解媒介：论人的延伸［M］．何道宽，译．商务印书馆，2000：95.

② 金坤．传媒经济学视阈下互联网音频知识付费现象研究［D］．广州大学学位论文，2018：11.

知识生产和服务由少量的知识精英控制，各行各业的精英们在各自的领域分门别类地进行知识生产，并由专门的机构和人员提供知识服务。这样的生产和服务也许有着其权威之处，但生产和服务的技术手段相对落后，工作量较为巨大，如《中国大百科全书》在编撰第一版的时候，就历时15年才完成，而此后每进行一次修订，也要花费几年的时间。其实，纸质媒体时期的知识生产和服务让人头疼的不只是时间问题，要在成千上万甚至上千万上亿的铅字中寻找所需的知识，对读者来说无疑是一个巨大的挑战。而复杂、艰辛的知识生产，其产品的价格肯定不会低，诸如《中国大百科全书》等产品，对很多读者来说，无异于一种“昂贵的消费品”，居高不下的价格，无形中将很多读者挡在门外。由于互联网的到来，人类知识生产和服务的载体已逐渐转移到网络空间之中。在互联网时代，纸质媒体时期的众多令人头疼的问题都得以一一解决了：就知识的生产与编校来说，可以采取众包的形式，甚至可以采取开源生产的形式（开放源代码，让普通大众化也能参与生产），让相关的人员加入进来，这可以大大缩短生产的时间，而生产出来后，直接以数字化的形式在网络空间中提供服务；面对浩如烟海的知识，读者只要利用搜索引擎等技术，就可以精确地找到自己所需的信息；众包生产、开源生产等形式，让知识由精英化生产转变为大众化生产，能够大大降低生产的成本。事实上，在互联网技术背景下，很多纸质版的知名图书，都逐渐退出纸质版的印刷和出版，直接以电子书的形式提供服务。如在2012年，拥有244年出版印刷历史的《不列颠百科全书》宣布停印，声称未来将只提供电子版和网络版服务。①

也许有人会觉得，生产群体的变化与传播载体的更新，没有办法解决知识生产、服务提供的速度与知识的权威性之间的关系。这种说法有一定的道理，因为相对于大众化的生产和服务来说，纸质媒体时期的精英化生产确实要权威得多。在纸质媒体时期，人们的知识消费都以权威为主，知识的全球化、更新迭代速度都较为缓慢，人们对知识的生产和消费的欲望远远没有互联网时代这么强烈。在进入互联网时代尤其是21世纪以后，世界已经被“抹平”了，全球化趋势不断加深，知识生产和服务的速度跟不上消费者的消费速度的“隐疾”已经变得特

---

① 新浪网．不列颠百科全书将“绝版”［EB/OL］．http：//news.sina.com.cn/w/2012-03-15/072024118249.shtml. 2018-03-05.

别明显。在这种情况下，知识生产和服务需要发动大众的参与，以全社会的力量来推进。不过在生产和服务中，相关的主体应该保持理性、保持对知识的敬畏之心，力争生产最优质的知识，提供最优质的服务。

就社交化阅读平台等当前较为流行的知识生产和服务空间来说，知识的生产和服务已经完全跨过了纸质阶段，进入了网络的数字化阶段，这是一种全新的知识生产和服务景观，在数字化、互动化技术的作用下，广大用户的知识生产、获取途径都发生了巨大的变化，一个自由自主、开放包容、付费和免费共存的知识生产和服务空间已经诞生。需要指出的是，社交化阅读平台的相关的经营者要学会引导社会大众生产优质的信息，祛除那些低级、庸俗的信息。

3. 空间形态：从线下到线上

众所周知，在传统时期，知识生产一般是在线下进行的，那个时候往往是作者利用笔头撰写，或者在电脑上敲打，然后进行线下编辑校对，最后再交给出版商印刷传播。在今天，这种情况依然存在。然而，我们已经明显地感受到，伴随着社交化阅读的发展，很多人已经习惯于直接在网络空间开展线上的知识生产和服务活动，他们在平台上注册账号，直接生产和提交知识产品。这种情况在教育领域更为明显，如自 2012 年开始，美国的一些知名大学——麻省理工、斯坦福以及哈佛等，发起了大型开放式网络课程教育活动，即所谓的 MOOC（Massive Open Online Courses）。一经推出，世界各国纷纷效仿，就中国来说，众多的知名大学如北京大学、清华大学以及香港大学等，都纷纷加入 MOOC 组织，为 MOOC 这一全新的“免费+开放”的网络教育模式“背书”，积极开展在线知识生产和服务活动。与传统的教育相比，MOOC 这种开放性的在线教育模式，使广大用户不仅获得了知识，也获得了娱乐和情感体验。

4. 组合形态：跨品类知识产品的出现

社交化阅读平台诞生初期，运营商往往以“跑马圈地”的形式圈占用户，在吸引大量的用户以后，就开始思考知识生产和服务的变现问题，以此获得巨大的经济利益。

在这种情况下，社交化阅读的运营商不再对知识进行严格的类型划分，在生产和传播中走出知识边界、分发路径等的窠臼，不管是新闻还是娱乐信息，是教科书还是满含大众文化的读本，都可以随时在社交化阅读平台上生产和传播，新闻信息、线上教育以及娱乐内容之间的边界越来越模糊，无论是平台还是其他的内容生产者，都只知道尽心竭力地生产和提供优质的知识产品。如深受用户追捧的《吴晓波频道》，是知名财经记者吴晓波创造的自媒体产品，其内容是泛财经化的，是一种典型的知识型产品，其将新闻、娱乐、教育以及知识等融为一体，呈现出多重产品的形态。吴晓波以微信公众号为阵地，每天更新内容，创造性地对知识生产、知识服务等进行包装，打造了一个"跨品类知识产品"平台。这样一来，无论是什么类型的知识产品，都在难以进行标准化分类的情况下被装入可以量化的"容器"之中，成为一种商品和服务。也许很多传统媒体的知识生产者并不认同这种"跨品类知识产品"的特殊的生产模式，认为不分领域、没有标准的知识产品，往往在专业上是站不住脚的，因而将其看成"低劣"的产品，认为其没有什么营养价值，读者阅读后没有什么收获。这种说法看似有一定的道理，然而其却没有考虑社交化阅读平台中产品生产的场景问题，在社交化阅读的产品生产空间中，时间、空间以及人的身份地位等传统时期对知识生产和服务存在巨大影响的因素，都被大大地消解了，知识生产者和消费者来自四面八方，这个时候，如果对知识进行跨学科、跨门类的生产，形成一个个的"跨品类知识"产品，并交给公众进行欣赏和完善，无疑具有更大的价值。也就是说，社交化阅读中知识生产和服务的场景已经大大颠覆了传统媒体时期知识生产和服务的场景，场景的颠覆必然引发市场的颠覆，新的市场需要符合实际的经营手段。否则，那些自认为权威和高尚的知识产品，也很难得到读者的认可。

5. 盈利形态：从出版到直接变现

在社交化阅读平台上，全新的知识生产和服务模式被不断地实践着。值得一提的是，广大用户用其盈余时间，进入社交化阅读平台中开展知识生产和服务活动，为网络经济的发展提供了强大的动力。2010 年，克莱·舍基提出了"认知盈余"概念，顿时引起全世界的关注。现代人的工作时间一般为 8 小时，在 8 小时之外，大家可以有大量的时间开展消费活动，之前，人们往往把这些时间用来看电视，但在互联网兴起之后，人们可以跨越时空的阻隔，结成一个个巨大的群体，利用盈余时间创造巨大的价值。“想象一下，如果我们将全世界受教育公民的自由时间看成一个集合体、一种认知盈余，那么，这种盈余会有多大?”① 可以肯定地说，如果全世界的用户都能利用盈余时间，在互联网空间中创造价值的话，必将让互联网经济插上腾飞的翅膀。因为单就中国而言，2019 年6 月，网民数量就达到了 8.54 亿，其中手机网民已经达到了 8.47 亿。② 而 2019 年年初，We Are Social 和 Hootsuite 发布的数字报告显示，全球人网民达到 43.88 亿人，有 34.84 亿人活跃在社交媒体上。③ 如此庞大的网民数量，平均每人上网在 6 小时以上，盈余时间充裕得不得了，他们纷纷进入网络空间开展知识生产和服务活动，且在开展相关活动时，很多网民已经不满足于对现有的文本的加工和补充，而是直接生产全新的知识，用自己盈余的时间、盈余的知识和经验，为他人提供解决问题的方案。专业人士、大众生产的知识，可以在社交化平台等网络空间中沉淀下来，相关的使用者可以随时检索、随时获取，一个全新的知识生产和服务场景已经打开。经过不断的更新换代，诸如知乎、分答等社交化阅读平台，其工具性质逐渐减弱，“人”的元素不断得以凸显；功能性使用的情况逐渐减少，社交化使用的状况逐渐增多。在诸多的社交化阅读平台中，用户已经从最初的搜索获取信息阶段进入“关注”（follow）阶段，用户根据自己的兴趣爱好的特定需求关注相应领域的比较活跃的知识生产者、知识服务的提供者，那些被众多用户关注的知识生产和服务的提供者则成为 KOL，即关键意见领袖。当搜索、查阅关系变为“关注”关系之后，知识生产和服务也从搜索问答阶段的“散点”转变成为特定领域中的所谓的“信息流”。

毫无疑问，一旦各具体领域中的关键意见领袖在合理利用自己的盈余时间生产和提供较受关注的知识后，他们的影响力就会不断上升。而在这种情况下，不管是平台还是个人，都会积极利用社交化阅读中相对稳定的用户关系链来开展变现活动，一旦变现成功，获利丰厚，很多人甚至会辞去原有的工作，将知识生产和服务的变现业务当成自己的主业。随着知识问答等垂直领域的变现越来越普遍，收入越来越高，社交化阅读平台将会积极孵化知识变现的模式，依据平台的

① 克莱·舍基. 认知盈余［M］. 胡泳，哈丽丝，译. 中国人民大学出版社，2011：13.

② 资料来源：第 44 次《中国互联网络发展状况统计报告》［OL］.（2019-08-30）［2019-12-22］. http：//www.cac.gov.cn/2019-08/30/c_1124939590.htm.

③ http：//www.qianjia.com/html/2019-1/31323226.html. 访问时间：2019-11-03.

影响力和关键意见领袖的名气来获取更多的经济利益。众所周知，社交化阅读平台上的知识变现，已经抛弃了纸质媒体时期必须将知识进行出版方能盈利的模式，直接在网上变现，省去了众多的复杂流程，且不需要再进行专门的宣传，因为他们已经拥有了数量庞大、黏度较高的用户群体。

6. 内容形态：从“新瓶装旧酒”到“原创内容”

众所周知，在互联网发展的初期阶段，从事信息传播的网络公司往往采取“新瓶装旧酒”的方式，将传统媒体的内容“原封不动”地搬到网络上去，以方便人们随时随地地阅读。而在互联网广泛普及的今天，从事信息传播的网络公司已经不满足于照抄照搬传统媒体的内容，而是自己进行内容生产，且还吸引广大用户参与生产内容，原创的内容越来越多，即使是转载传统媒体的内容，也利用新的技术手段进行加工和整合，使之以更受欢迎的形态传播出去。在这种情况下，一些所谓的“网络原生报”出现了。如 1999 年年初，《明日报》（*Tomorrow Times*）正式问世，它采用电子邮件的形式，向用户发送原创的新闻内容。《明日报》坚持每天生产五百条以上的新闻，坚持整点发送，成为最先尝试原创新闻的“新闻门户”，被称为“第一份网络原生报”。① 尽管由于种种原因，《明日报》只坚持了 2 年，但这并不能说网络原创新闻没有市场。事实上，网络原作内容的生命力是尤为强大的，这可以从 2014 年逆袭的《澎湃新闻》窥见一斑，刚一上线，《澎湃新闻》就俘获了大量的用户，产生了巨大的社会影响力，赢得了业界的尊重。在今天，网络原创内容已经遍地开花，如网络小说、网络大电影，以及各种各样的散文、诗歌，乃至寥寥数语的感慨等。这些原创作品由于更为贴近社会大众的生活，因而广受社会大众的追捧。

在社交化阅读中，读者不仅仅在追求知识，也期望在互动化的阅读中获得愉悦。但就求知来说，无论是线下翻阅图书，还是线上浏览信息，都能获得知识，如果线下的阅读感觉艰涩乏味，就到线上与他人共同阅读和交流，在沟通中“习得”知识，获取服务。社交化阅读就是为了摆脱乏味的阅读而运作的，各种原创性的内容，或者对既有知识的全新的解读，都能让人在愉悦中轻松获取知识，因而广受用户的欢迎。

---

① 李彬．全球新闻传播史（公元 1500—2000 年）［M］．清华大学出版社，2009：357.

随着知识生产和服务形态的变化，社交化阅读的已呈现出诸多的多元化趋势：一是阅读终端的多元化。在如今的社交化阅读市场上，存在着种类繁多的阅读终端，如 kindle、台式电脑、平板电脑、上网本、智能手机以及超级本等。其中智能手机是使用得最多的终端，因此人们围绕智能手机，开发出了一系列的操作系统，如 Windows、blackberry OS、Android 以及 IOS 等，各种操作系统都拥有较大规模的用户。二是网络接入技术的多元化。在社交化阅读中，各类阅读终端都拥有接入多种网络的能力，如几乎所有的终端都能接入 WiFi、WiMAX、无线城域网和 4G 等网络技术。三是参与主体的多元化。社交化阅读的参与的主体较多，包括内容提供商、通信业务主体、用户等，多主体意味着社交化阅读有着丰富的发展资源。四是内容生产的多元化。社交化阅读是在互联网尤其是移动互联网技术的支撑下诞生的，其互动性、开放性的优势能够吸引众多的人参与到内容生产之中，内容生产渠道呈现出多元化的趋势。五是经营模式的多元化。社交化阅读的经营模式是较为多元的，如新型广告、网络游戏以及 UGC 类应用等。

本章小结

本章对人类的阅读形态进行了追述，对新媒体赋权与社交化阅读生态的勃兴进行了较为深入的研究，对社交化阅读时代知识生产与服务形态的变化进行了详细的分析，为接下来的研究做了较好的铺垫。

第二章　作为知识生产与服务空间的社交化阅读平台

在社交化阅读中，包括广大用户在内的知识生产和服务主体，都能够在社交化阅读平台上开展知识生产、传播和服务活动。在社交化阅读平台上，各相关主体都可以在随时随地生产知识、获取知识服务，借助知识的力量，各相关主体都能够提升自身认识世界和改造世界的能力。

第一节　社交化阅读平台：一种新的知识空间

众所周知，对人类来说，互联网远远不只是一种媒体，它还是一种基础设施、一种技术和经营平台、一种虚拟的空间。诞生于互联网技术基础之上的社交化阅读，是一个充满互动感的虚拟空间，在这个空间之中，人们可以随时随地生产和传播知识、随时随地提供和享受知识服务，并在不断的讨论、交锋之中形成各种各样的共识。

一、互联网时代不断模糊的知识边界

在互联网时代，知识的边界越来越模糊，在众多的互联网平台中，知识生产者和消费者都有着多种多样的选择。知识生产和阅读的 App 的种类和数量不断增多，形成了一个个的知识图谱：文字的有简书以及知乎等；音频的有喜马拉雅 FM、得到以及蜻蜓 FM 等；提问+回答的有分答等；视频直播+在线问答互动的有千聊、知乎及荔枝微课等。以此看来，文字、音频、视频等各个领域的不少产品都可以归纳到知识产品的旗帜之下，互联网给知识生产、传播和消费开启了无限的可能性，人类来到了互联网知识经济时代。在这个时代，知识付费平台如雨

后春笋般纷纷出现，知识变得不再那么重要，起关键作用的是经济，是产品、服务和平台。因此在互联网空间之中，知识产品具有场景性、时间性以及关系意义等明显的特征，知识之间的边界越来越模糊，人们的知识生产和消费以知识交易为与消费目的，并在这个过程中获得利益、增长智慧、获得娱乐。

如果从认知盈余的视角来看，由于互联网为人类的知识生产与分享提供了最为便捷的渠道，知识生产者之间、知识生产者与知识消费之间、知识消费者之间能够直接实现连接，知识生产和消费之间的界限不断消融，社会大众对知识的认知盈余的分享愿望彻底被激发，各类知识生产者、消费者生产及消费知识的内生动力也得以不断发力，这种情况促使社交化阅读不断发展。在这种情况下，个人对认知盈余的分享已经不再被视为一种“个体行为”，它成为了“社交行为”，具有较强的互动性。因此，在纷繁芜杂的知识平台中，在知识“上架”之时，就必须考虑知识产品的社交属性。

这样一来，我们就必须重新对知识进行思考。面对什么是知识这一问题，不同的学者有着不同的观点。从西方传统的知识界定来看，知识具有三个标准，即“真”“信念”和“辩护”，这被视为知识的三要素。苏格拉底认为知识的构成有两个必要性条件：信念以及真实，不过苏格拉底强调对真实的信念解释并不能构成知识。① 不过泰阿泰德却坚定地指出：“真实的信念加上解释就是知识，不加解释的信念不属于知识的范围。”② 中郁次郎认为，“被确认的想法和念头就是知识的一种，知识传播的过程也伴随着新的文明生态的建立。在这个传播过程中，知识生产者起着至关重要的作用：传递知识，管理知识和生产知识”。③

在不同的时间和空间之中，知识都有着自己特殊的形态。在互联网刚刚商用不久，人们认为互联网空间中的知识的核心是“免费”。但在今天，这种观点已经不符合时代潮流，网络空间中的知识付费已经在世界各地出现并逐渐普及，有学者将 2017 年视为中国的“知识付费元年”，而更有学者将时间提前到 2014 年。只不过在 2014 年或者更早些时候，内容创业还没有引起足够的重视，因此知识付费也没有成为宠儿。但即便如此，也有一些互联网公司如腾讯、果壳、微信等

① 胡军．关于知识定义的分析［J］．华中科技大学学报，2008（4）：69.
② 王晓朝．清华哲学年鉴（2003）［M］．河北大学出版社，2004：737.
③ 王晓朝．清华哲学年鉴（2003）［M］．河北大学出版社，2004：737.

推出了知识付费服务——腾讯于2014年上线了腾讯课堂（包含着大量的付费课程），果壳于2015年上线了在行；微信也于2015年推出了文章的打赏功能。此后，网络空间中的知识付费呈现出井喷之势，2016年迎来直播以及短视频的爆发式增长，也因为如此，知识付费成为了炙手可热的现象，豆瓣、知乎、得到、分答等平台以多种多样的形态呈现知识内容，为用户的知识生产和消费提供了广阔的空间。伴随着各种知识形成的出现，人们发现互联网空间中的知识形态与传统的知识形态有着众多的不同之处：就传统的知识形态来说，各种典籍、各类教科书等占据主流地位，那些带有主观性的随笔以及散文等，往往被排除在知识形态的大门之外。而在互联网空间之中，传统时期所形成的知识形态不断被解构。众所周知，知识具有显性知识（言传知识）和隐性知识（默会知识）两种，这两者知识形态的性质存在着较大的差别。波兰尼（Polanyi）曾经说："我认为，我们依然需要把宇宙万物的精准知识当作信仰，但我们依旧可以这样认为，知识的生产是人类可以引以为豪的思维行动。只有发挥去探索未知世界时所拥有的默会力量，新的知识才能源源不断地涌出。"① 在互联空间之中，"默会知识"所占的比例是最大的。与言传知识不同，在默会知识中，符号、文字等无法像教科书、典籍一样直接呈现知识的内涵，它没有办法通过规则的形式传播出去，个人心智、场域以及情景等可能与知识存着这样那样的关系。正因为如此，互联网空间中的知识生产、传播与消费，需要更多的诀窍，需要特定的信念，个人的特技、习惯等含有个性化特征的因素，都对默会知识的呈现和传播产生巨大的影响。

由此可知，知识的形态是在特定的环境中得以不断形塑的，在互联网空间之中，人们之间的互动又是在特定的场景中进行的，甚至会不断创造着新的互动场景，知识成为人们的共享因素、成为一个被共享的环节。在这种情况下，互联网空间中的知识生产、传播与消费就会跨过礼物经济的逻辑，来到经济回报或价格驱动阶段，真正意义上的知识经济就能够因此而得以蓬勃发展。据此可以说，互联网空间中的知识生产、传播与消费是比传统社会中的知识生产、传播和消费更优化的。众所周知，在传统社会中，社会的组织形式具有突出的科层制特征，社会权力结构呈现出显著的金字塔形纵向模式。在这种模式之下，无论是个人、团体还是社会组织，都被人为地（或者说理性地）授予特定的社会角色，并被赋

① Polanyi. The TacitDimension [M]. London: Routlege & Kegan Raul, 1966: 13.

予相对固定的社会地位，权力的指针是朝向金字塔顶端的。受这种权力结构的影响，社会的知识空间以及信息的流动虽然也能够得以持续扩张，并显示出自上而下不断普及的态势，然而它们仍然以科层制的权力结构为根基。在知识生产、传播与消费之中，科层制这一组织模式的弊端曾遭到不少学者的抨击，如“训练有素的无能”“职业性精神变态”，等等。随着互联网的迅猛发展和不断普及，基于科层制权力结构的知识和信息流动形式逐渐被改变，一种全新的、具有选择性和参与性的模式正在崛起，它超越了民众国家之边界。对文明的发展来说，这无疑是一种福音，因为在传统时期，以民族国家为边界的知识沟通、文化交流等囿于一国以内，不同民族国家存在着较为严重的“文明冲突”，互联网空间中的知识沟通、文化交流能够突破民族国家的限制，单一身份内的文明交流被逐渐放弃，人们在全球范围内领略多姿多彩的人类文明。在多样性的思维的诱导下，人类知识生产、传播与消费的内涵得以不断地丰富和拓展。当然，也有学者对这种现象进行了批判，认为网络信息技术的发展，推动了全球化的进程、提升了世界范围内的人们的互动频度，塑造了一个尤为巨大的全球化的社会场域，个体的意识得以不断强化，个体和地方性社会背景之间的联系被无情地割裂，从而让个体的自我表演与全球社会交织在一起。在这种情况下，网民成为了世界公民，一个全球性的社会群体因此而诞生，民族国家的某些约束规制，在世界公民的身上难以发挥作用，世界公民身处超越民族、国家、文化等界限的空间之中，彼此间的联系、接触更为频繁，对民族国家的管理造成了较大的困难。然而，无论怎么说，网络空间中的文化交流是极为必要的，文明没有国界之分，网络空间的知识生产、传播和消费应该跨越民族国家的平台，在更为开放的空间之中运行。不过民族国家也应该加强对互联网这一知识生产和服务的超级平台进行管理，以吸收先进的文化、过滤低级、庸俗、有害的文化。

综上所述，在信息社会，网络已经成为社会形态的重要表征，社会结构对网络有着巨大的依赖性。在网络技术的赋权下，人们更多地希望与未知的、不在场的人开展知识交流和沟通活动，这既与口口相传时期（文明早期）之交流形式有着较大的区别，也与社会沙龙（知识垄断时期）的交流大相径庭，还与知识生产部门（工业化时期）的“专业化”生产和占有相去甚远。其有着一个较为明显的特征——与非在场的人开展交流活动。需要指出的是，非在场者的身份是多元化的，既有可能是具有知识原创能力的、相对专业的人员，也有可能是门外汉。而在生产和消费场所方面，参与者既可以是统一国家内部的，也可以是其他国家和地区的，传统的地域概念被“电子场所”所代替，虚拟的文化交流空间正在迅速拓展。在网络空间这一巨大的知识生产、传播和消费的平台上，世界公民这一全新的社群，将利益的追求和价值的贡献作为核心因素，聚集在一起，不断进行着信息、知识的交流和互动，使知识的生产和服务得以在全球范围内迅速组织和实施，并体现出传统科层制无法匹敌的优势。正是网络这一信息技术的发展和渗透，才使人们对知识生产和服务、对社会结构的理解有了全新的方式。当然了，网络空间中的知识生产和服务的最佳形式还有待探索，这种以利益获取而汇聚、以价值分享而形成群集的世界公民，其深层次的联系较为薄弱，因而相互之间沟通和交流具有显著的临时性特征，知识生产和服务的持久空间的建立还需要提升网民的认知度和理性水平。但一时的问题不应该成为拒绝利用社交化阅读等网络平台开展知识生产和服务的理由，毕竟更广阔的空间、更多样化的知识生产和服务是当今社会所必需的。

二、新知识空间——社会化阅读平台的崛起

伴随着各类知识生产和服务主体纷纷通过社交化阅读平台进入网络空间之中开展知识生产和服务活动，社会化阅读作为一种新知识空间的特征越来越明显。而随着各类知识生产和服务主体的疯狂参与，社交化阅读平台这一新知识空间的影响力不断扩大。

1. 作为新知识空间的社交化阅读平台

社交化阅读平台本身就是一个知识空间，人们在这个空间中能够开展知识创造、存储、传播及消费活动。社交化阅读平台正在不断地重塑着人类的知识，人类拥有了另一个互联互通的知识体。正如戴维·温伯格（David Weinberger）所说：“当知识变得网络化之后，房间里最聪明的那个，已经不是站在屋子前面给我们上课的那个，也不是房间里所有人的集体智慧，房间里最聪明的那个是房间本身，是容纳了其中所有的人和思想并把他们与外界相连的这个网。”① 互联网

① David Weinberger. Too Big to Know—Rethinking Knowledge Now That the Facts Aren't the Facts, Experts Are Everywhere, and the Smartest Person in the Room Is the Room [M]. Basic Books, 2014.

空间中的社交化阅读平台，无疑是一个人类的“超级大脑”，这个超级大脑因为不同的知识生产、服务的分工而变得尤为重要，且无论是内容还是形态，都是极为丰富多彩的。也就是说，在新传播科技的赋权下，社交化阅读平台已经成为了一个知识生产和服务的巨大场域，人类已经拥有了一个全新的知识生产和服务空间。

知识生产总是在特定的历史环境以及社会环境中进行的，在网络高度普及和深入应用的今天，互联网成为了知识生产与消费的重要社会环境，也是具有划时代意义的重要的历史环境，而社会化阅读则成了网络技术在信息社会中的最为令人瞩目的应用，社会化阅读平台也就成为了一种全新的知识生产和服务平台。相对于 Web1.0、电子邮箱等早期的网络阅读来说，社会化阅读具有鲜明的个性化、互动性以及开放性等特征，人们阅读的体验感大大加强，无论是专业的知识生产者还是 UGC 等群体，都能够生产大量有创造性的知识，对网络知识经济的发展做出巨大贡献。可以说，社交化阅读平台上的知识生产和服务是一种参与性的生产和服务，在此类参与体系中，所有的主体（包括运营商、知识生产和服务的提供者、用户等）都被网络连接起来，认知盈余得到较为有效的激发。也就是说，建立在 Web2.0 基础之上的社交化阅读，并不仅仅是阅读技术的升级，更是对知识生产和服务理念和形式的一种全方位的革新，传统时期知识按照科层制运行的相对封闭的知识生产和服务模式，变成了一种参与式的、开放式的、互动式的模式，能够较更大的程度上吸引广大用户的参与，在更广阔的层面体现了数字化时代知识生产和服务主体的多元化问题，人类的思想、文化等也因此能够在全球范围内迅速传播。

2. 社交化阅读新知识空间对经济社会发展的影响

社交化阅读构建了一个规模空前的知识生产和传播体系。可以肯定的是，在互联网这种新信息技术的赋权下，社交化阅读这一新兴的知识空间已经彻底颠覆了旧有的知识传播理念、方式、规律及传受关系，并通过构筑电子商务、智能家居及智慧城市等网络或设施大幅度改变人类旧有的生活方式、行为方式及生存条件，还创造了新型的经济形态——网络知识经济，以及孕育了经济增长的新方式如电子商务等。此外，往更大处来说，社交化阅读还在国家间的网络信息渗透、网络煽动与攻击以及发动网络战争等方面成为决定国家安全的重大工具。由此可以说，社交化阅读是知识革命最为标志性的成就，它如此广泛、深刻地影响着人类的生产与生活，使得其成为人类通往信息社会的最佳途径。社交化阅读中的知识生产与服务已成为推动信息产业发展的新的力量，知识资本的增值场所已转向了互联网空间，这使得知识产业的重心开始转入网络之中，一个全新的知识生产与服务场所由此诞生。

“人类社会运动阶段性的重大变化，背后总是伴随着相应的某种重大技术的诞生。那些重大技术的诞生，不约而同地成为人们把握过去漫长岁月的历史地标”。① 社交化阅读注定是载入知识生产和知识服务史册的伟大技术，它必将为人类的知识生产和服务画上浓墨重彩的一笔。犹如十九世纪的钢铁生产一样，在当前乃至未来相当长的一段时期，人与电脑的互动能力将是关键的科技。毫无疑问，社交化阅读将成为网络经济发展的强大生产力：伴随着越来越多的知识生产和服务主体的进入，社交化阅读平台将更普遍和深入地履行技术与经济融合发展的历史使命，推动网络经济的迅猛发展。“在1996年即将结束之际，世界贸易组织新加坡会议起草了一份协议，决定取消对价值5千亿美元的计算机与软件产品征收贸易关税。这一数字大体相当于世界农业贸易总额”。② 正是在社交化阅读等信息技术的作用下，信息才成了推动社会经济发展的核心资源，并使社会经济出现新的增长模型：

$$Y = AL^{\alpha}K^{\beta}I^{r}$$

其中：Y代表所观察的系统的总产出，K代表资本投入量，L代表劳动投入量，I代表信息化投入量，A代表除信息要素之外的其他技术进步水平和剩余影响要素（这里仍将A作为常数），α、β和r分别为总产出Y对投入资本K、劳动L和信息I的弹性。通过此模型，我们可以测算出劳动、资本及信息在社会经济增长中的贡献度。在该经济模型中，“信息化投入量I”是极为重要的，它与信息生产力密切相关，而信息生产力要素中，最活跃的就是信息技术。事实上，正是在社交化阅读等信息技术的作用下，包括广大用户在内知识生产和服务主体才成了

① 中央电视台大型纪录片《互联网时代》主创团队．互联网时代［M］．北京联合出版公司，2015：18.

② 丹·希勒．数字资本主义［M］．杨立平，译．江西人民出版社，2001：63.

网络知识经济发展的重要贡献者。

具体来说，在社交化阅读平台这一知识生产和服务空间中，信息技术具有如下作用：一是人们凭借互联网技术可更好地组织知识生产，不断提高劳动生产率并由此获得更多利润。互联网这一新兴的技术已成为网络空间中信息资本生产的指挥棒，那里有技术平台，就能聚集劳动力进行知识生产和服务。早在 20 世纪 80 年代，互联网技术的作用就受到了人们的重视。惠而浦与通用电气这两家公司是最早将互联网这一信息技术纳入生产的公司，它们也因此而获得巨大实惠：惠而浦公司充分利用互联网这一信息技术，将数千名产品工程师有效地组合起来，使其遍布世界各地的生产工厂能够按照标准一致的技术平台来生产产品。而在互联网信息技术的帮助下，通用电气公司的整个供货链发生了巨大的转型——从书信往来转为电子网络，这种转型每年为通用电器公司节省了数亿美元的开支。互联网信息技术将各式各样的计算机系统连接起来，使公司内部之前相互隔绝的一个个活动孤岛之间实现了互联，这样一来，即使只是对某些工作实施战略重组，也能够为公司节省大量的成本。的确，在社交化阅读等互联网空间的生产之中，通过改进互联网设施可以更好地为每个分支机构或生产部门提供有效的服务，并能实现生产者与消费者的直接对接，由此节省企业的经营成本。同时，互联网这一新兴的信息技术能让人们通过互联的系统实现资源共享，消除重复劳动，提高企业生产中的安全性及生产效率。二是互联网信息技术使全球知识生产和服务的市场无缝连接的可能性大大增加。在今天，全球市场已成为一个无缝连接的网络，这个网络使得各种信息生产资源在不同知识产品的生产商之间得以合理配置和利用，保证了世界经济的快速发展。三是互联网信息技术能有效消除知识产品生产与传输中的干扰因素。“即使是核打击也无法使信息传输中断，因为信息包可以绕过网络中受损的部分。”。① 这充分说明，在社交化阅读等互联网信息技术的支撑下，知识生产具有超强的时空适应性和抗干扰能力，互联网信息技术能够有效消除知识产品生产与传输中的干扰因素。

需要指出的是，社交化阅读等互联网信息技术打造了众多生产链和增值链，这些生产链及增值链已成为全球民族国家之间相互竞争的新疆域，但我们不要陷入“技术决定论”的圈套。技术决定论往往使人一叶障目，丧失以理性

① 丹·希勒．数字资本主义［M］．杨立平，译．江西人民出版社，2001：13.

的、综合的方式去思考技术变革的复杂性。人类生产、生活的需求决定了技术的采用过程及运用方式，并不是技术塑造了人的行为，技术只是赋予了人们行为发生的可能性。技术的迷思起源于人类社会关系的拓展，技术只有进入寻常百姓家，为寻常百姓掌握后，其社会影响力才能达到顶峰。否则技术始终只是技术。一句话，互联网这一信息技术所扮演的是生产工具的角色，生产工具提高了生产力，虽然赋予了技术以价值内在驱动力的地位，但生产工具最终需要通过人的物质劳动和精神劳动才能发挥力量。因此，社交化阅读等信息技术的发展将以低于鼓吹者所希望的速度进行，但却不会像其批评者所担心的那样糟糕。

第二节　作为知识生产空间的社交化阅读平台

在社交化阅读等新媒体空间的阅读中，分享增加了阅读的仪式感。因此，“分享式阅读”使阅读突破了私人的领地，向公共化的空间迈进，在公共化的空间之中，阅读成了一种大众狂欢式的知识生产与服务活动。更为重要的是，通过社交媒体，人们能够搭建一个个知识社区，并在各知识社区中开展学习、培训等活动，以社交化阅读平台为代表的各种知识社区，将成为知识生产和交流的主要场所。这种情况将使人类知识的使用途径乃至组织方式都得到全面的改善，而人类的知识生产、传播和服务必将因此而变得更为直接和有效。

一、社交化阅读平台是一种全新的知识生产空间

什么是知识生产？

众所周知，知识是人们对自然、社会事物的熟悉和掌握程度，既有理论性的也有实践性的，是人类对于事物的认知的成果。一般认为，知识是人类智慧中带有根本性的构成要素，因而古往今来，很多学者都对研究知识表现出了巨大的兴趣。在亚里士多德看来，知识在整体上包括理论、实践和创制三个部分；中郁次郎则把知识看成一种被确认的信念，具有隐性和显性两个类别。① 因此知识是人

① 弗里茨·马克卢普．美国的知识生产与分配［M］．孙耀君，译．中国人民大学出版社，2007：212.

类对主客观世界以及人的思维方式的认知和总结，是在漫长的人类长河中不断生成生产出来的，这就涉及一个知识生产的问题。

有关知识生产的概念，学界的探索也经历了一个较为漫长的过程。一般认为，知识生产起起源于弗里茨·马克卢普的“知识生产者”理论，该理论于1962年被马克卢普提出，在论及知识生产时，马克卢普将其界定为“无论什么人引起的任何一种活动，其目的是在他自己或其他任何人的脑子中产生、改变或肯定一种有意义的知觉、知晓、认知或意识到的任何事物”。该界定较为宽泛，将与人类思维性活动相关的成果都囊括进来了，不过这种界定在经验方面不够直观。为了使知识生产的界定更具操作性，2009年，傅翠晓等人从操作层面对知识生产进行了界定：知识生产是指人们在物质生产过程中发明、发现、创造各种使物质运动转化的条件及能量来源的思想、观点、方法、技巧等的过程，通俗地说，人类生产新知识产品的活动即知识生产。① 由于知识生产的性质存在着较大的区别，知识生产者也因此常常在差异较大的层面开展工作，单独或者同时承担着生产者、加工者、传播者、分析者抑或解释者的角色，而正是知识生产的不同分工赋予了知识在一定时空和群体中流动的能力。在社交化阅读中，知识依靠网络空间来进行生产和传播。而与此同时，不同生产者之间的连接和互动又构建了一个个的知识生产网络。

在知识生产的界定中，王绍平等人的观点较有代表性，他们认为知识生产是指人们在物质生产的过程中发明、发现、创造各种为物质运动的转化提供条件与能量来源的思想、观点、方法、技巧等的过程。② 不过客观地说，知识生产并不仅仅表现在生产上，在陈伟军看来，它还包括知识传播这个环节。③ 而林海芬等人更是指出，知识生产不仅包括新知识的创造，也包括在已有知识基础上，通过复制和传递过程而产生的知识，知识生产的一般性途径包括知识创造、知识积累、知识组合和知识交换，为持续创新的知识需求提供了基本保障。④ 知名的知识生产研究学者弗里茨·马克卢普也认为生产知识的意义不只是发现、发明、设

① 傅翠晓，等．知识生产研究综述［J］．科技进步与对策，2009（1）：41-46.

② 王绍平，等．图书情报词典［M］．汉语大词典出版社，1990：556.

③ 陈伟军．媒介融合趋势下的知识生产［J］．国际新闻界，2011（5）：57-62.

④ 林海芬，苏敬勤．产业持续动态创新模型的演变及实证研究——基于知识生产视角［J］．科学学与科学技术管理，2010（2）：28-34.

计和筹划等，还包括散播和传递。① 由此可知，知识生产和人类社会的一种极为特殊的实践形式，它既包括人们发现、发明、创造的各种各样的观点、思想、方法、技巧等层面，也包括人们对生产出来的观点、思想、方法和技能的加工层面，还包括单纯的知识传播这一层面。就社交化阅读平台上的知识生产来说，既包括知识的生产环节，也包括知识的加工提炼环节，还包括知识的传播环节。而需要指出的是，相对于纸质媒体时期的知识生产来说，社交化阅读平台上的知识生产已不仅仅着眼于发现、发明知识，他还着眼于或者说更多地着眼于知识的社会价值以及社会责任，将社会对知识的需求纳入知识生产之中，且生产者已不限于精英阶层，而是扩大到了普通的社会大众这一草根群体。

在这种情况下，知识生产的环境与范式均发生了巨大的变化。就环境来说，社交化阅读中的知识生产处于一个开放式、多元化的空间之中，人人都可以随时参与到知识的生产和传播之中，人人都可以随时利用自己所需的知识，知识从生产到发生作用的时间越来越短，且知识的更新速度非常快。就范式来说，知识生产已经突破了学科界限，传统学科的知识“领地”在很大程度上被快学科的“数字公地”所占领，各学科的知识生产者立足于问题的中心，协同式地开展知识生产。如果加以引导，知识的跨学科协同式生产能够在最为广泛的层面完成学科知识的重组，这会让知识更加接近真理。

1. 从 Web1.0 到 Web2.0：“连接革命”让社交化阅读成为新的知识生产空间

社交化阅读是在社交媒体兴起的基础之上诞生的，其具有社交媒体的开放性、互动性、及时性、个性化、检索方便等特征。在社交化阅读中，人类不只是实现了人与信息的连接，还实现了人与人、人与机器、机器与机器等各个方面的连接。可以说，在 Web1.0 做人与信息连接的基础上，Web2.0 时期的社交化阅读进行了一系列的“连接革命”。

众所周知，在传统媒体时代，接触媒体、获取信息的人被称为受众，他们处于被动地位，媒体传播什么信息，他们就接受什么信息，媒体与受众之间的互动

---

① 弗里茨·马克卢普. 美国的知识生产与分配［M］. 孙耀君，译. 中国人民大学出版社，2007：212.

极少，更不要说受众与受众之间的互动了。因此，有学者认为传统媒体时期的受众在很多时候是以“旁观者”的姿态存在的，他们很难找到便捷的反馈渠道，往往只是单向地接收来自媒体人员采写、编辑后推送的内容。这就是为什么李普曼要将传统的大众传播媒体比着探照灯的原因，因为人们的视野是被媒体的信息报道所限定的，媒体的灯照到那里，受众的目光就关注那里。在这种情况下，受众没有办法主动搜索自己想要的信息，获取的欲望也没有那么强烈，因为其信息需求受到较大的压抑。然而，在互联网时代，这一切都改变了。在网络空间之中，人们不仅能够主动搜索信息，还能够进行信息的分享，且能以一种大众狂欢的态势去进行信息的生产、传播和消费活动，在获取信息的时候获得娱乐感。因此互联网时代，社会大众扮演着信息接收、反馈、生产、传播等多重角色，实现了由传统媒体时期的“受众”向新媒体时代的“用户”的转变。与传统媒体时期的受众相比，用户能够较为自由地使用互联网，积极主动地传播生产和传播信息。不过需要指出的是，用户能够自由地生产、传播和消费信息，是在 Web2.0 兴起之后才能做到的，在 Web1.0 时代，信息通过超链接的方式被汇聚到一起，形成一个极为巨大的内容网络，因而“内容为王”成为了 Web1.0 时代的重要理念。Web1.0 虽然大大地拓宽了信息网络、赋予了人们自由搜索信息的能力，且让普通大众都能够在各大论坛、各大网络社区之中自由讨论自己感兴趣的问题，但由于 Web1.0 只能做到人与信息的连接，无法做到真正的互动，所以信息的生产已久掌握在少数“精英”的手中，社会大众的信息需求和信息传播依旧受到压抑。

社会大众真正能够自由地生产、传播和消费信息，是在 Web2.0 的崛起之后，Web2.0 是“一种用户参与的架构，这既指网站内容建设，也指网站的整体‘生态系统’的建设”。① 在 Web2.0 时代，借助进一步改进的互联网技术，社会大众的思想创新能够及时呈现在互联网空间之中，知识生产的权力逐渐由 Web1.0之前的“社会精英”扩展到广大用户，使广大用户成为了生产消费者（prosume），共同承担着社交化阅读等网络空间中的知识生产任务。这是一种令人振奋的现象，借助社交化阅读等知识生产平台，广大用户知识生产的主动性和积极性得以广泛激发，生产能力得以不断提升，网络空间中大规模的信息生产时

① 彭兰．Web2.0 在中国的发展及其社会意义［J］．国际新闻界，2007（10）：45.

代已然来临。易观智库分析师王传珍 Web1.0 时期的用户以“静态的知识获取”为主，如百度百科就属于这种情况。① 不可否认的是，虽然用户在百度百科中以“静态的知识获取”方式参与其中，但这依然体现了互联网对知识生产模式的革新——为用户参与知识生产提供技术及平台支撑，把知识生产、审核和纠错等众多的权力下放给用户，使用户获得了较为充分的知识生产权，用户只需要遵从百度百科的相关规范，就能参与百度百科这部号称“网络百科全书”的修改，甚至编写工作。然而，虽然用户有了参与知识生产的权力，可从根本上来说，用户的知识生产能力是较弱的，因为他们仍然还是一个个零散的个体，没有形成社群。这种情况在 Web2.0 时代也得到了改写，在社交化阅读等知识生产平台上，“内容为王”的理念逐渐淡化，“用户为中心”的思想逐渐崛起，“人—人”连接让知识生产的活力、动力更为强大。在社交化阅读等知识生产平台上，“内容为王”虽然还不至于被摒弃，但平台主要的目标已经不是经营内容，而是紧跟用户的连接以及互动，根据用户在连接和互动过程中搭建的关系网络来开展经营活动。这样一来，内容成了平台追逐用户的诱饵。这就是 Web1.0 时代的百度百科不能充分发挥“人—人”连接的潜力而 Web2.0 能够充分发挥的原因所在。在“知识共享”的 2.0 时期，一系列知识生产平台如知乎、分答、得到、果壳、豆瓣等纷纷崛起，形成一个个知识生产的社区网络，而这些社区网络都带有社交化的特征，人们在其中的阅读活动属于典型的社交化阅读。以知乎为例，但你打开知乎界面，就会看到“知乎——发现更大的世界”这句话，其体现了在互联网知识生产中“连接”的巨大作用。因此，在知乎平台搭建之初，采用邀请大 V 加入的方略，让大 V 们为知乎这一知识社区奠定知识生产的基础，然后两年后面向社会大众开放注册，凭着众多大 V 的吸引，知乎在短时间之内便吸引了数量较为巨大的用户，让社会大众快速加入知乎的知识生产之中，并在广大用户和大 V 之间建立了连接的关系。这使得知乎的用户在一年的时间之中，从 40 万猛然增加到 400 万。正是一个个的社交化阅读平台，让精英、草根在短时间之内迅速聚合，其这样那样的“连接”关系使得用户的知识视野不断拓宽，知识生产能力不断提升。

据此可以说，社交化阅读平台为用户的连接提供了支持，而用户的连接则促

① 王传珍．知识付费奇点与未来［J］．互联网经济，2017（1）：70.

使了一个个阅读虚拟社区的诞生，用户进入了一个更为庞大、更具体验感的世界。在社交化阅读平台上，广大用户在实现有效的连接后，不但能够更好地认识和提升自我，还能够向其他用户学习，不断拓展自己的眼界。需要指出的是，用户之间的连接往往是依据共同感兴趣的“话题”来展开的。正是通过对某一话题的关注而展开互动和探讨，使得社交化阅读平台与QQ、微信等社交媒体有所区别：社交化阅读平台除了能够交流信息外，还能吸引广大用户开展知识生产活动。正因为如此，社交化阅读平台构建了以用户之间的连接为中心的知识生产系统，用户的思想创新得到尊重，用户之间的关系变得越来越复杂——在社交化阅读平台上，用户跨过了内容追求的阶段，他们更感兴趣的不是内容本身，而是与其他用户之间的知识分享和互动，并在分享和互动中搭建起特定的关系网络，最终能够全身心地在各种关系网络中徜徉。也就是说，用户在社交化阅读平台中的活动，大多是为了“社交”的需求而进行的。但在开展社交活动的过程中，用户又生产了大量的知识，充分激活了自己的“认知盈余”。

当“认知盈余”被激活后，有着强烈分享欲望的用户就会利用大量的盈余时间来开展社交和知识生产活动。在社交化阅读平台上，用户们都能够根据自身的知识状况、生活经验等提出或者回答某些问题，或者传播自己创造的文本。在这种情况下，用户的知识碎片、时间碎片就会被充分发掘出来，被有效聚合起来，并在此基础上形成强大的知识生产动力。有人曾经问知乎的创始人周源一个问题，即“知乎团队的路是如何走来的”，周源的回答是：“个人大脑中从未分享过的知识、经验、见解和判断力，总是另一群人非常想知道的东西。”① 周源的回答可谓经典，它反映了社交化阅读时带“人—人”连接的重要性——激活认知盈余，激发用户的知识生产力。在知乎等社交化平台上，用户可以在短时间之内找到自己的社交圈子、兴趣圈子，并可以迅速地和圈子中的其他用户紧密地“连接”在一起，构建错落有致的关系网络，并在这个网络中产生观点和情感的共振和共鸣，并由此形成持久的知识生产动力，促进社交化阅读中的知识的井喷式增长。

① 周源．知乎团队的路是怎么走来的，知乎未来又将如何发展［EB/OL］. https://www.zhihu.com/question/19551453/answer/14198737.

2. 社交化阅读空间中知识生产权力的不平等性

恰如上文所说，Web2.0技术的赋权，引发了“连接”的革命，使用户在社交化阅读平台上构建了全新的“人—人”连接关系，激活了千百万受众的认知盈余，使得用户无论身处何处，都能随时进入社交化阅读平台上开展知识生产活动。随着加入的用户越来越多，传统媒体时期的精英化的知识，不断被社会大众所生产的带有“大众化”的内容所稀释。关于这一点，胡泳是这样说的：“平庸是创造性生产的供应增加所必然带来的副作用。”① 事实确实如此，在社会大众的参与下，社交化阅读平台等网络空间之中的知识量不断翻倍，但知识本身的质量问题却值得注意，知识良莠不齐、知识冗余的现象正愈演愈烈。这就引发了一种怪异现象——互联网空间中的知识量是以前任何一种媒体都不能匹敌的，但个人知识过少、很难获取有效的知识的“知识焦虑症”正在用户中爆发，且其传染性极强。也就是说，在经历Web1.0时期的“精英化”的内容共享后，Web2.0使知识的生产来到了大众化的阶段，但社交化阅读平台上的知识却变得极为冗杂，要获取有效的知识，个人必须付出大量的精力和时间成本。在这种情况下，为广大用户、社会团体或组织提供较为优质和系统的知识产品，逐渐成为一种炙手可热的产业。因此，众多的资本纷纷涌入知识服务领域，开展知识付费服务。Web3.0时代的知识付费已在众多的网络平台上出现。在知识付费平台上，想要获取知识的用户必须支付相应的费用后方可阅读、获取自己所需的知识。

在知识付费的时代，那些具有较为专业的知识生产能力的人，就能够通过付费平台获得较多的收入。以知乎为例，用户成为主讲人以后，就可以在平台上开回答活动，听众需要根据事先设定的价格支付费用后，方能进场获取知识。在知乎平台上，主讲人可以根据自己的生活经验、知识积累情况，采用文字、图片、语音等形式，实时讲述知识和与用户互动，以此获取经济利益。当主讲结束后，用户想要再次获取相关信息时，也可以通过先前的“门票”进行回看。而作为平台的知乎，则会在扣除第三方支付手续费、礼券的优惠金额后，再收取10%的服务费。

一般来说，分答、知乎等问答平台（可视为的社会化阅读平台的一种）不

① 胡泳．自由时间的力量［J］．IT经理世界，2011（23）：28.

会指定谁是主讲人，所有用户均可申请成为主讲人。在用户进行申请后，平台会进行多道审查，主要指标有资质、对其他用户的贡献度等。就资质来说，从事专业领域的知识生产的主讲人，需要有证明材料，如律师资格证、医师资格证等。就对其他用户的贡献度来说，一般以用户在相关领域之话题的权重为参考，视申请主讲人的用户所获得的赞同票数、反对票数，以及没有帮助的票数的多少来决定是否通过审查。

正是存在审查环节，用户在知识生产中的权力出现了不平等的情况，很多人欢呼的 Web2.0 时代知识生产的平权化参与在现实面前遭遇尴尬——只有通过审查的用户才能做主讲人，而能够通过审查的用户一般要具有相关领域的资格证，且对其他用户有较大的贡献。这样一来，数量庞大的原本可以随时参与知识生产的用户被人为地阻挡在信息生产圈子外面，“精英化”生产再次抬头，社交化阅读平台诞生之初的去中心化传播、平权化参与带来的“知识民主化”的空间被不断压缩，普通用户在更广阔的范围内参与知识生产的权力被削弱，一定程度上失去与大 V 在社交化阅读平台上共同进行知识生产的机会，双方之间的地位出现了不对等的情况。因此可以说，一些社交化阅读平台对知识生产大 V 的挑选，使得网络空间中本来模糊的生产者与消费者的界限再次变得清晰起来，大 V 凭借其先前积淀的名气和影响力，让他们在社交化阅读平台中能够进行有偿生产，而普通的用户则需要支付相应的费用才能够共享大 V 生产的知识。一定程度上来说，知识生产又从双向性变回到相对单向的局面。尽管普通用户（或曰粉丝）与其感兴趣的主讲人之间存在着一定的互动关系，不过在互动中，主讲人已经成为了中心，每次的知识生产和传播都由主讲人来引领，互动出现了延迟的情况。同时，在主讲人主导的知识生产以及传播中，很多用户根据自己的需求和兴趣所提的问题，都很容易被淹没，因为主讲人不可能在有限的时间之内回答那么多问题。也正因为如此，广大用户在社交化阅读平台上所构建的具有扁平化特征的关系网络，在较大的程度上被层级化，大 V 和社交化阅读平台结合为生产者，而普通用户则成为了消费者，知识生产的模式也发生了较大的变化——由知识社区兴起之初的协同生产变成了批量性、标准化的生产。

3. 社交化阅读空间中知识生产的倾向

当前，知识付费正强势崛起。面对这一情况，社交化阅读中的知识生产必须适应知识付费的新规制。我们不能忽视知识付费这一互联网空间中的新潮，因为它已经在用户的知识生产、传播与消费中掀起了规模浩大的、带有节点性特征的“反向筛选”运动。我们都知道，罗永浩曾专门发了致歉信，宣布停止更新“得到”专栏，而papi酱也紧随其后在“分答”社区发布停止更新的声明。“得到”专栏停止更新所掀起的波浪没有papi酱的大，因为papi酱宣布停止更新时，其分答社区才开通两个月的时间。罗永浩专栏和papi酱宣布停止更新，让那些对知识付费抱有巨大热情、对其发展估价极高的人们渐渐缓过神来，大家才慢慢看到，虽然知识付费的浪潮仍然在席卷着世界各国，但相关领域的生意却越来越难做，假如知识社区的知识生产无法满足广大用户的知识需求欲望，不能及时提供新的有价值的知识，从事知识付费经营的个人或组织就不得不放下曾经的狂热的知识付费梦。在谈及停止更新的原因时，罗永浩说“得到”专栏的工作量远远超出了他的预估，而papi酱也称，为了做好专栏，她“精力已经被过度占用”，而为了兼顾社区和短视频，其生活节奏完全被打乱，超额的工作任务让她身体频频出现状况。可以说超负荷的运转让很多知识付费栏目的主持人心力交瘁、疲惫不堪。而这也说明，知识付费确实是一个可以掘金的领域，但要培养用户、黏住用户，并使更多的用户加入进来，知识付费平台不仅要找到读者喜欢的知识领域，还要对之进行不断的更新，且随着读者胃口越要越大、越来越刁钻，优质内容的生产变得越来越重要，主持的时间和精力更是远远跟不上。

不过时间和精力的匮乏并不能阻止个人和公司开展付费阅读的经营活动，这些年来纷纷出现的知识付费平台，如知乎、豆瓣、果壳、喜马拉雅以及分答等，都说明知识付费的运营正在路上。这些知识付费平台为用户构筑了一个个的知识生产、传播和消费的平台，为优质用户赚取经济利益提供了一个个的空间，只要具备较深的专业素养，就可以在网络空间之中觅得一块安身立命的土地。以被人称为薛教授的薛兆丰为例，其会事先提出一个较有价值的问题，在第二天清早就会进行在线回答。只要进行了付费订阅，都可以每天在线听薛兆丰根据头天提出的问题进行思考的视频（十分钟左右），目前薛兆丰的专栏全年的订阅费为200元左右，已经吸引了数十万学生收听，这些学生分布在全国各地，他们能够轻轻松松获取经济学知识，而薛兆丰更是因此获得了不菲的收入。可以肯定地说，知识付费产业的兴起，必然让更多的专业人员向知识付费平台靠近，社交化阅读平台等知识生产的空间将会不断涌现，这必将进一步掀起知识经济的巨浪。在这种情况下，知识生产越过了学校的大门，在网络空间中迅速蔓延，开创了无限的可能性。但是我们也要看到，在社交化阅读平台上的知识生产之中，知识产品呈现出专业和“杂糅”等众多的特征，专业人士生产的知识一般比较具有营养，能够吸引更多的粉丝，而普通用户生产的知识的质量则相对较低。有市场就值得开发，一些社区、专栏停止更新，会给后来的经营者提供更多的可借鉴的经验：优质的内容永远是用户最需要的，站在风起云涌的知识付费的浪潮上，如何优化和培育市场显得尤为必要。不可否认的是，知识付费已经取得了巨大的成功，且伴随着知识生产和消费空间的进一步拓展，知识付费的发展将会更为迅猛。然而社交化阅读平台要对知识付费进行有效的运营，就必须适应其新的运作法则：

首先，抓住用户知识需求的方向。对社交化阅读平台来说，要涉足知识付费这一炙手可热的领域，就必须满足用户的知识需求。总的来说，用户对知识的需求是精和新。所谓的精是指获取自己最为需要的知识，所谓的新是指用户的需求总是不断翻新的。没有用户就不能在知识付费的大潮中淘到真金，一个知识付费平台、社区最为巨大的发展资源就是用户。任何一个，都能为平台带来长尾效应。这就需要对经营的领域、目标用户等进行科学的定位和规划，同时积极谋求与其他平台协同发展的道路。

其次，形成社群经济效应。社交化阅读平台如果想要获得持久发展的动力，就必须形成一个个的社群。社群是由社区发展而来的，不过与社区相比，社群更关注个体与群体间的交互关系，更看重群体的分工协作。社群的成员间有特定的行为规范和行动目标，并通过信息互动形成持续而强大的社群情感。“社群经济是基于移动社交平台，遵循某种兴趣图谱，为特定目标群体提供产品和服务，促进粉丝深度交互和情感体验，激发粉丝自主的参与度、传播力和创造力，通过富有创意的社群运营，形成可持续性的商品价值和情感价值的生产和消费”。① 社群经济以社群成员的相互信任和追捧、互动、口碑传播等为基础。社群成员交互的遍在性与便捷性使社群的价值得到最大限度的释放，并使社群的功能愈加多元化，由此对社会的消费模式、品牌营销以及商业模式等产生了巨大的影响。从本

① 孔剑平，等．社群经济：移动互联网时代未来商业驱动力［M］．北京：机械工业出版社，2015：126.

质上来说，社群经济其实就是由粉丝经济进化而来的，它可以看成粉丝经济发展的高级阶段。一般来讲，在运营初期，社群经济会呈现粉丝经济的特征，因为社群只有在人们对特定的产品或服务予以关注和欣赏时才能形成。但是相对于粉丝经济来说，社群经济又有自己的特征，社群的核心本质在于其在吸附大量粉丝后能形成粉丝规模，并在粉丝的参与下形成特定的再生产机制以及价值增值系统。由于粉丝的参与，社群在发展到一定的程度后会实现自我运作和自主创造，由此实现产品和服务的生产与再生产。而社群粉丝的主动性及创造性经由社群内部的互动和分享后，能实现社群的群体智慧和价值的再生产、再创造。同时，社群经济又是对体验经济的深化和延伸的经济形式。社群成员围绕对产品和服务的体验，形成新的商业生态及运行逻辑。随着网络特别是移动互联网的发展和各种各样的移动终端的普及，网络用户纷纷涌现，为社群的形成提供了绝佳条件，也使社群的交往更加具有遍在性。网络用户汇集到社群之中，借助社群的力量最大限度地发挥自身的创造性，感性体验得以大大释放。因此，社会化阅读平台在开展付费阅读时，应该在自己生产知识的同时，把分散在世界各个角落的用户组织起来，利用他们的认知盈余，共同生产优质的知识，并由此打造用户共创共鸣的社群空间，以此加快知识的更新速度，提高知识生产的精准度，并由此形成社群经济效应。

最后，形成社会化生产的局面。上文说过，传统媒体时期的知识生产受到精英阶层的垄断，精英们借助自身的政治和经济优势，在特定的时空中进行着知识的生产活动。由于知识生产的门槛极高，社会大众很难拥有进行知识生产的经济实力和时间成本，这使得知识生产长时间局限在小范围内，知识更新的速度也比较慢，且精英阶层都是站在自身的视角来生产知识，没有认真的考量作为读者、数量尤为庞大的社会大众究竟需要什么知识。在互联网技术的作用下，这种知识生产场域逐渐被打破，借助社会化阅读等知识生产空间，社会大众能够随时随地开展知识生产活动，一些用户甚至能够生产出令很多知识精英都意想不到的知识产品。的确，“少数人使用廉价的工具，投入很少的时间和金钱，就能在社会中开拓足够的集体善意，创造出五年前没人能够想象的资源”。① 很显然，在社交化阅读等知识生产平台上，社会大众的知识生产不再是奢侈的事情，通过特定的

---

① 赵帅．网络时代：“最好”的时代［M］．北京：北京工业大学出版社，2014：151.

社交关系网络，用户能够在互动中生产数量较为庞大的知识产品，并由此开启社会化生产的阀门。对此，社交化阅读平台应该相时而动，努力形成协同共进的社会化大生产的局面。

二、占据知识生产主导权的社交化阅读平台

在互联网迅猛发展和深入普及的今天，知识生产的主要场所已转移到网络空间之中。而在网络空间的知识生产中，带有互动性、分享性的社交化阅读平台又成了网络空间中知识生产的主要阵地。众所周知，在传统媒体的融合发展中，社交化媒体所起的作用功不可没，在更广、更高的层面推动了传统媒体的转型和发展，使传统媒体的信息生产和传播进入了全媒体传播阶段。在这种情况下，知识生产、传播的逻辑发生了较大的变化：首先，传统媒体越来越重视利用社交媒体平台来开展知识的生产和传播活动；其次，在社交化媒体中，用户通过推荐、点赞、评论以及众包等各种方式，再造了知识生产的流程和知识传播的机制。可以说，在今天，社交化阅读平台掌握了知识生产主导权，这主要体现在以下几个方面：

1. 社交化阅读平台占据了众多的知识生产的入口

在今天，人们大多数知识的获取都是通过社交媒体来进行的，因而社会化阅读平台成为了人们生产、传播和消费知识的重要入口。伴随着社交化阅读平台的普及、用户个性化消费的凸显、社交化阅读平台的算法推送的流行，越来越多的人都会通过这一渠道来开展知识共享活动，在社交化阅读平台上获取知识逐渐成为社交的重点需求。换句话说，随着社交化阅读平台的勃兴，知识生产和获取的入口正从传统媒体以及网络媒体中的门户网站、搜索引擎等向社交媒体聚集，社会化阅读平台成为网络的第一大量来源，已经远超搜索引擎的流量，社会化阅读平台成为主导知识生产的主要因素。从根本上来说，人们是抱着生产和获取知识、开展社交活动、获取服务等动机来利用社交化阅读平台的，在这三个要素之中，社交是最为核心的东西，在社会大众中逐渐形成的无社交不新闻、无社交不分享等新闻、知识生产和分享理念，已成为社会化阅读中知识生产和消费的重要基石。据此可以说，社交化阅读平台这一入口比内容的入口更有价值，社交化阅

读平台在很大的程度上左右着知识的流量和流向，是媒体的运营部者、用户满足特定需求的主要阵地所在，相关的运营商如不及早谋划和布局，必将失去这一重要入口，进而失去众多的利益。

2. 社交化阅读平台拓展了知识流通的渠道

人们积极通过社交化阅读平台来生产、传播和分享知识，以此构建特定的人际关系网络。很多人因为他人的分享而关注、参与某个领域的知识生产，使知识沿着用户构建的人际关系网络而扩展，用户在对信息的评论、点赞以及转发，对知识流通产生巨大的影响。从媒体的角度来看，在知识的流通中，主要存在综合型、算法型以及关系型三种媒体。其中算法型媒体除了能够生产知识外，还能精确抓取和整合相关的知识，并进行精准推送；关系型媒体能够以用户的关系网络为依托，围绕用户的社交和分享来推送知识。需要指出的是，算法型媒体以及关系型媒体都具有社交化的特征，都流通着精英化的、娱乐化的知识。而知识的流通往往受媒体的知识生产、传播的算法和关系网络的影响。在这种情况下，社交化阅读平台转动一下“指针”，就会对知识的内容和流量产生巨大的影响。

3. 社交化阅读平台再造了知识生产的模式

在社会化阅读平台中，知识生产主体、维度以及时间形态都发生了较为根本的变化。首先，就知识生产的主体来说，社交化阅读平台打破了传统媒体时期精英群体在知识生产中的垄断地位，让广大用户以及智能机器等参与进来，使知识生产由线性、封闭性走向了非线性和开放性，构建了一个相互启迪、协调生产的生产体系。其次，就知识生产的维度来说，社会化阅读平台不仅提供大量的知识，还会对关联的知识进行立体化推送，型构了知识体系，使知识的生产和流通具有更为完整的场域。最后，就时间形态来说，社交化阅读平台改变了传统媒体时期知识生产的线性流程和反馈机制，在世界的变化和用户的关注中不断调整知识生产体系，有利于用户动态性地、即时地获取知识。一句话，在社交化阅读平台中，自身生产的体系架构、指导思想以及具体流程都发生了根本性的变化。

4. 社交化阅读平台搭建了知识生产的场景

在互联网技术的赋权下，知识的生产、传播和消费逐渐与场景搭上了关系，人们在社交化阅读平台上开展社会交往、情感娱乐等活动，都是基于特定的场景进行的，社交化阅读平台搭建的场景越丰富多彩、越能满足用户的需求，就越能吸引用户进入其中。在这种情况下，社交化阅读平台上的知识生产需要其运营者进行多方面的思考，如推出什么样的主题、采用什么样的风格、用什么样的文本形式、在什么样的场景中传播等，不断革新基于社交场景的知识生产理念，重构知识生产的流程，提高知识的吸收和利用率。

5. 社交化阅读平台吸引了数量极为庞大的用户参与知识生产

社交化阅读平台已经成为网络空间中知识生产、传播的巨大场域。就广大用户群体来说，他们既是社交化阅读平台中的知识的点击者和阅读者，也是知识生产的主要群体。在社交媒体时代，社会化阅读的经营者及商家（含产品生产商、代理生产商以及代理销售商）已经不满足于现实社会中有形的产品生产，还想方设法地开辟网络生产空间，让广大用户在这个全新的空间中进行着非物质化的劳动。因此可以这样说，社会化阅读平台已成为非物质化产品生产的场所，它为广大用户提供了一个知识产品的生产空间，使广大用户在该空间中进行着较为自由的知识生产活动并创造除了大量的经济和社会价值。按照“上网就是劳动”① 的观点，用户这一网络空间中的知识产品的生产群体在移动化阅读平台上的活动如收看网络广告、点击浏览信息、玩网络游戏、转发信息、刷博客及微信、上传网络日志和音频视频、搜索关键词等都是在进行知识生产和传播活动，并能够为社交化阅读平台的运营商、广告商及内容提供商创造了大量财富。而对社会来说，广大用户生产的知识产品除能为社会经济发展注入一定动力外，一些有利于传播社会正能量、维护社会稳定、增进社会和谐的知识产品还能在增加社会效益方面发挥一定的作用。也就是说，广大用户在社会化阅读平台上开展知识的阅读和分享活动，也是在为社会化阅读平台等商家劳动，并创造大量的价值。其实有关媒

① 曹晋，张楠华．新媒体、知识劳工与弹性的兴趣劳动——以字幕工作组为例［J］．新闻与传播研究，2012（5）：39.

体的受众在接触媒体时，就是在为媒体劳动的观点，并不是在社交媒体时代才提出的，早在 1987 年，知名的传播学者杰哈利就指出："受众的收看活动与工业劳动有着许多相似之处，收看是劳动的一种形式。当受众在收看商业电视的时候，就是正在为媒介工作。"①

之所以能够如此，是因为互联网改变了传统媒体中受众被动接受信息的局面，赋予广大用户及时互动的"权利"，并允许广大用户自主生成内容，而且无可否认的是，当前用户生成的内容已大大超过专业网站制作的内容，这直接促使社交化阅读平台等知识生产场所的勃兴，而广大用户正式是其中的主要知识生产者。众所周知，劳动是创造价值的源泉，用户进行了劳动，就会创造价值，社交化阅读平台的相关商家已经洞察到这一巨大的价值集散地，并着力开发这一富矿。需要指出的是，本研究将焦点聚焦于用户的知识生产，并不是说传统媒体的受众没有进行知识生产，而是用户进行知识生产的主体性更强，其在知识生产中创造的价值更为直观和巨大。网络知识经济已然崛起，而用户作为网络信息（尤其是博客（播客）、微信及社交类网站）的点击者及浏览者、网络电视的收看者以及内容（可称为信息产品）的生成者，为网络经营者吸引广告和出卖信息产品获利做出了巨大贡献，也使商家通过广告促销而获取巨额利润，成为了典型的网络劳工。20 世纪 90 年代中期，卡斯特提出了网络社会理论，并对"网络企业"和"网络国家"进行了充分研究。卡斯特将网络社会中的劳工划分为"原始劳工"和"自我程控化劳工"。邱林川认为，中国作为现今新型网络社会发展的全球重心之一，也在酝酿有自己特色的"网络劳工"（network labor），使得在劳工群体内部两极分化的同时，也出现了新的草根网络建构形式，从而为新工人阶级形成提供了土壤，审视劳动与劳工问题正是了解阶级形成的基础。② 在邱林川看来，在网络企业内部，又分化出介于卡斯特"自我程控劳工"和"原始劳工"之间的"程控劳工"以及大量免费劳工，包括"玩工"③。

---

① Jhally. S. The Codes of Advertising: Fetishism and the Political Economy of Meaning in the Consumer Societv [M]. New York and London: St. Martin's Press and Frances Pinter, 1987: 6.

② 邱林川. 新型网络社会的劳工问题 [J]. 开放时代, 2009 (12): 130.

③ 曼纽尔·卡斯特. 网络社会的崛起 [M]. 夏铸九, 王志弘, 等, 译. 北京: 社会科学文献出版社, 2000: 246.

6. 社交化阅读平台能够提供大量的“沉默知识”

OECD（经济合作与发展组织）曾在1999年的一份报告中将“知识”进行了分类，主要分为四种类型：一是知道是什么的知识（know-what），这主要是针对事实来说的；二是知道为什么的知识（know-why），这主要是针对自然原理和规律来说的；三是知道怎么做的知识（know-how），这主要是针对技能和能力来说的；四是知道是谁的知识（know-who），涉及谁知道和谁知道如何做某些事的信息。其中第一、第二种知识被视为归类知识。要获得词类知识，用户只需进行阅读和搜索等活动就可以了可。第三、第四种知识被看成类沉默知识。沉默知识一般很难进行记录、量度和归类，很难通过传统的阅读和搜索渠道而获得，他要求人们通过一系列的社会实践活动去习得，如焊接师的焊接技术的获取就是如此。一般来说，日常生活中使用归类知识所占的比例在20%左右，而使用沉默知识所占的比例能达到80%左右。在传统媒体时期，人们的生产和传播的知识大多属于归类知识，因为传统媒体的知识生产主要是由精英群体来进行的，而精英群体生产知识往往是围绕某个权威的中心来进行的，这个中心要求以归类知识为主。在这个时期，不少社会公众掌握着沉默知识，但他们无法有效地进入知识生产的场域之中，也就难以开展沉默知识的生产和传播活动。随着社交化阅读平台的勃兴，精英群体控制知识生产格局的情况正在改变，普通大众也能够较为自由地进入知识生产的场域，生产和传播沉默知识，使社交化阅读平台成为了众多思想的策源地。同时，随着认知盈余的不断迸发，各类生产沉默知识的专业人士纷纷出现。这些专业的人士，一般都享受过良好的教育，拥有较为丰富的知识，能够随时将自身掌握的知识发布到社交化阅读平台上，供广大用户进行分享，让沉默的知识在网络空间中流动起来。在这个过程之中，参与互动的普通用户的知识会得以不断的弥补，并能够在知识的分享中获得巨大的体验感。

综上所述，Web2.0促使社会化媒体的兴起，进而让社交化阅读平台遍地开花。社交化阅读平台是一个巨大的非物质劳动的空间，是知识产品社会化大生产的主阵地，广大用户是重要的知识生产群体，他们每天都在为社会化阅读平台的相关运营主体进行着知识产品的生产劳动，创造着巨额的价值和财富。正如曹晋所说，“网络媒体不仅仅是单纯的信息传播工具，也是社会中重要的机构和复杂的组织。文化信息的生产、流通与市场控制体系因网络传播技术的普及而实现了赢利的新模式，追逐利润与效益的企业充分利用这一工具来进行资本的全球扩张”。① 需要指出的是，社交化阅读平台占据知识生产主导权，使数量极为庞大的用户群体加入知识的生产之中，但社交化阅读空间中知识生产的权力并不是平等的，大 V 对知识的生产具有主导性并能够获得巨大的经济利益，而广大用户在社交化阅读平台上开展知识的生产活动，往往是没有经济收益的，但他们却心甘情愿地进行着，主要原因在于他们在社交化阅读平台中的知识生产活动能够让他们收获成就感、幸福感和愉悦感。

第三节　作为知识服务空间的社交化阅读平台

互联网是一个巨大的知识生产、存储、传播、服务及消费空间。就当前来说，人们在互联网中生产知识、提供知识服务的现象尤为显著。与传统媒体时期相比，互联网中的知识生产和服务已不再是你方生产我方买，而是社会化生产大众买。因此可以说，如果传统媒体时代的知识生产和服务主要是针对观点来说的话（精英阶层控制着知识生产场域，并向社会大众普及他们的观点），互联网空间中的知识生产和服务已经跨过了观点的门槛，进入了公共知识时期（所有人都可以参与知识生产和提供知识服务）。

一、社交化阅读平台为何具有知识服务的功能

什么是知识服务？

当今的社会是知识经济社会，伴随着知识的大规模生产和应用，知识经济越来越欣欣向荣。而知识经济的发展并不只是建立在知识生产的基础上，它还得益于知识服务的提供。知识服务是在知识管理、知识经济等概念的基础上产生的。在互联网这一新兴的信息技术深入发展和广泛普及的今天，无论是自然科学还是人文社会科学，都致力于将先进的技术与理论探讨和实践相结合，不断挖掘新的知识，以服务于人类社会的发展。

对于什么是知识服务，学者们进行了多层面的探讨。在唐晓波等看来，知识服务就是将各种显性和隐性信息按照用户需求进行提炼、加工、组织，从而为用

① 曹晋，张楠华．新媒体、知识劳工与弹性的兴趣劳动——以字幕工作组为例［J］．新闻与传播研究，2012（5）：39.

户提供知识解决方案的过程。知识服务最初源于国外的企业知识管理领域，旨在提高企业效益和市场竞争力。① 张晓林认为知识服务是以信息知识的搜寻、组织、分析、重组的知识和能力为基础，根据用户的问题和环境，融入用户解决问题的过程中，提出能够有效支持知识应用和知识创新的服务。② 在互联网的环境下，获取知识已经是一件极为轻松的事情了，但成也萧何败也萧何，互联网中的"信息超载"让人们很难在短时间之内找到自己想要的知识，因此社交化阅读中的知识服务应该建立在知识生产者基于自己的专业生产相关的知识，从不同的角度对某个方面的知识进行完善和提升，然后自己推送给有需要的用户，或为相关的用户及时解决问题提供参考，或为感兴趣的用户提供娱乐和体验服务。从这点上来说，社交化阅读中的知识服务必须在四个方面形成统一：首先，知识服务要与服务人员的实际情况如知识储备、理解能力等相吻合；其次，知识服务的形式应该多元化，可以是信息或者知识产品，也可以是方案或者指南；再次，知识服务以解决享受服务的人的实际问题为宗旨；最后，知识服务要是动态化的，根据不同人和不同时期的需求做出调整，以实现知识的增值。

据此可知，知识服务的概念是包含着广义和狭义两个方面。从广义上来说，知识服务既可以指部门或机构，又可以指活动。就部门或机构来说，知识服务是向用户提供知识产品或服务的组织。③ 就活动而言，知识服务作为为服务对象提供知识价值的一种手段，是满足服务对象知识需求的一种活动。狭义的知识服务则指为人们提供知识服务的行为。一般来说，知识服务包含两个层次：知识需求满足服务和知识需求定位服务。前者是为服务对象提供其所需的所有知识，以满足其知识需求；后者在服务对象无法确定其究竟需要说明知识的情况下，根据其知识素养、社会关系、社会环境等来帮助服务对象明确其需要什么知识。在社交化阅读中，知识服务要求将知识数字化，使其能够实时共享；要求不断创新知识内容，以满足用户求新求异的心理，但要注意，知识服务不是内容服务——内容

① 唐晓波，李新星．基于人工智能的知识服务研究［J］．图书馆学研究，2017（13）：26-31.

② 张晓林．走向知识服务：寻找新世纪图书情报工作的生长点［J］．中国图书馆学报，2000（5）：30-35.

③ Miles I. Knowledge in tensive business service：Prospects and polices［J］．The journal of Future Studies，Strategic Thinking and Policy，2005（7）：23.

服务的要素是生产、制造、加工、销售，知识服务的要素是需求、场景、服务、连接;① 要求知识服务的方式智能化、专业化和一体化，以方便用户随时随地获取有价值的知识。

社交化阅读平台为何具有知识服务的功能?

在信息社会，每个人都能进入社交化媒体中开展阅读活动，并期望获得自己所需要的知识。社交化阅读平台不仅能够为用户提供阅读的素材，还能为用户提供互动空间，让用户开展知识分享活动，使得用户获得了知识、体验感等多重服务。以于欢案为例，在案件爆发后，社会各方都积极发表自己的观点，各有各的解读，舆论曾一度出现胶着状态，当事人、公安机关、检察院、法律专家以及社会大众的意见分歧较大，出现所谓的“无解之局”。后来，检察院、法律专家等在社交媒体上对整个事件进行还原和对“正当防卫”的法律法规进行及时、新颖的解读，社会各方在获得有价值的法律知识服务后，就逐渐祛除偏颇的发言，实现了社会舆论与法律审批的良性互动。从这个事件中可以看成，“无解之局”包含着社会各方对于欢案的质疑和争议，因为这是一个极为典型的案件，牵涉到警方是否渎职，牵涉到于欢的行为是否处在“正当防卫”的范围内，牵涉到可否在法律与替母行义的伦理之间寻找到平衡点。可以说，在整个事件中，这三个问题成为知识生产和服务的核心。而广大民众是如何享受到这些知识服务的？要弄清楚这个问题，就得先了解两个问题：社交化阅读平台在其中起到什么样的作用？这些知识是如何生产和传播的？

首先，在于欢案中，社交化阅读平台究竟起到什么样的作用？三个核心问题的知识是如何生产和传播的？面对于欢案中的三个核心问题（警方是否渎职、于欢的行为是不是正当防卫、法律和伦理之间是否存在平衡点)，传统媒体和网络媒体都在解读，但对于社会大众来说，他们一般是使用网络媒体来获取信息。而在获取信息的过程中，如何与他人展开有效的互动是广大用户的主要动机之一，而社交化媒体能够及时满足用户的这个要求，让用户既能与他人互动，也能学习到知识。其实，早在 1983 年，国外就有学者建议社会大众从新闻媒体中进行学习。在于欢案中，新闻媒体对社会大众的态度的改变起到了巨大的作用，尤其是

① 张棣．知识服务变现与创新的实践［J］．出版广角，2018（7）：24.

社会化阅读平台这种即时生产知识、即时提供知识服务、即时满足用户分享需求的媒体，更是在改变社会大众的敌视态度中发挥了巨大的作用。众所周知，在发生重大舆情事件时，社会大众总是认为普通民众是弱势群体，尤其是事件含有重要的伦理因素的时候，社会大众更是倾向于呼吁重视伦理。因此，在于欢案之中，社会大众期初都一边倒地站在于欢的这一边，且不理智地呼吁。当法院、法律专家在社交化媒体上与大家进行推心置腹的互动后，很多民众开始理性地思考这个案件中所存在的疑点和难点。可以说，社交化阅读平台为社会各界提供了一个了解事件、澄清疑虑的场所，之所以能够通过社交化阅读平台了解事件、澄清疑虑，是因为社交化阅读平台能够生产大量相关的知识，并开放化地向所有用户提供相应的知识服务。

其次，在于欢案中，相关的知识是如何生产和传播的？上文说过，在于欢案中，存在当事人、公安机关、检察院、法律专家以及社会大众等众多的论争个体或者群体，各方都参与了生产和传播知识。不过在这些群体中，当事人、公安机关、检察院、法律专家的说法是较为权威的，由于社会大众往往对公安机关、检察院等机关持不信任态度，因而法律专家的解读就是最为权威的。事实也确实如此，于欢案这一议题与社会大众密切相关，因而受到社会大众的高度关注，但总体来说，社会大众既有的法律知识较为有限，法律专家以第三方的角色出现，对相关的疑点进行解读，容易在混在的观点中凸显出来，使社会大众获得相关的法律知识，再加上公安机关通过视频还原事件的经过，使得社会大众开始冷静下来。同时，一些相关学科（传播学、心理学、社会学等）的学者从自身专业的角度对事件进行论证和补充，更是获得了社会大众的认可。因此，可以说，在于欢案中，社会各方都在生产和传播知识，但专业人士生产的知识更容易获得认可，更容易传播到各类人群之中。但专业人士的解读必须有权威的证据为辅助，还要有相关学科的专家进行论证和补充。这就说明，在社交化阅读空间之中，知识的生产和传播需要社会各界介入进来，共同生产和完善知识，为大家提供知识服务。这种公开、透明、及时的互动和分享，只有在社交媒体中才能做到。

二、社交化阅读平台如何实现其知识服务功能

社交化阅读平台具有知识服务的功能。但有效地提供知识服务，社交化阅读

平台就要经过科学的谋划。社交化阅读平台的知识服务功能的发挥，可以从社会大众和自身的角度来思考。

首先，从社会大众的角度来说。社交化阅读平台要知晓，社会大众对媒体平台的接触，带有获取知识、监督社会、发泄情感、获得娱乐、增加社会资本等动机。正是在各种动机的驱动下，社会大众才会积极进入社交化阅读平台开展知识生产、传播和消费活动，社交化阅读平台提供知识服务，能够满足社会大众的需求，接触媒体平台对提升社会大众的文化素养具有重大的意义。

其次，从社交化阅读平台的角度来说。社交化阅读平台能够支持广大用户以社群的形式参与知识生产和服务，其开放协作功能使得用户之间、用户和各种组织之间、组织与组织之间高度的知识共享得以实现，尤其是不同专业背景的人能实现跨学科的知识共享。因此，社交化阅读平台能够借助社会各界进行知识生产和服务的机会，发现新的、有价值的生产者和服务者，设法提供他们感兴趣的话题和空间，让他们为自己生产更多的知识，并积极购买自己的知识产品。对于社会大众、各类社会组织来说，社交化阅读平台上的知识生产和服务场域，能够在共享的前提下生产和传播知识，能够提供交流的舞台，其就是一个小型的百科全书。此外，社交化阅读平台能够提供在线学习服务，并能够为有需要者提供知识库建设的空间，在更广的范围上来提供知识服务。就这点来说，社交化阅读平台可让有特殊需求的人、组织和机构建立专题知识库，为需求者提供相应的知识板块，并允许用户进行修改和补充，以实现更完整的知识服务。

总之，社交化阅读平台是一种典型的知识服务空间，社会各界人士、所有社会组织都可以进入其中获取知识，并构建自己的知识服务库。

本 章 小 结

本章对作为一种全新的知识生产和服务空间的社交化阅读平台进行了较为全面的研究，首先对互联网时代不断模糊的知识边界以及社交化阅读新知识空间对经济社会发展的影响进行了探讨，接着对社交化阅读平台的知识生产和服务的属性进行了研究。本章的研究为后续的研究提供了理论支撑。

第三章　社交化阅读中的知识生产

社交化阅读技术引发了一场知识生产的风暴，在社交化阅读平台上，个人、团体、组织、机关等都能参与到并且经常参与知识生产，使互联网空间之中的知识种类和数量都不断暴增，形成了一幅波澜壮阔的知识生产景观。

第一节　人类社会知识生产方式的变迁

从产业方面来说，人类已经经历了三种社会形态，即农业社会、工业社会和信息社会。受各自内在发展逻辑的影响，这三种社会的知识生产方式存在着巨大的差别：在农业社会中，知识的生产是极度神秘的，带有绝对的威权性质；在工业社会，人们逐渐学会以科学知识来指导生产和生活，因而这一时期的知识生产带有较多的理性色彩；在信息社会，信息技术的赋权让社会大众能够随时随地参与到知识生产之中，知识的社会化生产的态势呈现，人们进行同侪化生产，知识生产有了较为明显的联结性。

一、农业社会知识生产的方式

物质资料的生产方式对知识的生产方式有着巨大的影响作用，在农业社会中，生产力相对较为不发达，生产关系也没有工业社会和信息社会那么复杂，人们比较迷信权威，社会大众都认为只有权力精英才能生产知识，为知识生产戴上神秘的面纱。同时，由于人们的生产实践水平不高，很多人都凭经验来开展工作，使得农业社会的知识具有显著的经验性，因此进行纯粹的知识生产的人，就会遇到较大的阻力。据此可以说，农业社会的知识生产是分散的、封闭的，整个社会都没有把知识的生产、再生产和传承放在应有的位置。这其实并不奇怪，因为农业是主要的生产部门，人们对生产资料、劳动产品的维持性开发都是建立在较低的层面上的，很少有人有意识地对生产进行改进，生产资料（一般是物质而非信息）的社会效用被生产资料的私有所限制，其结果是生产资料成为财富的一部分，在生产中丧失了“要素化”的条件。由于人们仅仅为了吃饱饭而进行劳动，使农业能够维持社会的生产关系、能够满足个体的生产欲望；人们的社会交往主要集中在宗亲和邻里，故而在取得基本的生存条件后，不会有生产关系方面的孤独感。

正因为生产欲望容易满足，生产关系中的孤独感容易被抹除，再加上长期以来的阶层归属感和地域归属感的影响，使得人们习惯于因循守旧、安于现状，而统治阶层也不会去实施促进知识生产的措施，知识成为一种天然的禀赋优势，带有神秘性和权威性，社会大众在权威的膜拜中丧失了知识生产的主动性和积极性。这样一来，社会大众虽然处于经验性知识生产的场域之中（他们是生产劳动的直接践行者），但他们很少进行主动性的生产和传播（往往是编个歌谣或者向他人讲述某种经验），这样的知识难登大雅之堂，因而真正的知识生产是被权贵阶层垄断的。这是比较容易理解的，因为农业社会的生产资料大多以农产品的形式存在，除留下种子外，其他的都被直接消费了，几乎不会用作扩大再生产的生产资料，更不用说用作金融载体了。正因为农产品既是重要的生产资料又是主体的消费资料，不像工业社会和信息社会的生产资料那样具有明显的规模扩张以及业态集聚功能，也不具备金融资产那样的弹性，其不能对社会大众产生强烈的生产诱惑。这样一来，知识的生产就处于社会的表层，很难延伸至社会关系的内部，也就很难在大众层面推开。

二、工业社会知识生产的方式

在工业社会中，生产的组织形式已经发生了巨大的变化，那种囿于地域的生产方式被社会化大生产所颠覆，人们在全社会甚至全世界组织生产，这种情况使知识生产方式发生了根本性的变化。在工业社会，知识生产从的目的是服务于资本的生产经营，因而具有“标准化”和“批量化”的特征，农业社会中知识的个体性生产的方式被抛弃，知识生产的范围和层次得以不断扩大和提升，个体的知识创新能够被社会所接纳、所鼓励。而由于作为工业社会重要特征社会分工和专业化能够培养更多的技术人员、能够促使技术产品的不断迭代更新，大大节约了社会知识的开发时间，加之资本增值动力的驱使，让知识的生产的进程不断加速。

在工业社会中，要有效地占据市场，必须有知识的普及为支撑，仅靠精英阶层来掌握和推广技术已经无法适应社会竞争的需求，必须要让社会大众进入知识的生产系统之中，让社会大众的人力资本和生产的组织性相互融合，具体生产者的技能越高，越能够促使生产的发展和资本的积累。正因为如此，工业社会中的各类生产组织，都不愿意在知识普及、技能升级的情况下败下阵来，都会想办法让生产者和自身学习、生产知识，让生产中始终不缺新知识的供给，对生产者技能的强行要求甚至让从事低端工作的工人产生抵触情绪。对这种情况，芒图曾这样说："我们知道机械化的出现，在工人中引起了怎样的疑惧和愤怒情绪。工人反对机器以及一般地反对各种技术革新乃是这一整段历史上最著名的插曲。可是，这并不是某一时期、某一国家所特有的事件。"① 无论工人持什么样的情绪，也无法阻止工业生产朝着机械化的方向迈进，对于从事体力劳动人来说，机械化大生产确实颠覆了很多东西，但对知识生产的重视，能够激发个人、组织的知识生产能力，这对整个社会的发展来说无疑是由价值的。也许从这个时候开始，知识就成为了一种硬通货，他可以和众多的生产资料相互兑换，成为推动工业社会快速发展的重大力量。

由此可以说，在工业社会，知识的生产已打破权威的窠臼，走上了科学理性的道路，不过为了组织工业生产，这个阶段的知识生产带有实用性、普适性的特征。这与工业生产的系统系和分工的不断细化有关，知识只有在推动工业生产的发展的时候才能被社会所认可。同时，在工业社会的生产中，各类组织都以获取利润为目标，只有赢得了利润，知识的生产方能凸显其价值。不过我们不能因此而忽视工业社会中知识生产的现代化特征：一是知识自身的经济价值不断溢出，知识成为了一种产业。人们在创造知识的同时，也把知识的创造、创新作为一种产业来经营，使之能够有效地服务于社会各行各业的发展，知识的生产嵌入市场经济的发展之中。二是知识生产是在一个较为开放的空间中进行的，个体、团

① 芒图．十八世纪产业革命［M］．陈希秦，杨人楩，吴绪，译．北京：商务印书馆，1983：364.

体、组织都能参与创生产，为了追求自身的欲望，个人、团体和组织都会把知识生产与整个社会系统相衔接，使整体的知识生产向着高端化的方向迈进。三是知识生产突破了血缘和地缘的限制，对社会关系进行重新建构，这将使知识的生产能够深入各种组织系统和各类生产关系之中，生产出更有内在动力的文化。不过需要指出的是，社会大众理论上能够参与工业社会的知识生产，但由于缺乏有效的媒介途径，因而其参与度是有限的。

三、信息社会知识生产的方式

在信息社会中，知识生产的载体和工具都有了全新的改变，最明显的就是互联网这一新兴的知识生产和传播工具的出现。在互联网这一新兴技术的赋权下，知识生产的空间由纸质、音频、视频等转向了虚拟的空间。在这虚拟的空间之中，人类的知识生产却在实实在在地进行着，且其生产效益远远超过了以前的所有媒体。众所周知，在文字产生前，人们的知识生产主要靠口头表述。而在文字诞生后，人们可以用符号将知识记录下来，但记录知识的载体非常的简陋，如树皮、兽骨、石头等，后来又发展发到相对先进的竹简、锦帛等。由于这些媒体具有书写困难、携带不方便等劣势，很难将生产的知识在短时间之内传播出去。为了改变知识生产和传播极为不便的境况，人类发明了造纸术，并改进了书写工具，笔墨纸张开始走入人类的生活，并将人类的知识生产长期定格在这一阶段。但是其传播的效率仍然相对较低，人们为了追求信息的批量生产，又发明了印刷术。印刷术的发明，让人类可以重复、批量地生产知识，将人类的知识生产推向了一个高峰。但不可否认的是，广播、电视发明之前的媒体都是固态化的，其传播的知识也是固态化的，知识流通的速度和物质流通的速度是一致的。随着广播电视的诞生，人类的知识生产和传播能够突破时空的限制，在更大范围、更深的层次上进行，知识的生产由固态变成了液态（流动性的），人类的知识生产和传播进入了一个全新的境界。但不可否认的是，广播电视传播的知识是转瞬即逝的，受众无法将其保存下来，且不能有选择地获取信息。

互联网的诞生完全颠覆了所有的媒体形态。在网络空间中，人们能够随时书写、随时修改、随时传播知识合信息，互联网以巨大的存储和流通空间供人类生产和传播液态的知识和，以强大的检索能力供人们获取自己想要的知识，以特有的互动性让人们进行知识分享。在互联网时代，知识都是数字化的，被简化成了0或者1，用比特来衡量其所占空间的大小，知识的载体是虚拟化的网络空间。也就是说，在互联网时代，知识生产的载体和工具都被虚拟化了，知识的生产已经脱离了固定的载体形式，被深深地打上了非物质化的烙印。需要指出的是，知识生产的载体和工具发生了变化，知识生产的场所和形式也必然会发生变化，互联网以独到的技术优势，引发了信息时代知识生产方式的变革。在吕卫文看来，知识生产是在一定环境背景下基于人际互动的“社会-认知”过程。① 处于网络空间中的社交化阅读平台，其上面的知识流动也符合这一特征，因而是一种典型的知识生产活动。这种典型的生产活动，彻底颠覆了人类的知识生产的方式：

1. 联结式生产迅速崛起

当前，人类已经进入了信息社会。在信息社会中，信息、物质和能量成为人类生存和发展的三大资源，甚至信息的作用更为巨大，因为整个社会的政治、经济和文化都要以信息为核心方能得以全面发展。值得注意的是，信息是包罗万象的，互联网空间中的信息存在着良莠不齐的情况，真正能够推动政治、经济和文化发展的信息，都是含有指导性、建构性和技能性的知识，因此从某种程度上来说，信息社会就是知识社会。在以互联网技术为代表的信息技术的赋权下，信息社会的知识生产呈现出明显的“联结主义”倾向，当然，我们也可以把“联结主义”看成一种思维方式。随着网络的深入发展和不断普及，其已经成为一个知识生产的巨大空间，不同的知识生产者在其中进行着这样那样的知识生产和分享活动，网络以其“联结主义”取代了“神秘主义”（农业社会）和“工具理性主义”（工业社会），成为信息社会知识生产的主要思维方式。在网络这一信息化特征尤为突出的知识生产空间中，社会大众的需求、想象、狂欢等为知识生产提供了不竭的动力，并提供了全新的生产路径。在农业社会，只要能够吃饱穿暖就行；在工业社会，吃穿之外的很多欲求显示出来，人们在大千世界中追逐自己所需的东西，欲望被祛蔽，人们努力地劳作，为的就是满足自己的不断扩张的欲望。而在信息社会，需求更是成为人的一项基本权力，除物质需求外，人们还追逐着光怪陆离的精神需求，并依据自己的想象去创造着物质财富和精神文化，知

① 吕卫文．知识生产的“社会-认知”分析［D］．华中科技大学学位论文，2009：1.

识生产的巨大价值被深深地激发。更为重要的是，知识的多寡成为一个人财富多寡的重要表征之一，每个人都以不同的方式响应着知识生产和传播，以不断提升自己的知识享用能力。

随着知识经济在世界经济发展中的地位的不断提升，世界各国都特别重视民众的知识生产力的提升，都对高端技术、智能前沿的知识生产进行了倾力支持。在这种情况下，知识生产、创造被吸入了社会现代化的进程之中，技术的革新、文明的再造，都聚焦于新时代的知识生产，联结生产的效应不断扩散。也正是如此，在信息社会，人类逐渐降低了机器的崇拜程度，对人才的崇拜迅速成为主流，知识个体迅速崛起，这种崛起不只体现了信息时代个体的复苏，更表现为对知识生产能力的重视。这体现了社会治理向更高层次的方向迈进，它摆脱了工业社会对利润的成瘾性追逐的逻辑，弱化了文化的“资本”特征——在工业社会，知识成为追逐利润、实现资本积累的重要手段，它要么就是一种商品、要么就是被商品化了的技术手段或盈利策略，这使得作为精神象征的文化被转化为社会生产的物质链条。随着社会的转型，人类来到了信息社会，虽然经济的发展仍是人类重点追逐的目标，但文化领域已出现了一种喜人的现象，即“资本文化”正在向“知本文化”转变，而“知本”正是信息时代的最有代表性的信念及价值。同时，在信息社会，知识的消费越来越受到重视，知识除了用于获取经济利益外，还用于人们的消遣和娱乐，知识的消费景观变得和知识的生产景观同等重要甚至比之更为重要，知识的人本效应（为人服务）开始凸显，因而世界各国对文化的包容度逐渐提升，人们更多地追求知识所带来的体验感和愉悦性。不过我们也要清楚地看到，尽管信息社会的浪潮不断来袭，但在后工业时代，工业社会知识生产的一些观念和做法仍然存在，信息社会中以人为本的知识服务的实施仍然遭受垄断资本主义的阻碍，它们对知识生产体系进行操纵，希望在知识产业上继续攫取巨额利润。而即使不是为了获取利润，不少资本主义国家也会在全球扩展其文化霸权，动用一切力量保护其文化成果，并竭力推销其价值观念。与此相对应的是，一些文化包容性较强、提倡先进文化共享共创的国家，因为其在世界知识生产体系中的地位相对弱小，既有的知识管理体系也不尽完善，因而很难抵挡文化霸权主义的攻击。这就需要有良知的国家团结起来，共同构筑共创共享的文化体系，阻挡文化霸权对信息社会知识生产正轨的破坏。

2. 数字化生产成为主流

在信息社会中，知识生产的方式能够发生巨大的变化，要归功于数字技术的普遍使用。在信息社会知识生产的转型之中，数字技术提供了新的维度，构建了全新知识生产模式，网络空间中的知识生产也因此成为主流。需要指出的是，借助互联网空间和数字化技术，信息社会的知识生产能够突破时空的限制，无论身处何地、无论是何人，只要接入了网络，都可以在同一个信息系统中从事知识生产、传播和消费活动。同时，知识被从具体的事物中抽象出来，在不同的时空中自由流动，包括社交化阅读平台在内的数字媒介，成为了信息社会中主流的知识生产、存储、传播及消费载体，改变了世人生产、获取、理解知识的方式，也改变了人类的教育结构——从学校、图书馆等扩大到网络开放式教育，最典型的就是慕课（Massive Open Online Courses），慕课能够吸引国内外的师生们参与，能够较为有效地开发、利用教学资源。

人类的知识生产和传播已由印刷媒体转向数字媒体。知识生产的主阵地转向了数字化空间，知识获取的主阵地也随之发生了转移，今天的人们已经习惯于在百度、谷歌、必应、分答、果壳、喜马拉雅等数字化平台上搜索、阅读所需的知识，而这些数字化平台也会根据人们平时的搜索和阅读情况，有针对性地推送相应的知识。无论是生产还是获取知识，数字媒介已成为绕不过去的手段，即使是以印刷为主要生产阵地的媒体，如期刊、图书等，都纷纷进行数字化转型，出版社也走上了数字化的道路，其他的行业更不用说了。这就充分说明，人类的知识生产已经卷入到了数字化场域之中。而在数字化场域中，人们能够进行充分的互动，哪怕只是用鼠标轻轻点击以下（如点击网页、点赞或踩，等等），都会对神经系统产生影响。伴随着人类对数字化的了解越来越多、介入越来越深，人类的生产、生活将会越来越被数字化所牵引。一句话，在数字技术的影响下，人类的知识生产已经由印刷媒介向数字媒介转场，无论是生产知识还是获取知识，都必须利用好数字媒体。

3. 社会大众知识生产的魅力不断提升

众所周知，在信息社会，数字化生产和获取已经成为主流，社会大众这支数量尤为庞大的知识生产大军，已浩浩荡荡地开进了社交化阅读平台等数字媒介之中，与精英阶层进行对话。在这种情况下，精英阶层的知识生产权威逐渐被淡化，社会大众的知识生产魅力正在增加。随着知识生产魅力的提升，社会大众在知识生产中的话语权也会提升，因为知识与权力向来是结盟的，而这必将削弱精英阶层在知识生产中的话语权。关于知识与权力的关系，很多学者都有过论述，如知识就是力量、知识巩固权力等。不过在互联网诞生之前，由于教育、技术等条件的限制，普通大众未能全面参与到知识的生产和获取之中，因而知识生产和话语权力几乎都掌握在精英阶层的手中。由于掌握大量知识，精英阶层能够较好地把握自然和社会的运转规律，他们更能够对世事万物的变化做出合理的判断，这样的判断力让他们成为无可争议的知识生产群体。但在互联网时代，知识生产等级森严的局面被打破——互联网能够快速地生产、传播和普及知识，普通大众能够随时随地获取知识，并把一些有价值的想法和观点分享出去，成为知识的获取者和生产者，且社会对个性张扬的包容度较大，加之精英在知识的生产中也难保不会犯错误，只要一犯错误，就会在网络上立即传播出去。因此人们不再盲目崇拜所谓的“精英阶层”，很多人愿意自己去探索、去追踪知识的真相，就算是自己的观点与精英阶层的不一致，社会大众也不会像传统媒体时期那样顺从、服从于精英，而是在网络上不断发表自己的观点，故而精英阶层的光环就慢慢褪去，一些人甚至戏称他们为“砖家”，普通大众的知识生产的魅力不断提升成为必然的事情。

需要特别注意的是，随着精英和专家知识生产的权威不断被消解，社交化阅读平台上的知识生产慢慢形成了新的知识权威，由于可以随时随地进入网络空间中获取知识，人们一般不会对知识进行深入的了解和记忆，需要时直接利用搜索引擎、社交化阅读平台等获取知识，且对于从网络空间中获取的知识，人们往往都持赞同态度。也就是说，不少人对认为网络空间的知识是权威的。其实网络空间中生产的知识，并不都是科学的，其是否具有知识的合法性尚待推敲，但很多人不管这么多，只是一味地传播和引用。但就目前来说，利用什么方法来结构人们对网络空间知识的盲目崇拜，显然还是一个难题。

4. 新的知识生产体系已然形成

知识生产体系的变化，是知识生产方式变化的一个重要表征。一般来说，知识生产体系的改变又往往表现为知识生产总体环境的改变。在社交化阅读平台上，知识的生产模式包括知识创新网络和知识集群。我们可以把“知识集群”视为知识生产的总体环境，在网络空间之中，知识生产具有跨域时间和空间的能力，人们能够在不同的知识谱系之间生产、创造知识，出现了技术与知识生产协同推进的态势。在互联网语境中，知识生产体系出现下列特征：

（1）没有时空界限。

技术进步是信息载体变迁的晴雨表，信息社会的知识生产主要依靠互联网等新兴技术。与纸质媒体等传统媒体不同，在互联网空间中，人们不仅可以生产和传播知识，还可以存储知识，可以说，知识克服了物理时空的障碍，以各种形式存在于网络之中，供人们获取和分享，知识的流通量更为巨大、流通速度更为快。在互联网空间中，人们不需要专门的印刷机，就可以实现知识的大规模生产和复制。可以预料的是，随着大数据、物联网技术的发展，世界万物将会连接成一个体量尤为巨大的信息生产场域，人、机器及自然界的万事万物都将成为知识生产、数据接入的高度智能化的界面，真正实现时时处处与世间万物连接和交换知识，知识生产成为万事万物日常运行和人们日常生活的一个重要组成部分。

（2）动态调适性。

大千世界的知识是包罗万象的，而网络又是没有边界的，在包罗万象的知识和命运边界的网络形成知识生产的联盟后，知识系统就会被去中心化，分割成若干个开放的子系统，这些系统之间没有清晰的边界，借助于网络的超链接技术，知识生产呈现出无限关联、没有阻隔以及自动增长的态势，各知识子系统之内、各知识子系统之间的知识生产随着网络的拓扑结构而扩散，人们在网络空间之中自发地、自由地组合，随心所欲地生产、传播和分享知识。也就是说，网络空间中的知识体系具有自组织功能，它能够主动调适自身的知识生产，让广大用户掌握、生产的数据、知识等随时嵌入相应的结构之中，使知识得以不断积累。

不过网络空间知识体系的这种开放性，也为人们的知识利用造成较大的影响——传统媒体时期的知识是一个个论证严密、整体有序以及边界突出的体系，网络空间中的知识是相互交织、流动性的，呈现出杂糅、无序而又超载的状态，人们不借助搜索引擎很难找到自己想要的知识，即使借助搜索引擎，所获取的知识也往往是片面化的。

(3) 开放性。

网络知识生产系统是一个极其开放的系统，在进行知识生产时，用户不仅可以自由地获取知识生产的资料，这使得知识生产者能够在免费或者付出较低成本的情况下获取数据和信息，并将之运用于知识生产之中。需要特别指出的是，除生产资料的获取是开放的外，整个知识生产的过程都是开放性的。正因为如此，一些专门从事知识生产的人，可以在随时获取生产资料后进行生产，这些生产资料有不少是教育学术规范的，但更多的是个人的随笔、日记等，然而诸如随笔等零散的资料，有时恰恰为知识生产者提供更有价值的资料，在瞬间激活其创造灵感。可以说，生产资料、生产过程的开放性，让知识生产持续处于对话之中，来自不同行业的人对他们感兴趣的知识进行补充和完善，让生产的知识更容易接近真理。

在开放的环境中，网络空间的知识生产方兴未艾，使知识的生产机制发生了巨大的变化。要顺应网络空间的知识生产，必须变革现有的知识生产机制：鼓励社会大众参与文化创造，让他们在文化生产者与精英阶层平等对话，以让所有的知识生产者能够有效地构建自己期望的社会关系，并在种种社会关系的牵引下生产高质量的知识。

总之，从农业社会到工业社会，再到信息社会，知识的生产方式不断发生着变化。就目前来说，信息社会中的知识生产是最为有效的，它将人类社会知识生产的价值推向一个全新的高度，人们能够在开放性的系统中高瞻远瞩地生产知识，更好地服务于经济社会的发展。

第二节　社交化阅读中的知识生产者

在社交化阅读平台中，知识生产的主体较为多元化。传统媒体时期以作者、编辑等为知识生产主体的藩篱，在互联网时期已经被彻底打破了。除传统时期的作者和编辑外，普通用户也经常借助社交媒体、各类在线学习平台以及娱乐 App 等开展知识的生产、传播活动。此外，伴随着智能化应用的普及，很多社交化阅读平台也开始采用智能机器来生产知识。在这种情况下，社交化阅读平台上的知识生产主体呈现出多样化的形态，并由此衍生出了多种多样的知识生产模式。一是 OGC 模式，即职业化生产模式，由媒体平台的采编人员来生产；二是 PGC 模式，由具备专业知识的人群来生产；三是 UGC 模式，由广大用户来生产，这是最为庞大的知识生产群体，被称为信息时代被剥削程度最深的知识劳工；四是 PGC+UGC，即 PUGC 模式，这一模式是把权威人士和普通大众融合起来，让两者之间加强互动和沟通，构建云知识生产平台。其次是 ACC 模式，即智能机器生产内容，也有人将之称为算法（大数据）生成内容，是一种让机器利用大数据等手段收集信息，然后对收集到的信息进行筛选，找出可以用于知识生产的信息资料如文字、图片、音频、视频、动漫、游戏等等，根据特定的需要生产相应的内容。ACC 模式的整个过程都是由机器完成的，其知识生产具有显著的智能化特征。

一、用户

用户已成为社交化阅读平台这一空间中最重要的知识生产和服务群体。伴随着社交化阅读平台的普及和深入发展，越来越多的社会大众加入了其中，以狂欢式的姿态开展知识生产活动，这些社会大众的状态也由“有限的个人”变成了“网络化的个人”，这也充分证明，社交化阅读平台扩大了自主知识生产的范围，用户的知识生产和分享已成为一种独特的社会现象，互联网进入了用户知识创造、创新的阶段。这是信息社会中知识生产的必然趋势，因为在网络社会结构不断重构和互联网知识经济勃兴的背景下，平民化的知识生产者一定会崛起。

1. 用户何以成为知识生产者

在社交化阅读平台中，用户作为读者和知识生产者的特征都较为明显，但其知识生产者的角色更加突出。

众所周知，在社交媒体技术的赋权下，广大用户可以随时随地地进入社交化阅读平台中开展阅读活动，他们是典型的读者。但同时他们也是知识的生产者，因为在进入社交化阅读平台中开展阅读活动时，他们会对视频进行点击、会发表相关的评论，有的用户还会把自己创作或改造的文字、图片、音频、视频、动漫等文本传到相关的阅读平台上供他人阅读。在这一过程之中，用户不仅为社交化读平台提供了点击等数据产品，还生产和上传了自己的阅读产品，为社交化阅读平台带来更多的点击量，扩大了知识的生产和传播范围，因而成为一种典型的知识生产群体。也就是说，在社交化阅读平台中，用户不只是搜索和阅读知识，他们更是参与到了垂直型的知识共享平台之中，在阅读的同时参与了知识生产——在与他人的互动中形成了知识的"交往生成"，在知识变现中发挥着巨大的作用。

与一些阅读网站知识相对分散化、碎片化不同，社交化阅读平台中的知识往往是经过"意见领袖"的加工整合的，其能够为广大用户提供较为系统化、专业化的知识，用户在开展阅读活动时时也能获得众多的知识，并在获得知识后进行交流，甚至会在获得相关的知识后生产一些补充性的知识，使知识的"交往生成"的特征尤为明显，开拓了移动通信时代知识创造的新场景。一些社交化阅读平台的经营者为了吸引更多的用户进而获得更多的流量，特别孵化了一些有代表性的用户，使他们成为黏度较强的意见领袖，以他们来吸引粉丝。为了达到这一目的，社交化阅读平台的经营者为用户生产和上传个人知识产品提供便利，推出了专门的UGC平台，免费开放平台资源，提供制作内容，降低用户参与知识创造和分享的门槛。这种模式能够形成在线聚合效应，促进社群化的知识生产和传播。而在社会化的知识生产之中，优质的内容会不断激发社群效应，产生以"意见领袖"为中心的知识网络，为移动社交化阅读平台中的知识交往和生产提供了更为广阔的空间。

需要指出的是，社交化阅读平台中用户的知识生产，并不局限于生产和上传知识产品这种情况，它还体现在用户在知识消费中形成的知识搜索、点击和传播等方面。众所周知，消费即生产，而这种说法在网络空间中体现得淋漓尽致，因为在现实社会中，人们的消费是为了使生产继续下去，消费并不是真正的生产。但在网络空间中，用户的信息消费如搜索、点击和转发等行为，就是在扩大信息的波及面，使单个的信息产品裂变为若干个信息产品，因而是一种实实在在的知识生产方式。由此可说，在社交化阅读中，平台吸引了消费也就吸引了生产。在当今的信息资本主义时代，生产与消费之间的界限已经越来越模糊，用户的知识生产突破了雇佣劳动和市场关系这一旧有的劳资关系的阈限，成了信息时代资本积累的重要来源。因而与劳动一样，社会生活中的各个领域也被卷入了资本积累的体系之中，很显然，用户的知识消费也被纳入这一体系之中。随着新兴技术的应用，社会劳动生产率不断提高，人们用于现实社会中的生产时间逐渐减少，闲暇时间逐渐增多。由于社交化阅读的巨大诱惑力，人们纷纷将闲暇时间投入社交化阅读平台的知识生产之中，社交化阅读平台的产品将会越来越受到消费者的青睐。也就是说，在社交化阅读平台上，知识生产与消费的关系发生了革命性的变化。用户上网除了将自己制作的文字、图片、音频以及视频等信息上传至社交化阅读平台之外（这种活动称为用户生产内容），还在社交化阅读平台中进行着点击浏览文字和图片、收听收看网络视频、转发网络信息、搜索利用知识等活动。一般来说，前者是知识生产活动，后者是知识消费活动。但由于社交化频阅读中知识产品生产过程的特殊性，使得两种活动都是知识生产活动。同时，用户在消费知识的同时，也生产出他们的象征价值或者意义，因而这种情况显然是典型的知识生产活动。

2. 用户在社交化阅读的知识生产生态系统中的生态位

众所周知，知识系统是一个由人、设备、知识环境以及知识传递沟通过程等一系列因素相互链接和相互作用而形成的综合体系。至于知识生产生态系统，则是知识生产人与知识生态环境相互联系、相互作用而形成的具有知识流转和知识共享等功能的有机整体。我们可从三个方面来理解知识生产生态系统：第一，知识生产生态系统是一个有机整体，它是由知识生态环境、知识生产者等若干要素组成的。需要指出的是，组成知识生产生态系统的各个要素并不是孤立存在的，而是相互影响、相互作用的。第二，知识生产生态系统是社会生态系统的一个子系统，它与社会系统中的其他的生态系统有着千丝万缕的联系，并较为广泛地渗透到其他的生态系统之中。第三，在知识生产生态系统中，知识、技术等各种资源要素可以进行流动和转化，知识生产者之间也可以共享知识生产系统中的各种知识。

知识内容及知识生产技术是知识生产生态系统的重要资源，因而可以把知识生产者、知识资源和知识生产环境看成知识生产生态系统的三大组成要素。在知识的交流、循环过程之中，这三大要素在特定的时间、空间中相互作用、相互影响，形成了一种极为特殊的生态系统。其中，知识生产者是需要特定的知识而且参与到特定的知识生产活动中的人（含单个人或者多个人），他们在知识生产生态系统中起着知识生产、传播、消费的作用。知识生产环境是指在知识生产生态系统中对生产者的生存和发展具有直接或间接影响的各种知识因素的总和，它由知识本体、技术、时空及制度等要素组成。对于知识生产生态系统，可以用一个结构图将其呈现出来（见图 3-1）。

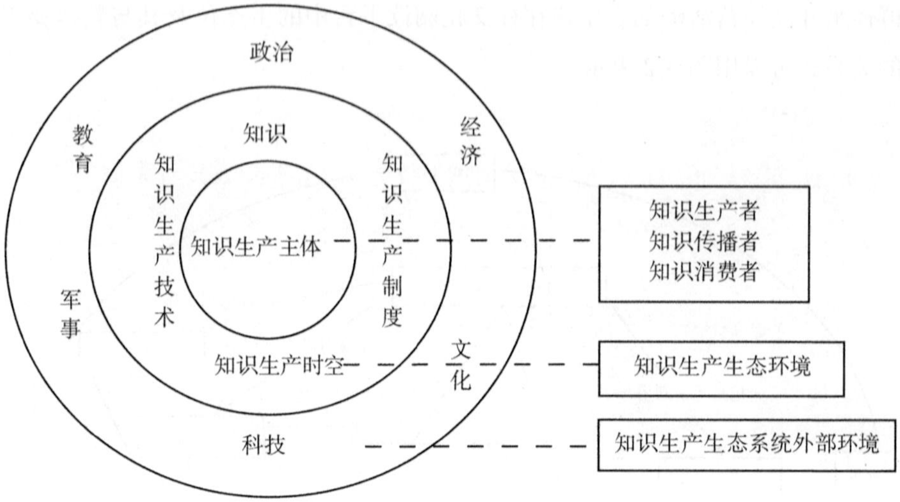

图 3-1　知识生产生态系统结构图

在图 3-1 中，知识生产生态主体（各类知识人，包括知识的生产者、传播者、消费者）是知识生产生态系统中最具能动性的要素，各种知识、知识生产技术、知识生产的时空及知识制度则构成知识生产生态环境。因为知识生产生态系统只是社会系统的一个组成部分，因此在其外部还存在着政治、经济、文化、科技、军事、教育等多个社会子系统，他们与知识生产生态系统存在着相互影响、相互联系的关系，共同构成了知识生产生态系统的外部环境。

由图 3-1 也可以看出，知识生产主体在知识生产生态系统中起着核心作用，知识生产者之间存在着相互联系、相互作用的关系，使知识生产者之间产生相互联系和相互作用的纽带是各种知识资源的流转如知识共建共享等方式。也就是说，知识生产者在整个知识生产生态系统中处于最为重要的位置，这就是知识生产者的生态位。所谓生态位就是生态系统中的各种要素在生态系统中所占据的特定位置，它既显示生态系统的特性，也显示了生态系统中的各要素的特性和作用。由此可知，作为知识生产者的用户，其在移动视频阅读的知识生产生态系统中其中极为关键性的作用，这是因为其不但直接参与移动视频阅读平台中的知识生产活动，还不断阅读（消费）着中移动视频阅读平台上的各类信息，扮演着知识的生产、分解、传播和消费等多重角色。同时，社交化阅读平台的经营者、各类阅读信息的提供者、各种设备提供商和广告商都是围绕着用户这一知识生产的群体来开展经营活动的。用户在社交化阅读平台中的生态位及其与其他要素之间的关系，可以用图 3-2 表示。

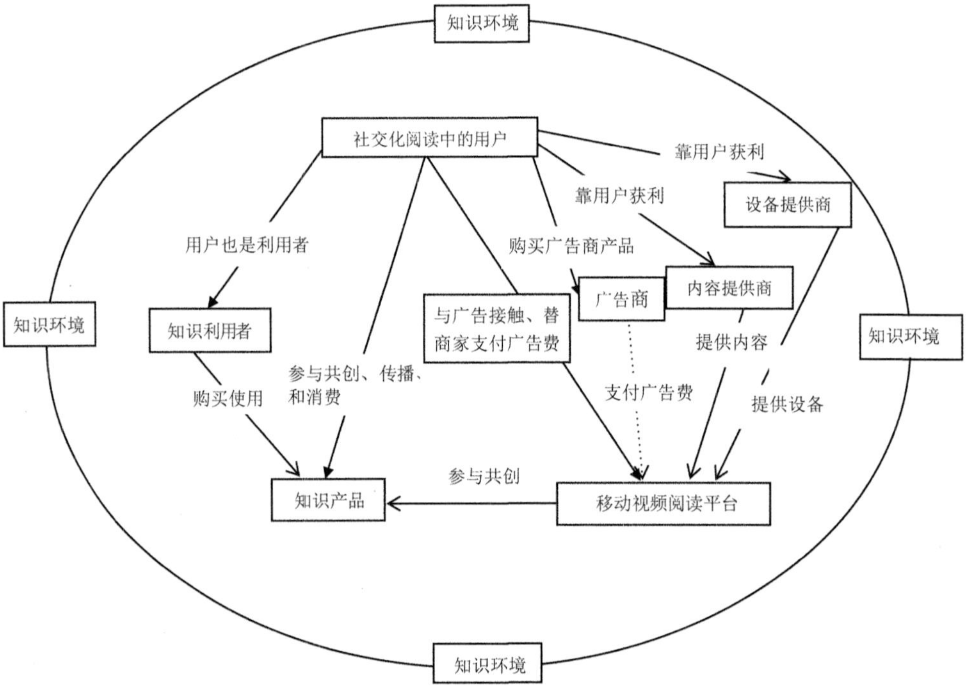

图 3-2　用户在知识生产生态系统中的生态位

从图 3-2 可知，社交化阅读平台处于连接知识生产生态系统的各个要素的位置，似乎其生态位是最重要的。然而，在社交化阅读的知识生产生态系统中，用户的作用是最为核心的。因为社交化阅读平台只是知识的储存者和传播者，是社交化阅读的信息载体，其依靠用户阅读、共创信息而获得利益。而社交化阅读的内容提供商、设备提供商以及知识的利用者，都靠用户的知识阅读和共创而获利。广告商也在用户的广告点击和购买中获益。也就是说，社交化阅读生态系统中的其他要素，都是依靠用户的知识阅读和共创而获得生存和发展的。如果没有用户，整个知识生产生态链就会因为失去主体要素而发生断裂。

这也告诉我们，在社交化阅读中，靠几个网红的秀是不能持续发展的，随着社交化阅读的发展和生态系统的完善，网红的“秀”将会逐渐被掩埋，用户的知识“生产”必将成为新潮。可以说，在迈过“秀”这一较为初级的门槛后，社交化阅读来到了知识“共创共振”时代，只有“共创共振”才能让社交化阅读持续发展下去。

3. 社交化阅读平台上用户知识生产实践的变迁

自网络诞生以来，就一直存在网络用户。在网络商业化的应用开始后，网络用户也步入了为网络媒介劳动的时期。在社交化阅读兴起之后，用户也积极地为社交化阅读平台生产知识。

（1）网页冲浪及搜索的知识生产实践。

互联网的迅速发展，使之成为了一个无比巨大的、拥有海量信息的信息系统，成千上万的网页以异构的方式存在于互联网之中。人们通过网络可以获取信息资源、获得娱乐，可以享受电子商务等服务，还可以进行情感体验。借助互联网的超文本结构，用户能够按照自己的兴趣从一个网页连接到其他网页，就像在大海中从一个浪潮不断冲向其他浪潮一样，因而这种网页的超链接过程被形象地称为“冲浪”。在网络的商业化运作初期，网络无法实现互动，用户的知识生产主要以在网页中冲浪的形式进行。网络媒介的盈利都基于用户的点击流量。这是用户最早的知识生产范式，虽然初试牛刀但却让世人感觉到了其创造价值的能耐，用户不断点击阅读信息，成就了火爆的点击经济。

由与网络中的信息由不同的机构和人来提供，且数量极为庞大，加之各种信息鱼目混珠，用户在冲浪的时候很难快速而准确地找到自己所需要的信息。解决这一问题必然具有重大的商机，因而人们开始思索解决办法，搜索引擎便顺应而生了，这使得网络用户有了搜索劳动这一方式。当前，搜索引擎已成为互联网产业中的重大亮点，作为精确营销的助推器，当前的搜索引擎的种类不断出现，使用搜索引擎进行信息检索成为网络用户劳动的新范式。而网络媒介等商家则可以针对用户的信息搜索劳动，开辟网络服务的新渠道，如关键词广告、搜索技术服务、竞价排名等。

（2）知识产品生产的实践。

网络早已进入千家万户，一波波的网络技术的升级也使用户参与信息产品生产的现象越来越明显。在 Web1.0 时代，网络能做的仅仅是将信息传达到用户的面前，无法实现互动，因而用户的知识生产完全处于点击阅读和传播的阶段。而伴随着 Web2.0、Web3.0 等技术的兴起，网络空间中的互动成为常态，人们跨越了网络只做内容的年代，迎来了做关系（互动）的时期，由“读”向“共同生产”的方向发展，可以在不同的网站间进行相关信息的交互，由此产生了多种生产知识产品的实践类型。

①网络论坛中的知识生产实践。

“1978 年，在美国的芝加哥出现了最早的一套基于 8080 芯片的 BBS 系统，人们将之称为‘电子公告板’”。① 虽然那时的网络论坛仅处于起步阶段，但其开放性、互动性等优势为人们迅速讨论问题、发表意见、交流思想提供了支撑，故而很受人们的欢迎。我国的第一个网络论坛诞生于 1991 年，但诞生后相当长的一段时间之内，都以“聊天室”的面孔示人，直到 1997 年才得以改变。但即便如此，网络论坛已经可以实现信息互动，赢得了用户的青睐。1997 年冬天以后，以四通利方（新浪网的前称）上广泛流传的《大连金州没有眼泪》为界限，我国的网络论坛进入了蓬勃发展期，网络社区也开始涌现。在当前的网络论坛中，人们可以实现各类信息的互动，用户知识生产在网络论坛中如火如荼地进行着。

②“百度百科”上的知识生产实践。

“百度百科”平台上的知识生产实践的兴起，使得“协同写作”一词越来越被人们所熟知。在互联网技术迅猛发展的背景下，可供人们协同写作的平台如雨后春笋般纷纷出现，维基百科（Wiki）、百度百科等就是其中极为知名的平台。Wiki 迅速流行的原因在于其操作简单、可供人们不分时间和地点地编辑、共享。从 2001 年 1 月开通运营，到 2011 年 12 月，十年左右的时间，“Wiki 的维基百科条数排名第一的英文维基百科已有 360 万条，而全球所有 282 种语言的独立运作

---

① 杨逐原．对回归理性的网络论坛的思考［J］．社科纵横（新理论版），2008（9）：317.

版本突破 1900 万条，注册用户超过 2960 万，总编辑次数超过 10 亿次”。①

在国内，Wiki 系统的发展比较晚，2006 年才开始有百度百科，但由于中国网民数量极为巨大，加之具有百度搜索的优势，因而百度百科在上线五年后，其“词条数就达到了 4139283 条”。② 百度百科上的网络用户把创作的内容上传至互联网，在网络平台上进行展示，供其他用户使用和修改、添加完善，这已成为当前网络中的一种显著现象。在百科中，网络用户主要进行着创建词条和编辑词条的劳动，词条的创建和修改都呈现出指数性增长。据黄令贺等统计，早在 2013 年，百度百科的词条的平均编辑次数就达到 3.5 次。③

维基百科、百度百科等平台上的用户知识生产，为人类知识的增长和完善提供了巨大的帮助，也为这些网络平台的经营者带来了巨大经济利益。然而用户在这些平台上的知识生产活动，并没有实现知识的变现。当前，随着信息技术的发展和信息资本快速扩张的内在愿望的日趋强烈，网络平台上知识的变现已成为网络媒介竞相开发的项目。

③分答、知乎平台上的用户知识生产实践。

在 2016 年夏天，一向平缓的知识变现鼓点突然变得急促密集，而在背后数群“狂飙突进迭代党”的日夜奔程下，各知识产品也正保持着极快的更新迭代速度。6 月 27 日，在分答上线 42 天后，分答召开发布会，姬十三宣称，在行 & 分答在半月前完成了由红杉中国基金和元璟资本领投，以及罗辑思维和王思聪的普思资本跟投的 A 轮融资，总金额达到 2500 万美元，而其估值则超过了 1 亿美元。同时，姬十三还交出了分答的成绩单：1000 万用户体验产品，100 万用户为内容买单，50 万条语音问答，1800 万的交易总金额，43%的复购率。④

前面刚刚论述过，网络平台上的知识变现已成为网络媒介竞相开发的项目。2015 年 3 月，人类历史上吸引网络用户劳动的一种新平台——在行在中国上线，

---

① List of Wikipedias [EB/OL]. [2011-11-24]. http://s23.org/wikistats/wikipedias_html.

② 黄令贺，等．百科词条特征及用户贡献行为研究——以百度百科为例 [J]．中国图书馆学报，2013 (1)：80.

③ 黄令贺，等．百科词条特征及用户贡献行为研究——以百度百科为例 [J]．中国图书馆学报，2013 (1)：84.

④ 来源：全媒派微信公众号．42 天估值 1 亿美金，知识变现迎来独立日？写在知乎/分答“狼化”后．访问时间：2016 年 7 月 1 日.

陆续推出了值乎、知乎 Live、分答、MOOC 学院“职场沙龙”等一系列付费知识产品小平台，从而使网络用户劳动平台上的知识变现成为现实。

5 月 14 日，知乎推出“一对多”实时问答产品“知乎 Live”；

5 月 15 日，“在行”旗下的付费语音问答产品“分答”上线；

6 月 6 日，知乎 3.0 上线，更新为语音问答形式；

6 月 6 日，果壳 MOOC 学院推出基于微信的一对多授课产品“职场沙龙”；

6 月 20 日，分答上线赞赏、问题搜索、拒绝回答新功能；

6 月 20 日，分答发起公益语音接力“生命分答”，分享生命的“最后 60 秒”；

6 月 27 日，分答上线回复重录、过期免费答、问题撤回、追问新功能。①

在知识产品形态和消费环境的不断变化下，基于值乎、知乎 Live、分答等与社交化阅读等知识生产平台上的知识变现大潮必将越来越汹涌澎湃。以知乎为例，平台上有“答主”，让用户在平台上随时提问，答主予以回答。其实，很多用户充当着问和答的双重角色，既对自己感兴趣的问题进行提问，也对自己感兴趣的问题进行回答。在知乎这个网络平台上，通过场景的合理使用，实现信息供求方的连接。一些有关明星大 V 的信息问答，成为带火分答等平台的绝杀。

对于分答等平台的知识变现，用户也可以在当上优秀的答主后获得惊人的收入。如自称为“门萨会员、心理学博士”的答主曹雪敏，在回答了 365 个问题后就收入了 2.2 万；自称“精 6 熟 7 知 39 语言/英语文学语言教师”的王知易，在回答了 1264 个问题后收入了 2.7 万元。但是，对于数量庞大的网络用户来说，成为优秀答主的毕竟只是少数人，绝大部分人仍然只是以围观者、偷听者、提问者等身份参与其中，没有获得任何经济利益。这样一来，数量庞大的用户在提问或围观中遭受了双重剥削，一是网络媒介等商家的剥削，二是答主的剥削。

随着网络媒介对知识变现的劳动平台的改进，其趣味性会越来越强，也就必然会吸引更多的用户进行知识生产活动，值乎、分答等平台中的用户知识生产的能力将会越来越大。

④网络直播中用户的知识生产实践。

① 来源：全媒派微信公众号 . 42 天估值 1 亿美金，知识变现迎来独立日？写在知乎/分答“狼化”后 . 访问时间：2016 年 7 月 1 日.

近年来，网络直播平台如雨后春笋般出现，网络直播成为用户新的知识生产方式。在这种知识生产方式中，直播者举起手就能生产知识，在网络中的一言一行都能吸引其他用户参与到网络空间的劳动中去。而围观、评价直播的网络用户则以近乎癫狂的状态全力投入到网络空间的劳动之中，由此引发了极为劲爆的“网红经济”。据统计：

截至 2015 年 12 月，我国已有 200 余家网络直播平台，全年的总经济收入达到 77.7 亿元。2016 年，我国网络直播平台的网络用户数量突破了 2 亿大关，大型的网络直播平台，高峰期的网络用户能达到两三百万，有三四千个“房间”同时直播。很多人都对投资网络直播平台抱有浓厚的兴趣。如仅在 2014 年，斗鱼直播平台就获得了 2000 万元的投资，资助者为大名鼎鼎的蔡东青。①

在网络直播的劳动中，绝大部分用户是作为围观者、吆喝者，有些时候甚至是以不安分守己者的角色出现的。不少用户在狂欢中会给主播进行“打赏”，通过直播平台推出的充值方式去购买道具和礼物送给主播。以斗鱼为例，“赞”是最廉价的礼物，单价为 0.1 元，“火箭”是最昂贵的礼物，单价达到 500 元。这样一来，用户也在观看和发布信息之中遭受了双重剥削，一是网络媒体等商家的劳动剥削和礼物费用剥削，二是网络主播的剥削。

不过，不少网络直播平台存在着淫秽、恶俗的内容，这虽然能吸引用户，却败坏了社会风气，是没有行业道德和社会素养的体现，必须予以整治，事实上国家也正在加大整治力度。2015 年 4 月 14 日，央视发布消息称，熊猫 TV、斗鱼等众多网络直播平台因存在涉暴力、淫秽等内容而遭查处，让网红界响起了晴天霹雳。斗鱼、熊猫 TV、YY、虎牙直播、龙珠直播、战旗 TV、9158 以及六间房等目前网络直播界的领头羊都受到了惩罚。可以预见的是，国家的惩罚将会使网络直播平台的内容更加优质化。

网络直播平台集用户的搜索、点击、收看、发表意见于一身，还吸引用户对网络主播进行打赏，这是一个全方位的用户知识生产平台，在有关部门的正确引导下，必将成为用户知识生产的主流阵地之一，对拉动网络经济的发展具有重大意义。

---

① 黄丽等．网络直播平台整顿背后：用户量超 2 亿有平台市值逾 30 亿美元［N］．每日经济新闻，2016-04-01（4）．

值得注意的是，在上述用户的知识生产实践的变迁中。各种知识生产方式并不是相互取代的，在后面的知识生产实践中，前面的知识生产方式也会重复出现，且用户的媒介使用行为产品、用户产品等产品形式在任何一个阶段都始终存在着，知识产品也在网络产生互动功能后的各个知识生产阶段中存在。

4. 用户知识生产中被遮盖了劳动关系

“劳动关系是在就业组织中由雇用行为而产生的关系，它以研究与雇用行为管理有关的问题为核心内容”。① 劳动关系的基本含义是劳资双方因利益需求而出现的冲突、合作及权利关系的总和，受到社会经济、文化、政策法规以及技术的制约。简而言之，劳动关系是用人单位与劳动者之间依法确定的劳动过程中的权利和义务的关系。在网络空间中，由于社交化阅读平台等网络媒介（相当于用人单位）和劳动者（网络用户）之间没有形成明显的权利和义务关系，因而目前仍鲜有人关注他们之间的劳动关系。也就是说，社交化阅读平台网络媒介与用户之间的劳动关系被一系列因素遮盖着，致使人们长时间忽视了网络空间中作为劳动者的用户与作为资方的网络媒介之间存在着劳动关系。这可以从以下几个方面找到原因：

（1）没有意识到用户在生产着知识产品。

长期以来，社会大众都只关注现实社会中的实物产品的生产者，较少关注社交化阅读平台上知识产品的生产者，即使关注网络空间中的产品生产，也往往将之放在网络媒介的范畴下来考虑，认为用户只是消费者，忽视了用户的生产者角色和网络空间中的消费即生产等因素。也就是说，人们从传统消费者的角色出发，对用户进行审视，因而容易忽视用户参与网络空间中的知识产品生产的事实。这就使得网络用户的劳动者角色长期受到忽略。事实上，用户的信息生产和消费能生产出数量极为巨大的信息产品，为资本家创造了大量的价值，因而用户已成为网络空间中的知识生产的主流群体，与社交化阅读平台之间存在着劳资关系。

（2）劳资双方没有法律上的雇佣关系。

绝大部分用户的知识生产都是利用自己的闲暇时间来进行的，除少数网络媒

① 齐懿，孙珂．论劳动关系的异化［J］．知识经济，2013（14）：35.

介专门雇用并按时支付报酬的网络用户外，其他的用户与网络媒体之间没有签订任何劳动合同，也没有从自身的知识生产中获得一分钱的经济报酬。而签订了劳动合同的用户的劳动往往被置于传统的劳资关系的视野中进行研究。其实"闲暇活动"已成为与工作同样重要的一种社会活动。这说明用户利用闲暇时间为社交化阅读平台生产知识。究其原因，用户正是受到娱乐等动机的驱使而在网络空间中进行着"冲动性的劳动"，不分白天夜晚地在网络空间中生产知识，给人劳动致死的感觉，并由此为社交化阅读平台创造了大量的"闲暇经济资本"。

社交化阅读平台以跟少数用户（OGC 群体）签订雇用合同的方式来遮盖与绝大多数用户（PGC、UGC 群体）不存在劳动合同关系的实情。因此，在工业生产中存在着劳动合同关系才存在劳资关系的惯性思维的作用下，与社交化阅读平台之间不存在劳动合同关系的用户的知识生产和消费的劳动行为也同样被遮盖了。在网络等信息技术的赋权下，作为资方的网络媒介可以绕开签订劳动合同的方式，用技术资本搭建劳动平台吸引用户开展知识生产活动，对用户的知识生产活动实行柔性的控制，让用户在快感、成就感的糖衣炮弹中尽情地劳动，使用户甘愿接受赤裸裸的经济剥削。由此可知，劳资双方不签订劳动合同并不等于不存在劳动关系。

（3）将用户看成寻求娱乐的对象。

很多人习惯性地认为用户的知识生产完全是在娱乐、情感体验、知识利用等动机的驱动下进行的，因而完全是为了自己的享受，不存在所谓的知识生产行为。这种看法确实有一定的正确之处。然而，用户在信息利用、娱乐和情感体验的过程中，也在客观上为社交化阅读平台生产了知识产品，不然用户就不可能那么轻而易举地进入社交化阅读平台中进行情感体验等活动了。更何况有不少用户是本着完善人类知识的理念加入社交化阅读等网络平台的知识生产之中的。因此，即使是为了满足自己的某些动机，用户也在客观上进行了劳动，他们与作为资方的网络媒介也存在着劳动关系。更何况网络空间中的消费即为生产，信息的点击、搜索等行动本身也为社交化阅读平台生产可供记录的数字商品。网络空间中的生产与消费的关系可以用图 3-3 表示。

图 3-3 说明，在网络空间中，生产与消费的界限尤为模糊，用户在生产中进行着消费，而消费也是一种生产。

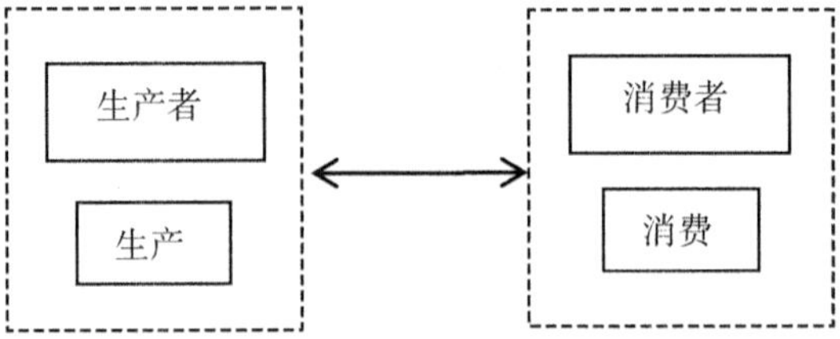

图 3-3　网络空间中的信息生产与消费框架

(4) 用户没将自己所生产的知识产品用于交易。

用户为社交化阅读平台生产了大量的产品，但他们没有把这些产品拿到市场上去进行交易，原因是倘若用户个人拿着自身生产的知识产品到市场上去卖，很难找到买主，更深层次的原因还在于用户生产出来的商品都被网络媒介这个资方拿走了，网络媒介以组织的名义把搜集到的大量商品打包出售，广告商等商家才会感兴趣。这就使得用户在劳动中生产的知识产品绕过了生产者，直接在网络媒介和买家之间进行交易。这也是用户劳动中的劳动关系被遮盖的一个重要原因。倘若用户直接可以将自己生产的产品用于交易，情况恐怕就大不一样了。

(5) 用户的活动往往是在免费的情况下进行的。

免费进入社交化阅读平台开展知识生产和获取活动，为没有劳动关系的辩护起到一定的佐证作用。但用户的劳动并不是没有成本的。表面上看来，用户进入网络空间不需要缴纳任何费用，但其劳动的成本已经在不知不觉中被商家转移到了其思想/物质信息，特别是商业信息上面。在网络空间中，思想商品和物质商品的混合达到了前所未有的程度，而且经济信息与市场营销信息的整合更为彻底，在这种情况下，生产者、消费者的界限越来越模糊，作为知识生产者者的用户在信息消费中也必然要付出时间、上网设备的磨损以及隐私被暴露等一系列成本，很多人还会付出创意成本。因而免费可能变得越来越“贵”。尼葛洛庞帝的一句话道出了众多人的共同心声：“没有人很清楚地知道，在互联网络上谁要付钱，为什么而付钱。”① 所以不应该被表面上可以免费进入网络平台劳动的现象所蒙蔽，忽视了用户劳动中的劳动关系。

① 尼葛洛庞帝．数字化生存［M］．胡泳，译．海口：海南出版社，1997：76.

（6）网络媒介故意遮盖其与用户间的劳动关系。

有个故事，说在古罗马时代，由于奴隶主的剥削、压制和侮辱，很多奴隶不堪忍受而纷纷逃跑。为防止奴隶的逃跑，一些奴隶主想出了一个好办法：在奴隶的脸上刻上记号，当奴隶逃跑时，可以及时辨认和抓捕。但有的奴隶主及时制止了这种“荒唐之举”，原因在于一旦刻上记号，奴隶们就能随时认清自己的身份，分辨出自己的朋友和敌人，这必将给奴隶主带来灾难。这与社交化阅读平台一直把用户称为“粉丝”，故意隐瞒用户的知识生产者的身份，遮盖它们与用户之间的劳动关系有异曲同工之处。网络媒介一旦承认用户的知识生产者的身份，就要向用户支付相应经济报酬，因而它们极力隐藏网络空间中的劳资关系。

总之，用传统社会中劳动者的角色来看待网络空间中的用户，使得人们往往因为习惯而对用户与社交化阅读平台之间的劳动关系感到困惑。我们必须强调用户知识生产中被忽视的劳资关系，并更新这方面的事实依据，以肯定用户的劳动角色，因为今天的网络媒介主要是依靠用户的劳动来实现信息资本的积累的。

（7）网络媒介与用户间的劳资关系被技术异化了。

在传统意义上来说，“劳动关系的异化是用人单位与劳动者之间在劳动过程中依法形成的特殊的关系”。① 然而在用户的知识生产中，社交化阅读平台与用户没有签订劳动合同，因而没有形成法律上的权利和义务的关系，两者在劳动过程中形成的特殊关系也就很难找到法律依据。因此，在社交化阅读平台上，劳资双方的特殊关系是在网络这一信息技术的作用下形成的，在信息赋权以及资本扩张本性的驱使下，用户这一知识生产群体与产品相分离，社交化阅读平台与用户之间异化的劳动关系也由此而生。

①权利关系的异化。

权利是法律赋予人实现其利益的一种力量。按照规定，劳动者付出了劳动，必须得到资方支付的报酬。而在用户的劳动中，由于没有形成法律上的雇佣关系，也没有明显的管理与被管理、监督与被监督、指挥与被指挥的关系，因而作为知识生产者的用户在劳动中的一切权力都无法得到保障，倒是社交化阅读平台可以随心所欲地施行自己的权利：将用户生产的产品拿到市场上去交易并赚取巨

① 李长健．论劳动关系的异化：兼论事实劳动关系与劳务关系的区别［J］．华中农业大学学报（社会科学版），2004（12）：69.

额财富。不仅如此，用户还背上了对自己的信息生产、传播和消费负责的义务。这就是网络劳动中的权利关系的异化所在。

②义务关系的异化。

义务是指政治上、法律上、道义上应尽的责任。在现实社会的劳动中，用人单位和劳动者之间的义务主要是法律上应尽的责任。在社交化阅读平台上，用户完全与信息、各种电子设备劳动资料等结合在一起并形成了较为稳定的关系。虽然没有义务，但用户却实实在在地为社交化阅读平台劳动着。然而，在用户的知识生产中，除了专门签订劳动合同的极少数人外，绝大部分用户没有得到网络媒介支付的薪酬，因而对绝大部分用户来说，社交化阅读平台并没有履行为他们支付报酬的义务，原因在于找不到支付报酬的协定和依据。这样一来，社交化阅读平台就有了不履行的义务借口。倒是用户有了义务：劳动者必须遵循网络媒介的相关规定，并在进入付费的网络劳动平台后自觉支付相关费用。这就是用户劳动中义务关系的异化所在。

总之，社交化阅读平台与用户之间没有形成法律上的劳动权利和义务的关系，使得他们之间的雇佣关系被忽视了，这是他们之间的劳动关系被异化的主要原因。需要指出的是，虽然没有形成法律上的雇佣关系，但是社交化阅读平台和用户之间的雇用与被雇用的关系并没有因此而消失，原因在于这种关系绕开了法律，凭借网络技术而结合在一起。不管有没有签订劳动合同，只要在社交化阅读平台经营的平台上进行知识生产活动，用户就被网络媒介雇用了，这是资方凭借技术实现的泛在化的雇佣关系。资本的扩张包含在一切形式的投机之中，能够利用技术手段雇用劳动者而不承担后果，资方肯定不会放过这种机会。在资本的操纵下，社交化阅读平台上的劳动出现了使用网络即被雇用的新现象。这就是我们所说的无劳动合同的泛在化雇用。

值得注意的是，用户的知识生产这种劳动形式是处于作为网络媒介的资方的权力控制之中的。在马克思主义者看来，资本是组织生产的核心，资本雇用劳动力并指挥其进行生产，资本主义要生存和发展，必须维持其雇佣关系和找到可支撑其生产关系的劳动契约，资本必须获得工人创造的剩余价值才能满足其自身不断扩张的欲望。要做到这些，必须要保证资本对劳动有一定的控制力以及劳动者的“甘愿”配合。这一要求在社交化阅读平台上的知识生产中得以实现了，资本凭借技术对劳动实施了更为有效的控制，劳动者也的确甘愿配合资本的安排。我们看到，在用户的劳动中，不需要一套适应信息产品生产的权力分配模式、压力传导体制和量化奖惩措施，用户已经甘愿在信息资源极为丰富的网络媒介中疯狂地生产知识产品，网络媒介只需要一套产品分类体系和产品知识抓取工具就足够了。不过，技术的发展不是一个脱离社会因素的自发的过程，资本增值和积累的需求对技术的发展进行了规制，资本利用技术调整生产关系，由此提高劳动生产率进而实现扩张的目的。因而在用户的知识生产活动中，如果仅强调技术的赋权，就会遮盖了技术、资本与用户之间隐藏着的异化的劳动关系，使深藏于其中的资本与劳动的矛盾更加难以被化解。因此，返回到资本通过技术来实现对劳动的控制之逻辑体系之中，我们看到社交化阅读平台仍然牢牢地控制着用户知识生产中异化了的劳动关系。也就是说，在用户的知识生产中，社交化阅读平台通过自身掌握的经济与技术等资本控制着异化了的权利和义务的关系，使自己成为产品的生产者和服务的提供者，扮演起网络媒介中主流劳动者的角色。而作为网络媒介中重要的知识生产群体的用户则扮演着信息享用者的角色。这与用户与网络媒介之间真实的角色关系是不一致的。然而网络媒介恰恰是通过这种不真实的角色关系来掩盖用户为其生产知识的实质，从而使他们之间真实存在的劳动关系被化为无形。这样，网络媒介就主动控制了社交化阅读平台这一空间之中异化了的劳动关系，使其更好地为信息资本的积累服务。

二、社交媒体的信息采编人员

在社交化阅读平台的知识生产中，社交媒体是一个重要的生产主体。这是因为，要运营某个社会化阅读平台，相关的经营者必须要先有一定数量的知识作为铺垫，这些知识的生产主体可以说社会化阅读平台自己的员工，也可以是与相关平台有着长期合作的写手。当然，在运营一段时间后，也可以吸引广大用户参与生产，还可以利用机器进行生产。但平台运营之中，平台自身的采编人员始终是一群重要的信息生产者。

在长期的运作中，社交媒体积累了一群经验丰富、生产能力较强的信息采编人员，这些人员积极生产知识，并将之上传至社交化阅读平台构建的自身传播矩阵之中，供平台进行推广和传播。在社交化阅读平台中，信息采编人员能够与其他主体尤其是广大用户进行互动，使知识的生产、传播能够在更为广阔的空间中展开，其传播效率也大大提升，信息采编人员也能够在线上线下的交流互动中增加作为平台员工的归宿感。

其实，很多社交化阅读平台的老板也亲自参与知识的生产，如罗振宇、papi酱等。罗振宇巧妙借助微信公众号、优酷平台以及新浪认证微博等，每天清晨推出60秒的语音，俘获了大量读者，其平台上的文章达到“10万+”是常有的事情，属于极具影响力的自媒体式的社交化阅读平台。在自身的平台上，罗振宇经常生产多元化的知识，获得了众多领域的公众的认同，提高了公众的活跃指数，因而获得了巨大的经济收益。

三、智能机器

在人工智能不断兴起的今天，包括社交化阅读平台在内，众多的网络媒体都纷纷利用智能机器写作和推送内容产品。也许大家还记得机器人小冰吧，人们将不同的知识生产和推动模块组合起来，让它可以主持和播报节目，可以写作和处理诗集，可以唱歌，甚至还能与人聊天。这说明智能机器能够在当前的知识生产中扮演重要的角色，可以肯定是的，随着对人工智能的开发利用的深入，未来会出现很多在知识生产、服务领域起着更加重要作用的机器人，如教育型机器人等。在智能机器的知识生产中，除真正的依据生产资料生产知识外，根据人类设置的关键词、数据等分析舆情、进行用户画像，然后有针对性的推送知识，这种智能化地开展知识分析和营销的手段也是极为重要的。在智能机器人加入知识生产和服务的背景下，未来的知识生产和服务体系将会更加注重对人工智能、大数据等核心技术的开发，而更精准的营销将会受到追捧。此外，通过智能机器，人们还可以随时获取自己感兴趣的知识产品和各种小程序。

在人工智能的市场上，存在着两种类型的机器人，一种是非知识生产和服务的，一种是知识生产和服务的。前者主要体现在工业领域的应有方面，如机械臂以及具有更多自由度的智能机器；后者主要体现在知识数据库的生产和服务方面，它们能够自主适应环境的变化，及时处理交办的任务。随着大数据、物联网等技术的发展，以及大量软件技术的开发和利用，智能机器人将会以更加有趣的方式加入知识生产之中，生产大量的有价值的知识。

众所周知，在智能机器生产知识的开发利用方面，Facebook 这个褒贬不一的媒体大佬一直在尝试，期望利用新科技造福用户。而实际上他也取得了重大的成果，如其两款 AI 机器人 Bob 以及 Alice 突然在没有任何人为干预的情况下进行对话，这两款机器人在 Facebook 的人机协同生产中发挥了较大的作用。中国的网络媒体也不甘示弱，铆足了劲要在内容产业方面突破“内容科技”。以人民网这个影响较大的网络媒体为例，其专门成立了人工智能研究院，并积极筹备成立“媒体智能认知国家重点实验室”。2019 年 7 月，人民网推出了可以由机器自动化操作的“游戏适龄提示”平台。此外，人民网加强与中科院自动化所的合作，成立了民中科智能技术公司，想要在“互联网内容风控大脑”的研究方面取得实质性进展，让众多的网络媒体公司能够把握内容方向。新华智云科技也不甘落后，顺应时代潮流推出了媒体机器人，与 2019 年 8 月举行“媒体大脑”的活动，一次性推出了 25 个媒体机器人，力求在 AI 赋能媒体方面打出一片天地。目前，新华智云科技推出的 25 个款机器人，以被集成应用到了“媒体大脑 · MAGIC 短视频智能生产平台”之中。这或许真如人民网的董事长叶蓁蓁所预言的那样——内容科技或将催生新的社会化大分工。

无论社会分工如何被摧毁，智能硬件在知识生产中的作用永远是不会被替代的。有鉴于此，诸如社交化阅读平台等网络媒介应该加大力度研发智能硬件，因为知识变现是最终的商业逻辑，要实现更好的知识生产和服务，必须研发能够搭建有吸引力的生产和服务场所，为知识变现构筑更具景观性的场域，以不断提升知识的增值力度。在家居媒介化、媒介家居化的今天，积极结合汽车、冰箱、空调、洗衣机、电灯等众多产品的特征，生产出适合的智能硬件，构建全新的音频、视频传播场景，让知识的生产和传播融入家居生活之中。

四、人与机器合作生产

也许大家都感觉到算法推送这股强劲的风，众多的互联网媒体公司、众多的受众都卷入了这场暴风之中。人们对智能机器的用户画像能力叹为观止，然而我们需要冷静下来，毕竟单靠机器是解决不了所有问题的，在智能媒体时代，知识的生产和推送，人与机器并不是单选题，两者可以合作起来，实现更有价值的信息推送。

在人机互动和协同生产方面，相关的探索已经取得重大进展，这得益于大型互联网公司的觉醒。这些公司的经营者认为在互联网注意力经济时代，网络媒介为了吸引受众，采用机器算法推送信息，用户也能在短时间之内获取自己感兴趣的内容，然而长期的机器推送让用户的喜爱和分享不断走向极端，而看似能够给用户画像，精准推送信息的机器并没有温度，恰恰是冷酷无情的。对此，Evan Williams（Twitter、Medium 和 Blogger 的联合创始人）曾经打了一个比较尖锐但却无比形象的比喻：浏览网页，就像是在公路上开车，你无意中目睹了一场车祸，然后你关注了这则事故，而当你在网页上这样看完一场车祸后，算法将为你提供更多的车祸新闻。网络媒介之所以这样做，是因为他们需要吸引并保持你的注意力。我们并没有否认，随着技术的改进，智能机器将会具备较强的运动、感知能力，甚至能够具备较强的思考能力，因而能够更好地服务于人类的生产、生活。不过智能机器人这种“媒体大脑”，在对知识生产资料的敏感捕捉以及算法推送方面，很难做到讲好“正确的故事”。同时，算法推动所带来的后遗症已经特别明显：隐私暴露、儿童的身心健康受到影响、广告比资讯的排序更靠前、数据安全遭到巨大威胁……因此需要那些具有新闻判断能力的人来选择、管理诸如 Top News 等热门信息。所以在今后来说，人机互动、协同生产的程度将会进一步加深，甚至人机融合生产多学科知识也是能够轻易实现的。在这种情况下是，人的参与成为一种营销策略，因而走人与机器合作生产的道路将会成为社交化阅读平台知识生产一个亮点。

很显然，在知识生产和推送尤其是知识推送中，人已经被重新植入这个巨大的角力场中。包括一向以追逐新技术而著称的 Facebook，都重新重视人的力量，让人来管理新闻标签，在人工和机器算法之间实行不同的分工：人负责对突发新闻和精选文章进行审核、选择，其余的内容由机器实行算法推送。实行人和机器算法推送信息，能够对相关的内容进行平衡，而不是一味由机器极端化地推送内容。也就是说，人在调节和补充机器推送方面的作用重新受到重视：人工可以对内容的真实性进行把关，防止推出虚假信息。不过对于如何实现人工和机器算法的深度合作，还有很长的一段路要走。就当前来说，当有人攻击 Facebook 的算法推送有危害信息时，Facebook 就强调人的作用，而当公众批评 Facebook 人为干预信息传播时，Facebook 就强调人工智能的价值。或许对 Facebook 等互联网巨兽来说，无论是人还是算法，在知识生产和推送中都只是“稻草人”，究竟是使用人工还是使用机器算法，或许都是根据一时的情势而为。

因此，在知识的生产和传播中，将人工和机器算法进行简单的分类是行不通的，因为而这之间有着不可分割的关系，因为算法是在掌握人工输入的大量数据和信息之后才作出推送行为的，是人类在训练着算法，算法在帮助着人类，不存在算法是巨人而人类是矮子的说法，也不能认为算法是渺小的，其实两者之间由巨大的互动和合作空间。人类社会的知识生产是一个浩大的工程，只要人类不消亡，就永远没有竣工的那一天，人类要不断提升自己的文明程度，就必须不断地生产和传播知识。在知识生产和传播中，人类要和机器实现良好的分工合作，协同生产优质的知识。

其实，社交化阅读平台的知识生产者还包括各类作家、写手等。不过这些人一般与平台有着较深的合作关系，可以被视为平台运营的相关商人。如果只是凭兴趣去写作，则又可以被视为用户。但无论怎么看，在社交化阅读的知识生产中，他们的作用也是不可小觑的。

总之，众多的知识生产者在社交化阅读平台这一知识生产空间中同台竞技，生产了大量的显性知识和隐性知识，使网络空间呈现出知识共创、共享与服务齐头并进的态势。需要指出的是，在社交化阅读平台这一知识生产空间中，生产者的物理在场被网络的虚拟在场所取代，让各类生产者能够在互联网空间之中展开充分的互动，实现了同时、异空的错位交流，知识生产的时空被大大拓展。知识是在协作和协商之中创造出来的，它需要具备优质的沟通条件方能被大规模、优质化地生产出来。在传统媒体时代，人们的沟通远远没有互联网时代这么便捷和有效，很难在突破地域限制的基础之上实现协作生产，知识生产的物理在场特征尤为明显。在互联网时代，知识的生产和传承均能够在虚拟的空间之中进行，而且操作起来极为方便，物理的阻隔在这种情况下显得无能为力，大规模的知识生产成为可能。不过在具体的生产之中，由于知识生产素养、理性化程度等不同，网络虚拟空间中生产的知识存在着良莠不齐的状况，需要积极发挥人类的协同作用，不要因为没有时空距离就忘了知识生产和传承中应有的良知。

第三节　社交化阅读中知识生产的属性、类型、工具及生产方式

互联网是一种全新的媒体形式，内嵌于其中的社交化媒体，其知识生产的属性、类型、工具、生产方式都与传统媒体时期的情况大相径庭。

一、社交化阅读中知识生产的属性

在新技术的赋权之下，人们知识生产的力量已发生了翻天覆地的变化：知识生产不仅包括生产有形商品的活动这一形式，还包括生产社会形式、价值体系和社会经验结构的非物质产品这一形式。拉扎拉托认为非物质生产有两个方面的内容：商品的“信息内容”及生产商品“文化”内容的行为。① 商品的“信息内容”指向了工业以及第三产业之中劳动者的劳动过程的变化——在工业及第三产业的大公司里，直接劳动中所需要的技能慢慢被机器管控的技能所替代。就第二个方面的内容来讲，非物质劳动内含着一系列的活动，但我们不能用日常所说的“工作”来指称这些活动，因为它包含着界定和区分时尚、品位、艺术和消费指针乃至公共舆论这一更具策略性的东西在内的各种各样的信息项目的活动。哈特和奈格里也指出，工业化的工厂的劳动在减少，其优先地位让位给交流性的、合作性的、富有情感的劳动。② 因此，不少学者把工业时代的生产归到物质生产的范畴之中，而把知识生产这一信息资本主义时代的生产形式归到非物质生产的范畴之中。

在社交化阅读这个知识生产的巨大场所之中，社会各界人士共创着各种各样的知识产品，因此人们必须有足够的智力和技术素养来支撑自身的知识生产活动。就技术素养来说，社会各界人士的知识生产是在移动通信技术的作用下得以实现的，在共创中具有象征性及创造性。此外，社会各界人士在通过社交

① 毛里齐奥·拉扎拉托．非物质劳动（上）[J]．国外理论动态，2005（3）：174．

② 麦克尔·哈特，安东尼奥·奈格里．帝国［M］．杨建国，等，译．南京：江苏人民出版社，2003：56.

化阅读平台进行人际交往时，往往会伴有情感的生产及控制。据此可以说，社会化阅读平台上的知识生产是一种非物质性的生产活动。

二、社会化阅读中知识生产的类型

Ito 将人们在网上的行为称为胡闹、闲逛和极客，认为人们使用网络的心态是胡乱用用、随便逛逛和专门做做。① 这一说法形象地描述了人们的网络使用状况。社会化阅读平台是一个万花筒，人们阅读的动机和行为各式各样。但无论出于什么目的，社会各界都乐此不疲地进行着知识生产活动。社会各界在社交化阅读平台上的知识生产包含着点击浏览、搜索及生产内容。同时，社会各界的一系列共创行为，为社会化阅读的经营者生产了大量数据，他们可以利用这些数据赚取巨额利润，因此社会化阅读平台上的知识生产方式还包括数据共创活动。

需要特别指出的是，在社交化阅读平台上，人们不断地塑造着知识产品的结构，知识产品不断走向多元化，网络媒介也因此不断进行内容转型，这是因为网络媒介必须根据社会需求开发、生产相应的知识产品，不断调整知识产品的服务形态。一般来说，社交化阅读等网络媒介中的知识产品，无外乎文字、图片、音频、视频等，最关键的是如何将它们进行有效的整合，以多媒体的形态传播出去。这是顺应时代要求的，随着通许技术的进步，5G 时代已经来到，6G、7G 正向我们招手，以 5G 来说，网速提升了，人们对阅读品位和阅读体验的要求必然会随之提升，个性化、高品位、多媒体的知识将会成为生产和消费的主流。

三、社交化阅读中知识生产的工具

毫无疑问，社会各界人士参与知识生产的工具是大脑。也许不少人会习惯性地认为包括广大用户在内的知识生产者，其参与知识生产的工具是电脑、移动终

① Ito，M.，Horst，H.，Bittanti，M.，boyd，d.，et al.. Living and learning with new media：summary of findings from the digital youth project [J]. Digital Media & Learning，2008 (1).

端等一系列电子设备。的确，移动互联网络是以电子设备为基础的，电子设备对移动互联网的作用就相当于土地对农业生产的作用一样。但我们都知道，土地在农业生产中并没有起到核心作用，它只是农业生产的承载工具，为农业生产提供空间。由此可知，电子、移动终端等设备在用户的知识生产中只起到承载作用，而不是知识生产中的核心工具。在网络空间的知识生产之中，真正起核心作用的是知识生产者的大脑和思维，知识生产者在移动视频阅读平台上的一切行动——点击、浏览、搜索、转发、下载以及生产知识等——只受大脑及思维的指挥和支配。如果某个移动视频阅读平台上的知识没有被用户所利用，那么这个移动视频阅读平台的价值就很难得到体现。

四、社交化阅读中知识生产的方式

在今天，知识生产的主要方式是数字化生产。社交化阅读平台具有两个根本的特征：传播上的互动性及技术上的数字化。因而，在社交化阅读这个巨大的知识生产场所中进行知识生产，知识生产者必须借助数字化这种特殊的技术形式，数字化生产是知识生产中的最具代表性的特征，数字化生产是知识生产者生产知识的一种主要手段。借助数字化技术这一工具，知识生产者的生产活动必将对全球阅读价值链乃至全球经济结构产生巨大的影响。

“随着网络技术的发展，特别是 Web2.0 的出现后网络用户生产内容的平台大行其道，受众商品论在新的媒介环境中再度焕发理论活力”。① 杰哈利等人把受众收看电视的行为看成一种生产性的劳动。② 将这一观念推演到社交化阅读之中，可以把用户的阅读活动看成一种知识生产活动。在新传播科技的赋权下，用户在社交化阅读平台中借助数字技术这一手段，对数量庞大且非结构化的知识资源进行生产、加工及标引，并进行传播和管理，使知识的生产、传播无比兴盛。

---

① 章戈浩．数字时代的受众商品论［A］//胡正荣．新媒体前沿［C］．北京：社会科学文献出版社，2012：60.

② Jhally，S. The Codes of Advertising：Fetishism and the Political Economy of Meaning in the Consumer Society［M］. New Yorkand London：St. Martin’ s Press and Frances Pinter，1987：6.

第四节　社交化阅读中知识生产的发展历程、平台、机制及新规则

社交化阅读中的知识生产经历了一个较为复杂发展过程，其平台是多元化的。同时，社交化阅读中的知识生产也有着自身独有的机制和规则。

一、社交化阅读中知识生产的发展历程

做媒体就是做平台，已经成为新闻传播行业的共识。如今，很多媒体都打造了信息终端——App。就社交化阅读平台这一知识生产空间来说，App 已经不只是一个移动端口，它已经成为一个综合性的信息平台，承载着知识产品的生产、传播和消费，成为一个吸引用户广泛参与和互动的社群大本营，从最初的依靠其他媒体平台吸引受众到搭建自身的知识生产平台，将之前的用户携带过来，并不断吸引新的用户，实现了知识服务的变现，构筑了全媒体式的知识生产、销售和服务平台，大大提升了自身的知识生产和服务能力。

随着社交阅读的不断普及和发展，知识产品生产的路径也越来越多元化。就目前来说，主要有以下四条路径：

1. IP 时代：从野蛮生长到精致优雅

2015 年 1 月 22 日微信等社交化媒体正式推出文章原创声明功能，这使内容成为社交化阅读平台发展的重要因素之一，真正把社交化阅读媒介带入到一个全新的发展时代——IP（Intellectual Property）时代。IP 在表达层面上，丰富了内容生动性；在传播效果层面上，更加倾向品牌的影响力。在传统媒体时代，IP 主要应用在影视等视频的创作过程中，而自媒体恰恰是一个渠道集成系统，IP 逐渐成为可供多维度开发的文化产品。① 这时，IP 时代已经从注重流量过渡到注重内容的 IP 时代，这个时代的特点主要是：内容越来越带有自己平台的标签属性，平台通过提升强烈的个人效能意识来增强个体达成目标的动机，它能让个体

① 陆晔．大 IP 时代的网络视频即视频网站流量分析方法［J］．新媒体研究，2017（8）：92.

感受到自己可以控制局面的过程。① 因为优质内容会增加用户对平台资源获取和决策的支配权力，能赋予用户获取自身需求资源的权力，因而这个时代也被称作"内容为王"的时代。

社交化媒体为网络用户提供了发布内容的平台，在技术不断发展的今天，内容赋予权力的情况表现的愈加明显。社交化阅读平台凭借其强大的信息生产与传播能力，将大量对内容感兴趣的用户吸引过来，聚集了数量庞大的用户，而用户凭借着对优质内容的点击，赋予了社交化阅读平台在IP时代支配的权力。

2. ID 时代：从内容、流量到产品服务

今天，越来越多的投资开始进入社交化阅读领域，这标志着社交化阅读进入了ID（identity）时代。所谓ID就是能够证明具体事物的标识，在ID时代，社交化阅读等平台越来越具有自己平台标识的产品，它不再将注意力放在内容上，而是创建属于自己的产品或者意义，在过去，意义一直是匮乏的，但是在今天意义却被大批量地生产出来。这标志着经营重心从争夺内容的IP时代过渡到争夺意义的ID时代。正如麦克卢汉所言："媒介即人的延伸"。② 这时社交化阅读平台真正地变成一个入口，内容成为它吸引粉丝的次要选择，社交化阅读平台延伸的产品或者意义才是其真正的入口，社交化阅读平台成为网络空间中的重要载体，与IP时代相比，传播内容已经发生显著的变化：知识服务产品正从实体消费走向服务消费，而知识的生产经营者花费大量时间吸引第一批核心用户，然后借助这第一批用户来吸引其他用户，这在ID时代被证明是正确的。同时，传播方式也发生了变化：从内容传播到渠道传播，从相对固定的终端到融合化的交叉传播，社交化阅读平台成为人们获得信息的一种延伸，成为扩展人们学习能力的一种延伸。

3. IDIP 时代：从产品服务贩卖到产品服务创造

在ID时代，因为无法掌握产品或者意义的上下游，知识生产和服务对传统

① Conger . The Empowerment Process: Integrating Theory and Practice [J]. The Academy of Management Review, 1988 (7): 13.

② Marshall McLuhan, Lewis H. Lapham. Understanding Media: The Extensions of Man [M]. MIT Press; Newedition, 1988: 7.

媒体仍有较强的依赖性。近年来，社交化阅读平台将产品服务贩卖作为整个链条的中间地带，不断向上游和下游拓展，开始了自己产品的意义创造和交流过程。可以看到，许多具有ID性质的阅读平台开始向知识服务的方向迈进并不断创造属于自己平台属性的知识服务产品，其本质是重建制造者与用户之间的深层联系：用户和消费者逐渐回归到建立在交流之上的“传统集市交易”。① 这种情况引发的直接结果就是越来越多的用户喜欢去类似“农民”的集贸市场上闲逛，这种闲逛是建立在与知识服务产品生产者的交流之上的，人们购买不同需求的“农产品”，即所有知识的背后都带有人格化的产品特征，用户越来越不相信平台所标识的产品，而是对产品进行追踪并试图参与其中。“今天网络和技术带来了相互连接的场景和交叉的参与感，知识产品边界的模糊并不代表意义的减少，相反，由于人格化的产品特征，用户对知识产品所包含的服务更加敏感，服务中的细微差别也变得越来越有意义”。② 这正是IDIP时代最显著的特征，即对不同的知识服务产品进行比对和反馈，甚至讨价还价，在闲逛与交流的过程中产生消费行为。这时，生产者也需要重新审视产品的运营模式：社交化阅读平台并没有改变知识本身，只是改变了用户体验知识的方式。

二、社交化阅读中知识生产的平台

在知识生产中，社交化阅读平台发挥着基础设施的作用，建设这些基础设施平台，能够为出版社、高校及科研院所、各专业人士以及社会大众之间协同化的知识生产提供广阔的天地。在实施平台建设时，要进行科学的布局和设计，思考合理的运作模式，以适应网络空间中知识生产和服务的需求。一般来说，科学的知识生产平台往往具备几个特征：一是要能够包容知识生产者、知识服务提供商、生产平台、消费者等多元化的因素，这些因素在平台的知识生产中均发挥着不可替代的作用；二是要能够在技术上做到智能化、融合化传播；三是要能够在内容上实现生产、聚合、获取和分享相结合；四是要做到体验性、增值化服务。当前，社交媒体中的知识生产平台主要有知识问答、知识订阅、知识学习以及用

① McKibben B. Deep Economy: The Wealth of Communities and the Durable Future [M]. New York: St. Martin’s Griffin, 2008: 105.

② 景天魁，等. 时空社会学：理论与方法 [M]. 北京：北京师范大学出版社，2012：88.

户自己的空间等四个类型。

1. 知识问答平台

在目前的知识生产平台中，知识问答平台是较为突出的一种，其数量较多。知识问答平台一般是专家根据用户的具体需求，提供能够解决实际问题的方案的一种知识生产和服务平台。知识问答平台能够直接在线释疑解惑，位专家和普通用户搭建沟通的桥梁，大大简化了知识生产和服务的程序，使知识生产和服务变得极易操作。当前，在新传播科技的赋权下，知识问答平台出现了“有声问答”的形式，使线上的问答变得具有温度和情感，拉近了知识生产和获取的各方的距离，使各方的互动更为频繁，这种情况让问答平台能在问答中轻松生产知识，并可以实现“知识零售变现”，加速了知识生产和服务的商业化进程。这样一来，专家愿意生产和分享知识，用户也愿意获取和分享知识。正因为如此，分答这一典型的知识问答平台，打着“值得付费的语音问答”的口号，在上线后的数周之内，就收割了 1000 万以上的用户，获得了超过 1800 万元的交易金额。① 目前，分答的答主遍及科普、法律、教育、心理以及医学等众多的学科领域。

诸如分答等知识问答平台，其运作规则都比较简单，包括答主、提问者以及偷听者在内的各个参与主体，都可以随时提问和回答，答主可按照自己回答的权威性、用户的认可度等自行设置付费价格。在提问时，提问者可以用文字（一般不超过 50 字）提问，也可以直接通过语音提问，答主则利用语音来回答（一般不超过一分钟）。在提问之前，用户需要支付提问费，而在回答后，答主可以收取设定的费用（分答平台的回答费用在 1 元与 500 元之间）。当答主回答完毕，偷听者如果想要知道答案，也可以付费获取，偷听者支付的费用一般由提问的用户和答主五五分成。无论是提问费还是偷听者支付的答案获取费，都能刺激答主的积极性，而偷听者支付的费用也能刺激提问者的积极性。这说明知识问答能够促使知识的增值。客观地说，分答等知识问答平台能够兴起，主要得益于答主能够在短时间之内比较精确地提供提问者所需要的知识，免去了提问者在信息超载的情境中因寻找所需的知识而付出的时间及经历成本，且能够满足广大用户差异化的知识需求。可以说，独家的资源、独家的需求符合垂直领域的产品需求的趋

① 张慧．付费语音问答平台“分答”的传播机制分析［J］．传媒观察，2016（12）：14.

势，并且能够在线轻松操作，加之分答等知识问答平台摒弃了以明星、网红及八卦等过度娱乐化的话题，让社会各界的专业人士进行回答和分享，使知识生产和传播更符合社会大众的需求。不过分答等知识问答平台页面领着一个问题，就是摒弃了明星大V的娱乐风格，走严肃的道路，先前的用户能否保持热度很难说，而用户的消失则意味着平台收益的减少，加之用户的提问和专家的回答，质量好坏如何甄别和过滤，也是个大问题。所以在知识的生产和服务中，知识问答平台还有很多的事情要做。

2. 知识订阅平台

在今天，只是订阅平台也极为火爆，它生产、整合了大量的知识，并为订阅者提供所需的知识。用户订阅知识产品后，将会得到一系列相关的服务。如得到App，在信息繁杂、超载的网络空间中开展“信息筛选和过滤”活动，精选出有价值的知识产品，这些知识产品涵盖多个学科、多个社会领域，用户在缴纳相应的订阅费用以后，就可以阅读“得到”上专业人士整合、生产的知识。诸如得到类知识订阅平台，可以帮助用户利用碎片化时间获取某特定领域知识，帮助用户节省时间，至少让用户甄别和选择图书的成本大幅度下降，用户获取知识的途径也极为便捷。① 也就是说，得到App利用用户碎片化阅读的习惯，推出碎片化的知识供给方式，节约用户获取知识的时间，提高知识服务的效率，向着“一起建设一所终身大学”的目标迈进。在开始创建《罗辑思维》时，罗振宇侧重于积淀用户，在积累到上百万用户后，罗辑思维团队让其顺利过渡到得到App上，并积极建设微博、微信、网络短视频等平台，甚至利用电视这一传统媒体来吸引新的用户。在新媒体平台方面，罗振宇媒体在罗辑思维微信公众号上坚持推送60秒的语音以及若干文章，以吸引新的用户、增强原有用户的黏度。在传统媒体方面，罗辑思维团队和深圳卫视等合作，共同举办“时间的朋友”跨年度直播（每年都定期举行）。在直播中，罗振宇会盘点一年的事件，会对大事件的发展趋势进行展望。在罗辑思维团队的苦心探索下，得到App能够生产优质的知识产品，在提倡终身学习的理念下找到清晰的市场定位，让那些渴望学习、渴望进

① 王佳航，余媛．信息过载视域下的内容付费——以喜马拉雅与得到App的付费专栏为例［J］．新闻论坛，2017（6）：29.

步的人能够找到学习的平台。得到 App 并不盲目追求用户量，而是针对目标人群打造超级用户，维护好超级用户的利益①。得到 App 的知识生产有着来自教育、艺术、经济、心理、管理、金融等社会科学以及众多的自然科学领域的专业人才，分专栏进行知识生产，所生产的知识产品往往是精心创造的、具有体系性的产品，每个专栏上都有数量庞大的用户进行订阅，比较著名的生产栏目有薛兆丰的经济学课、李笑来的通往财富自由之路、宁向东的清华管理学课、武志红的心理学课等。

吸引大咖进行知识生产，体现了得到 App 利用意见领袖的影响力来提升知识产品的订阅率的营销手段。得到 App 还打造了精品课栏目，这是一种比得到专栏价格低、时间短（多为一小时时长）的课程，其致力于训练用户在专门领域的能力，因而也受到了用户的追捧。顺应移动化阅读的发展，得到 App 还推出了听书栏目，让主编精选书籍并将书籍进行分类，每天读书给用户听，并让专业人士进行讲解，提高了用户获取知识的效率、节省用户的时间，将订阅平台的优势进一步延伸，让团队中的编辑以及音频制作人员能够将自身的智力和技术充分发挥出来，并由此获得了更多的收益。

3. 知识学习平台

随着终身学习的风越吹越强，很多商家积极布局互联网中的知识学习平台，组织专业人员进行知识生产，供用户开展学习活动，同时用户也可以生产相关的知识。诸如慕课（MOOC）等大型的、开放式的网络知识生产、教学平台纷纷出现，人们可以根据自己的需求随时随地进行在线学习。由于利用起来非常方便，MOOC 等学习平台不断在高校、企业、社会各行各业中普及，每天生产的巨量知识，为学习者提供时时学习、终身学习的平台。

在我国，果壳网已经成为全球首屈一指的 MOOC 学习平台。作为我国第一家慕课学习社区，其内容包罗万象，主要来自学堂在线、中国大学 MOOC、万门大学以及 Coursera 等。为了让用户更好地找到自己学要的知识，果壳网将 MOOC 学院划分为若干个板块，如“MOOC”、专区活动、演讲、专题以及职业课程等，其中数“MOOC”这一板块的体量最大、内容最为丰富，利用的语言包括中文、

① 林国安．从“得到”看知识服务新媒体的运营策略［J］．采写编，2017（5）：188.

英语、日语以及韩语等，内容涉及教育、经济、计算机、管理等众多的领域。

在多年的经营中，果壳网 MOOC 学院生产、整合了大量优质课程，用户可以随时开展学习活动，并能够在互动专区进行交流和探讨，对课程进行点评和打分。可以说，诸如果壳网 MOOC 学院等社交化阅读、学习平台，已经大大地突破了传统知识生产囿于特定时空、传承较为不便等劣势让用户能够在极为广阔的网络空间中展开学习、并参与生产知识，给用户带来尤为直观的体验。

4. 用户自己的空间

包括社交化阅读平台在内，网络空间的知识生产平台都支持机构、个人入驻，在优质资源较为稀缺的情况下，很多知识生产平台都让个人和机构生产更为丰富的知识，以不断增加知识生产的覆盖面，进一步拓展自身的影响力。除专业的内容生产平台允许个人开辟自己的空间外，微博、微信、QQ 等众多的新媒体，也允许并鼓励用户开辟自己的空间，并在空间中生产者各种知识。一些人开辟的个人空间，尤其是明星大 V，能够聚集起数量较为庞大的用户，与其一起开展着知识生产和互动等活动。如崔永元关于转基因的空间，就吸引了大批的用户。

综上所述，受罗辑思维团队的启发，很多互联网公司和人士纷纷投资、运营知识订阅平台，它们充分挖掘互联网中的海量数据、大力构建技术团队、积极形成用户思维，并组织团队进行知识生产，很多优秀的知识生产平台由此诞生。可以预料的是，在互联网的知识生产平台中，注重产品形态的开发、注重传播渠道的打造以及关注用户的交互性是主流趋势。在这种情况下，诞生于互联网基础上、具有天然的互动性的社交化阅读平台，必将能够吸引并保持用户，而平台的附加值也必然会不断提升。需要指出的是，互联网空间中不断出现的知识生产平台，都有各自的运营特色，当然也有综合性的（集知识生产、检索、订阅、服务于一体），但整个市场却呈现出零散、杂乱的现象，尚没有巨兽级的互联网知识生产商和服务商。在国家尤为重视全民阅读、知识经济的今天，各运营商应该积极抢抓机遇，及时整合资源，不断推出优质知识产品，不断优化用户的阅读体验，不断最大做强自身的平台。

三、社交化阅读中知识生产的机制

用户、社交媒体、智能机器、人机结合体等多种生产者相互穿插，把知识传到社交化阅读平台（有些用户是放在自己空间），使社交化阅读平台中的知识生产具有了较为灵活的机制。随着 IDIP 时代的不断发展，知识服务形态从传统的生产模式向新型生产模式转变。与此同时，用户对知识需求的个性化、专业化和便捷化催生了一大批知识生产平台。以“学术中国”为例，其自 2014 年开通微信公众号后，仅两年时间就成为学术类微信公众号运营的佼佼者。一方面，从国内权威的新媒体排行榜公布的影响力榜单看，“学术中国”是学术类微信公众号排名第一的公众号。根据 WCI 公式（V12.0 版）和统计结果可知“学术中国”传播指数（WCI）= 1085.37，影响力较强，能够持续不断地吸引用户关注；另一方面从微信矩阵规模看，它拥有“知深”“考博圈”“量化研究”和“质化研究”等 6 个微信矩阵。这充分说明，包括各类自媒体平台在内的社交化阅读平台，其在知识生产中已经形成特定生产机制。

1. 构建协调的知识生产、服务和消费系统

媒介发展的重要结果就是让人们更好地适应社会变迁。当前以社交化媒体为基础的各类知识生产平台，对包括广大用户在内的生产者产生了重大的影响。除传统网页中的碎片化学习外势，如今得益于社交化媒体的知识生产平台，人们的知识生产、学习有了更方便、更低廉的平台，而这种平台是建立在知识生产产业链基础之上的。在知识生产的产业链主要包括以下三个系统：知识生产系统、知识服务系统和知识消费系统。建立知识生产的产业链有利于从整体上把握知识生产的产业框架，使知识产品在质量、品牌等方面获得优势。

（1）建构知识生产系统。

知识生产系统作为全产业链条的基础，是知识的真正生产平台。在传统时代，知识的生产是由一定经验的人来建构的，但对社交化阅读平台而言，成功创造一个产品的人也是知识的生产者。在知识生产的过程中，社交化阅读平台这一知识生产平台的运营者可以根据平台的定位和属性，生产出优质的知识产品。在知识生产系统中，需要对知识产品进行设计。知识产品的表现形式是对知识的一种描述，主要包括三个方面：设计、营销和服务，但是简单地收集、整理和总结后的知识仍然不能达到知识生产的指标，还需根据用户需求进行知识重组建立用户与知识的桥梁。因此如何设计知识产品就显得尤为重要。此处

以“学术中国”为例来探索社交化阅读中知识产品的设计思路。“学术中国”的知识产品的设计主要包括课程设计、课程营销和课程服务这三个基本步骤，如图 3-4 所示。

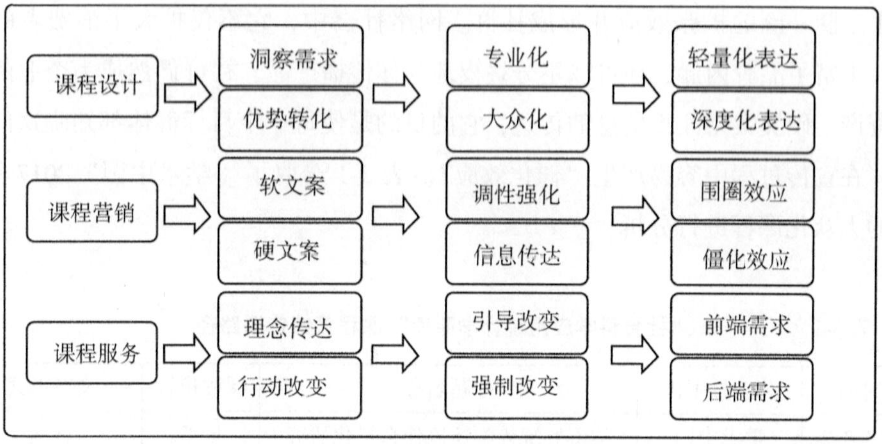

图 3-4　“学术中国”知识产品的设计流程

①课程设计。

从图 3-4 可以看出，在课程设计方面，知识产品主要存在两种设计方案，第一种是大众化课程，另一种则是专业化课程。针对大众化课程，设计知识产品要遵循轻量化表达的形式；针对专业化的课程，设计知识产品要遵循深度化表达的形式，这是因为专业化课程消费少于大众化课程的目标人群，需要尽可能反映出课程的内容与特点，吸引对特定课程感兴趣的用户参加。“学术中国”在课程的设计方面既包括大众化课程（统计学基本原理），也包括专业化课程（python）。

②课程营销。

“学术中国”的知识产品主要存在两种课程营销方案，分别是：软文案和硬文案。软文案是通过旁敲侧击的方式对产品进行宣传与推广，这种文案特别强调文案创造者的写作技巧和创造力，一个好的软文案能对知识产品起到画龙点睛的作用。而硬文案是指通过规范性的文字报道来引出自己的知识产品，这种文案的特点是开门见山，实事求是，但给人的直观感觉是比较生硬晦涩，很容易造成用户的抵触情绪。在课程营销中软文案注重平台的调性，容易产生

"围圈效应"。①这种效应能聚集一批忠实的、活跃的核心用户群。这些协同消费的先行者承担了"社会试验者"的角色，为大众验证了哪些是值得体验的，哪些是不值得浪费精力的。"围圈效应"有利于人们克服对新生事物的恐惧心态，认同并接受新的社会行为的过程，它扩大了产品的品牌传播模式，不断向消费者产生一圈一圈的扩张效应并形成社群。网络社会中，它不仅扩大了消费者的桥梁、丰富了品牌内涵，还可以不分昼夜地为你传播产品，社群俨然成为企业的无形资产。硬文案则注重信息的传达，它的目的是使每一个目标群体都知晓这门课程，在宣传过程中容易产生"僵化效应"。表 3-1 选取了"学术中国"2017 年 3 月的大众化课程进行分析。

表 3-1　**"社会科学应用统计学原理"课程营销传播路径**

时间	公众号主体	标题名称	课程位置	文案形式
2017. 3. 22	学术中国	学不好统计学还搞什么量化研究	尾条	软文
2017. 3. 23	知深	学不好统计学还搞什么量化研究	头条	软文
2017. 3. 24	学术中国	中国社会科学距离科学还有多远	尾条	硬文
2017. 3. 30	知深	做梦都想成为 SPSS 高手	头条	软文
2017. 3. 30	学术中国	做梦都想成为 SPSS 高手	头条	软文

从表 3-1 可以看出"学术中国"和"知深"都针对同一课程进行不同程度的宣传与推广。课程文案形式多以软文居多，课程通常放在首条或尾条，"知深"的推广文案一直以头条为重，这也在侧面反映：在经过"学术中国"的引流后，"知深"的粉丝更具针对性，对知识服务产品的需求更加明显，购买欲望也更加强烈。

③课程服务。

在课程服务方面主要存在两种形式，分别是：理念传达和行动改变。理念传达非常依赖平台的"拟合优度"。②"拟合优度"本是数学领域的专业名词，特

① 雷切尔·博茨曼，等．共享经济时代［M］．唐朝文，译．上海：上海交通大学出版社，2015：109.

② 韦博成．统计诊断引论［M］．南京：东南大学出版社，1991：35.

指统计学方面的直线观测值，随着技术的发展，“拟合优度”在提高个人或者他人效能方面具有重大的作用，即消费者所消费的并不是某个单一课程，而是平台本身，这种不要求他人客观在场，只要认知在场就会产生的认同状态就是拟态优度。消费者在平台中不自觉地认为已经收获了认同感，这通常称为用户的前端需求。但是越来越多的消费者开始注重自身的行动改变层面，也就是后端需求，所以许多强制性的课程服务被统筹进来，如课程打卡、课程作业和课程奖励等，它更加注重消费者的行为改变，使他们真正地参与到课程中。社交化阅读等知识生产平台为用户提供了更为有效地掌握经验和模仿学习的环境，而知识服务的实施主要利用其特点开展教育和学习活动。以“社会科学应用统计学原理”课程为例，该订阅课程主页设有评论栏，课程底部设有留言区供学员沟通、交流、提问和评价，而管理员也可以根据学员的留言来判断用户的喜好和需求。同时，学员按时完成讲师布置的课堂作业，管理员还会以微信红包和“知深”课程优惠券等对其进行课程奖励，这使得“学术中国”的消费者或多或少地参与到平台的互动之中。

总之，知识生产的运行模式强调平台持续不断地为用户进行知识生产，使用户能够在消耗较低成本的同时能够制造出较高质量且种类繁多的知识产品，不断地扩大平台的影响力与竞争力。由于上手更快、门槛更低，社交化阅读平台更能满足用户对知识的“弹性”需求的特点，打破了传统的知识生产模式，以社交化阅读平台为代表的知识生产平台不断发展并壮大起来，它们在技术升级和产业竞争的共同推进下为知识服务带来了更加深远的影响。

（2）建构知识服务系统。

就“学术中国”等知识生产平台来说，除了设计课程的基本要素外，还需在课程的策划、整合、传播路径、促销手段和社群维护等各方面进行规划，对课程进行量化和质化分析，使课程按照知识服务规律进行有序的发展，最终使知识产品的效能得以最大限度地发挥。一般而言每个知识生产平台的特定栏目的用户的需求是一致的，他们因共同需求加入同一个知识生产空间之中，正如网状关系一样，用户因为不同的需求而形成两两相交的群体。知识服务系统是相当开放的，它仅仅作为用户的聚集地满足了自下而上的社会网络传播需求，同时也挑战了精英阶级藐视中产阶级信息需求和社交需求的片面价值观。比如，“学术中国”的“知深”栏目只有一个会员群，但这个社群按照不同的用户需求又分出许多不同的群体，每个群体对课程的需求不一致，逐渐演变为社群人数较小但有许多分支的知识服务模式，社群的巨大潜力成为知识服务系统的重要保障。

在知识服务系统中，知识的传播系统是最为重要的。知识传播系统能够将知识按照一定的传播手段和方式组合成一个整体。按照拉斯韦尔的 5W 模式将知识传播系统进行分析可知，知识服务传播系统中包含五个重要的传播体系，分别是谁在传播（Who）、通过什么渠道传播（Which）、传播什么（What）、向谁传播（Whom）和产生了什么样的传播效果（What effect），详见表 3-2。

表 3-2　　　　知识服务产品传播系统

Who know			By Which channel			What effect
组织者	媒体	传授者	传播方式	传播平台	传播工具	
体制内	传统媒体	明星	直播	在线教育	视频工具	满意体验 ⇩
体制外	社交媒体	专家	录播	社交平台	音频工具	
	自媒体	工匠	知识产品	音频平台	图片工具	持续性消费 ⇩
	……	……	……	垂直平台	社交工具	
Know What			To Whom			沉淀性社群
知识类别	知识包装	知识定价	需求类型	付费类型	典型付费	不满意体验 ⇩
陈述性知识	时间维度	199	情感需求	免费	财经	
程序性知识	订阅维度	1	应试需求	付费	职场	观察性消费 ⇩
	产品维度	9.9	谈资需求		读书	
	雇佣维度	99	跟风需求		……	强烈刺激

在第一个体系中，组织者、媒体和传授者都可充当知识服务传播者的角色，范围更广。

在第二个体系中，知识服务的传播渠道包括：传播平台、传播方式和传播工具，知识生产平台以各种传播形式对知识服务产品进行宣传。

在第三个体系中，传播者在不同维度上对不同的知识产品进行定价：

首先，从时间维度上看，知识产品的定价可以设置有效时间内的最大定价。比如，“学术中国”的课程大多为 199 元，这是因为在微信的红包支付中最大额度限制为200元。因而在最短的时间内以最高的价格支付一门课程是“学术中国”的定价策略之一。

其次，从订阅维度上看，知识产品价格可以以较低的金钱维度来衡量，这是因为订阅的知识是建立在用户强大的兴趣爱好之上的系列知识，用较低的价格吸引用户是延伸平台价值的有效方式之一。比如，“学术中国”的“知深”和“考博圈”栏目根据知识服务的盈利模式将知识产品分为：免费课程和付费课程两类。首先，免费课程针对未使用过“知深”或“考博圈”的新用户，大多知识产品以免费或者是低于成本的价格进行宣传，通常是以定价低于1元的公开课为主，这种定价的知识服务偏向于三角型产品：在众多的知识产品类型中，这些不收费或少量收费的内容构成了三角形中最底端的基石；其次，付费课程是指经营者以合理的价格为用户提供知识服务，用户主动为知识产品买单的行为过程。付费课程通常是职业类或者是技能类的课程，其课程周期较长，价格偏低，易吸引用户。在IDIP时代，“学术中国”微信矩阵已经通过稳定地运作形成了带有自己平台属性的知识产品和服务，由于这类产品的生产周期、传播模式和后期维护相对稳定，这种知识产品偏向于鱼钩型产品，即用户在获得免费服务的同时也对其创造了无形的非经济价值，并将之用于吸引潜在用户进行消费的诱饵，置换更多的经济价值。

再次，从产品维度上看，在知识生产、传播和消费过程中，生产方与消费者都被技术高度赋权，① 经营者可以根据课程的质量和时长自主定价，具有一定的灵活性，而消费者也可积极主动地参与到知识的生产与传播过程中。例如“社会科学中质性研究方法”的定价为499元，而“定性比较分析的基本研究原理和操作方法”的定价为88.88元，但在产品维度中，仍以传统生产者为中心定价的格局没有改变。

最后，从雇佣维度上看，马克思认为“生产劳动是给使用劳动的人生产剩余价值的劳动，是物化在商品中及物质财富中的劳动”。② 随着网络的普及和发展，社会大众纷纷涌入自媒体进行信息的点击、分享和反馈等活动，“学术中国”的

① Conger. The empowerment process：Integrating theory and practice [J]. Academy of management review，1988，13 (3)：471-482.

② 马克思恩格斯全集（第48卷）[M]. 北京：人民出版社，1982：22.

“知深”栏目以“打赏”的方式宣传知识服务产品：在课程内部设特制链接，用户点击生成特制邀请函（二维码图片），只要将邀请函分享到朋友圈，如果成功邀请到其他好友报名，那么这门课程的价格就会降低，也就是说，用户邀请的人数越多，课程的价格也就越低，这时的用户就仿佛是被企业雇用的劳工为企业推销课程，这是建立在双方合作的基础之上的，这种类似礼物型产品将知识服务的生产者和消费者紧紧地联系在一起，达到了互利共赢的目的。可以说，社交化阅读平台上的知识传播范式成为劳工转型的助推器，“知识劳工”，成为与雇主所签薪酬合约中工作的一部分。尽管在雇佣关系上及以劳换薪的合约联合规定权方面没有任何制度化的手段，但是在IDIP时，知识服务的经营者通过增加对传播系统和技术的应用强化了对用户的控制，促使他们的行为日渐商品化，随后，分享的内容已经转变为一种延伸的雇佣关系，而这种转变也催生了新的回报形式。

在第四个体系中，根据消费者需求设定不同的知识产品，主要分为免费产品和付费产品。知识产品的消费主要集中在：用户愿意为获得某个课程支付一定的费用。目前“学术中国”的“知深”栏目基于大量免费课程实现盈利，这是因为课程成为知识服务产业链中的一个可复制性的产品，它的成本趋近于零，当这门课程获取大量关注时会将注意力转化为经济。社交化阅读平台免费的知识产品实质上是获取用户并培养用户的使用习惯，进而培养他们的消费习惯，这恰恰体现了知识服务是一种典型的“商业生态”，而获得盈利是其根本准则。

在第五个体系中，根据传播效果主要分为：满意体验和不满意体验。在消费者得到满意体验后才会对平台进行持续性消费，进而形成沉淀性社群，沉淀性社群是基于社会认同形成的群体，即“个体知晓他/她归属于特定的社会群体，而且他/她所获得的群体资格会赋予某种情感和价值意义”①。一方面，将用户放置在与其相关的社会关系，另一方面，沉淀性社群让个体在某些维度上做出与社群相符的消费行为。但是，消费者若没得到比较满意的体验，他们会对平台进行观察式消费，而这时只能通过强烈的注意力刺激才有可能促使他们进行二次消费。总之，知识产品的五个传播体系缺一不可，少了其中任何一个环节都有可能使知识服务产品滞销。

① 迈克尔·A. 豪格，多米尼克·阿布拉姆斯．社会认同过程［M］．高明华，译．北京：中国人民大学出版社，2011：22.

（3）建立知识消费系统。

就“学术中国”这一新媒体空间中的知识生产和服务平台来说，在用户体验完某个课程后应及时收集学员对课程的反馈，它不仅是对课程内容的简单反馈，还包括对支付体验、学习体验等各种信息的反馈，设计人员应把收集到的所有反馈应用到课程中，对课程进行改良与优化并能继续参与到下一个课程的设计之中。

2. 形成社会化的生产机制

在社交化阅读平台这一知识生产空间中，呈现出了两个极为明显的特征，一是广大用户可以随时随地开展知识生产活动，二是知识生产成本的无限下降（甚至趋于零）。而正是这两个特征，让社会大众能够自由、主动地参与到知识生产之中，知识的社会化大生产成为可能。

上文说过，社交化阅读平台等网络空间中的知识生产者包括 OGC、PGC、UGC、PUGC 以及 ACC 等群体。这些生产群体可以单独生产，也可以协同生产，但无论是单独生产还是协同生产，都呈现出社会化生产的趋势。一般来说，传统的媒体以及主流网络媒体都比较重视专业化生产，人们对这些媒体的信任在于其生产者的权威性。然而随着技术门槛的放低，大量用户已流入网络媒介之中，有意无意地开展着知识生产活动，加之专家生产的知识与公众的认知之间会存在偏差。因此，尽管主流媒体尤其是传统主流媒体并不喜欢用户这个业余群体加入知识的生产之中，更不想与用户成为内容生产的“合作者”，但用户成为知识生产、传播和消费的黄金资源已是不争的事实。传统媒体等对用户参与生成内容持抵触态度，原因在于他们比较怀疑用户的生产能力，加之他们也没有看清楚新媒体、自媒体等一定程度上还依赖于传统媒体生产的内容，因而认为传统媒体与用户是两个不交叉的生产主体。其实，随着大批专业人员加入网络媒体的写作空间之中，网络媒体生产的内容越来越权威（不少内容甚至比传统媒体生产的还要权威）。

实事求是地说，很多重大的报道首发于新媒体，一些用户生产的内容的影响力和价值远远大于传统媒体已有的内容，不少传统媒体都是在用户首先爆料后才跟进报道的，这样的事件举不胜举，如印尼海啸、“卡特里娜”飓风、伦敦地铁恐怖袭击、海地和智利地震等，广大用户利用新媒体发布信息，生产了比专业媒体更有影响的知识，使传统的主流媒体面临着巨大的挑战。从知识生产的视角来说，这种情况的出现源于传统媒体和新媒体（尤其是社交化媒体）知识生产的组织模式之差异，不同于传统媒体坚持精英生产的理念，社会化媒体等新兴的媒体坚信每个人都拥有才华，都能够生产知识。当社会化媒体中的知识生产从星星之火发展成燎原之势时，很多人才发现，原来在互联网时代，人人都有麦克风、人人都是自媒体，都在生产着、传播着、消费着信息，用户都在生产着媒体(UGM)。那么，用户是如何参与到社会化的知识生产之中的呢？

首先是通过“众包”的形式。在传播学中，所谓众包就是媒体将原来安排给特定人员任务，以外包的形式包给一群事先没有选定的人群。一般来说，原来接受任务的人属于媒体的雇用员工，外包的过程是公开的，只要能够完成任务，任何人都可以来领取任务。因此，媒体外包其信息生产任务，能够在最广泛的空间中吸引相关的人员来进行承包任务，然后将任务包给最能生产优质内容的人(人群)。在这个过程中，普通用户可以根据自身的专业优势承包信息生产任务，并在生产优质内容后进入专家的行列。由此可知，众包是一种开放式的知识生产模式，它能在全社会组织生产力量，能够充分激发社会大众潜在智慧的模式。通过外包，媒体往往能够以较低的成本换取优质的信息。在众包模式下，人类社会知识生产的思路发生了巨大的而变化，专业的生产者被迫和那些业余的用户交流沟通，分享知识生产的权力，共同生产知识。需要特备指出的是，很多社会化媒体如56网等，都将其信息生产的任务包给了用户，完全以用户提供的文字、图片、音频、视频以及评论等作为内容源泉，靠纯粹的UGC来获得生存和发展。这也说明，在信息社会，知识生产毕竟要看媒体员工的生产能力，还要看媒体组织社会大众参与知识生产的能力。可以肯定地说，随着网络的新传播科技的赋权范围的扩大、赋权层次的增多，以及社会大众参与知识生产的积极性越来越高、主动性越来越大，“众包”模式将会越来越有市场。

其次是通过即创的手段。在社交化阅读平台的知识生产中，即创体现了知识生产的时间原则，它能让没有时间开展众包业务的用户随时随地进入网络空间之中开展知识生产活动。网络是一个全新的、超级开放的知识生产系统，在这个系统中，人们可以随意获取知识、也可以所以生产知识（上传、在线生成各种文本)，还可以围绕某些主题和项目来进行交流和探讨（交流和探讨本身就能够形成新的知识)，构筑起一个巨大的知识生产景观。在这种情况下，知识生产的预谋性被破坏，即时性创造产生即时性的知识。即创行为贯穿于知识生产的整个过程之中，主要包括参与、消费以及评论等几个方面：一是参与方面。参与就是即创，无论是媒体的员工、专门为媒体供给内容的各类写手，还是普通的用户，他们都能够及时参与到社交化阅读平台的内容生产之中，参与的各方通过情景化的组织，把知识输入网络系统。需要指出的是，既然是参与，就意味着自身生产是在沟通和协商中诞生的，知识存在着异质性的贡献，参与的各方是临时汇集的。二是消费方面。在社交化阅读平台上，生产和消费的界限越来越模糊，消费也是一种生产，因为在消费中，消费者的互动会生产新的知识。同时，没有消费，知识生产出来就没有价值，正是消费促使知识生产的延续。因此，在网络空间之中，消费者体现出边消费边创造的状况。再次是评论方面。评论的人群主要有两类，一类是媒体的员工，二是广大用户。在社交化阅读平台这一知识生产空间中，人们围绕特定的知识产品展开即时性的评述和讨论，能够优化知识产品的设计，生产更多优质知识。

总之，社会化生产机制的出现，大大颠覆了传统的知识生产模式。过去的知识生产掌握在精英的手中，精英凭借其掌握的资源，组织专业人士进行生产，由于这类知识生产只能在特定的时间和空间中进行，因此其生产规模较小、生产时间长、生产成本高。在互联网时代，知识生产突破了时间、空间以及阶层的限制，每个人都可以参与进来，开展众包、即创等知识生产活动，形成了社会化生产的趋势。正如克莱·舍基所说：“在社会化网络问答社区中，知识生产以一种“自组织”形式出现——人与人像日常生活那样联系，凭感情、缘分、兴趣快速聚散；而不是像机关、工厂那样‘天长地久’地靠正式制度强制待在一起。”① 在社交化阅读平台上，社会化生产存在于知识生产的每个环节之中，来自社会各界的人对知识进行不断的生产和结构，不断重构出迷人的知识景观。无论是传统媒体还是新兴媒体，都应该支持知识的社会化生产。毕竟，在某种意义上，一大群人比专家更智慧。② 诺曼·K. 邓津等曾说：“世界……是按照人们谈论它、写

① 克莱·舍基．人人时代：无组织的组织力量［M］．胡泳，沈满琳，译．浙江：浙江人民出版社，2015：10.

② 凯斯·R. 桑斯坦．信息乌托邦：众人如何生产知识［M］．毕竟悦，译．北京：法律出版社，2008：22.

作它和讨论它的这样或那样的方式被建构出来的。"① 很多时候，这种充分调动社会大众生智慧的社会化生产，用一种“自组织”的形式，生产了令人欢欣鼓舞的知识，正是在多元的知识生产中，一个个的社会理论、知识模型被建构出来。知识是构建的，知识获取的整个过程也是构建的，在单一时空中生产的知识，其在构建中可能会存在着一些偏颇，它依附着某种权威得以传播，如亚里士多德的“在同样高度，同时释放两个铁球，十磅重的铁球比一磅重的铁球先着地”的知识的传播，就是在权威的携带下传播开来的，若不是伽利略的亲自试验，也许这种说法还会在很长的时间之内延续下去。从这一点来说，也许我们还真得感谢互联网这种大众化的媒介，是它让更多的人参与到知识的构建之中，在专业与业余的不断解构和重构中，新的知识不断出现，使原有的知识体系不断被修改、补充和完善。

四、社交化阅读中知识生产的新规则

在社交化阅读平台的知识生产中，由于网络技术的赋权，以及人们知识生产观念的变迁，使得知识生产出现了新的规则。

1. 知识生产的“创作共用”

社交化阅读平台的知识生产系统是极为开放的，所有知识生产者都可以随时随地参与进来，网络空间的知识生产和服务呈现出“创作共用”（Creative Commons，CC）的态势，知识“共创共享”逐渐形成共识，产生了广泛的影响。可以说，知识的“创作共用”已成为网络社会中知识生产和服务的本质特征。

众所周知，2004 年，戴尔·多尔蒂首次提出了“Web2.0”的概念，用以论述作为互联网新变革的参与式互联网平台的出现以及其全新的内容生产及商业逻辑。② 在今天，参与式互联网平台呈现爆发式增长的趋势，其中数 Facebook、YouTube 等最为有名，国内的分答、知乎、得到等平台的影响力也正在增加，这

① 诺曼·K. 邓津，等. 定性研究：方法论基础［M］. 风笑天，等，译. 重庆：重庆大学出版社，2007：216.

② Tim O'Reilly. What is web2.0：Design patterns and business models for the next generation software［EB/OL］. http：//www.oreillynet.com/pub/a/oreilly/tim/news/2005/09/30/what-is-web-20.html . 2005-09-30.

些平台都注重吸引用户参与内容生产。保罗·莱文森曾被称作“数字时代的麦克卢汉”，他曾提出过新新媒介一词，并对之进行了较为深入的阐述。新新媒介完全体现了Web2.0时代媒介的生产和消费统一的特征，也就是所谓的生产即消费，用户成为了生产消费者（prosumer）。与Web1.0时期相比，Web2.0时期不再沿袭旧有的知识生产规制（自上而下），不再认为受众只扮演信息接收的角色，认为受众（用户）能够直接参与到知识的生产和传播之中，将受众（用户）视为知识生产、传播的主体和节点所在，自上而下的知识生产和传播结构被彻底颠覆。与欧美国家一样，中国的互联网发展也经历了四个阶段，即网页浏览、搜索、自媒体以及社群等阶段，在这四个阶段中，互联网呈现出由低级向高级迈进的状态，前两个时期属于Web1.0时期，后两个时期则体现出来Web2.0的特征。在这四个阶段中，“搜索”阶段其实用户已经参与了知识的生产，因为他们使用搜索引擎能够共享大量的数据。而在自媒体以及社群阶段，用户不仅贡献了数据产品、行为产品（每次点击都生产着一个特殊的产品，因为点击就有了流量），还能够直接提供各种知识文本，尤其是在社群时代，用户及其他的各类生产者共聚网络媒介中，形成互动性、黏度极强的社群，生产出种类繁多的知识产品。

互联网的第一个时代是“网页浏览”时代。在这个时代，用户虽然不能直接参与生产知识，但是他们的知识消费行为让各大门户网站能够迅速聚集海量的知识，并实时更新，让用户在突破时空限制的状态下获取知识。不过我们也不得不承认，在“网页浏览”时代，各大门户网站知识将传统媒体的信息搬运到网页上去，没有进行加工改造，这些网站也没有采写新闻、生产信息的权利。因此可以说，在“网页浏览”时代期，知识生产仍然囿于传统的媒体空间之中，网络只不过让它们以一种更为快捷的方式传播而已，这个时期的网络不具备互动性和社交性，用户个性化的信息生产还没有露出端倪。一句话，在“网页浏览”时代，网络为知识的传播补充了实效性，但传统媒体时期的自上而下的知识生产和传播结构仍然还没有被打破。

在超越“网页浏览”时代之后，知识生产来到了“搜索”时代。在这个时代，门户网站时代逐渐远去，人们在浩如烟海的网络中搜索自己所需知识的时代来临。在我国，2005年前后，大批的搜索引擎开始普及，如百度、谷歌、搜狗等，由于能够搜索自己所需要的知识，人们可以有针对性地贡献数据产品。不过从整体上来看，“搜索”仍然属于成 Web1.0 时代，知识生产的自上而下的结构仍然未改变，用户仍然不能独立生产知识。相反，用户还成了服务于网站需求的产品。也就是说，人还没有作为文本的一部分来呈现，这个时候的文本仍然局限于信息。虽然以百度百科为代表的协作式生产系统已经露出苗头，但本该作为知识生产者的用户，仍然还被隐匿于百度词条的后面，自媒体时代的人和知识一起亮相的情况尚未出现。

搜索引擎兴起一年多后，大约在 2006 年，博客以及各类问答网站的兴起，标志着互联网来到了 Web2.0 时代，第一个自媒体时期来临。在这个阶段，大批用户参与生产内容（UGC），在技术的赋权下，人不再处于单纯的信息接收状态，而是开始参与生产和传播知识。以百度指导等平台为代表，很多自媒体都让广大用户在其平台上提出问题、回答问题。值得一提的是，在百度知道中，人都可以拥有署名权，而不像百科时期那样被词条隐匿了姓名。在这种情况下，先前自上而下的知识生产和传播结构被打破，自下而上的信息生产和传播开始出现。

进入 2009 年，两微一端等各类社交媒体不断涌现，互联网来到了社群时代。这是 Web2.0 时代最为显著的成果之一。社会各界的人士根据自己的特殊爱好和需求，进入特定的社交媒体之中进行着这样那样的知识生产活动，搭建着这样那样的社会关系。2010 年诞生的知乎，集网页浏览、搜索和自媒体等多个互联网阶段的功能于一身，知识生产机制趋于完善。不过我们也要看到，社群时代的知识生产仍然还存在众多的问题，例如知识杂糅、知识生产仍然存在进入门槛（如分答对答主的专业性选择）等。

长期以来，知识被视为最为贵重的东西之一，知识的生产成本特别高，因为知识生产者要生产知识，必须先学习大量的知识，然后再某一个领域有着较一定的造诣，然后和本领域的其他知识生产者有着较为密切的合作，才能生产出较为优质的知识产品。正因为如此，知识生产在很长的时间之内一直被视为是专家、学者等群体的事情。随着工业革命的兴起和冲击，知识生产日益出现商业化、市场化的趋势，于是通过公司、市场等因素的支持便可以进行知识生产。可即便如此，知识生产的成本仍然较高，且效率较为低下。出现这些情况的主要原因在于雇主与知识生产者之间存在着信息不对称的情况。

众所周知，在知识生产的过程中，存在着人和世界、人和人的对话过程，对话的顺畅和便捷程度，取决于技术的赋权能力，而技术的赋权能力又对知识生产机制的演变有着巨大的影响。同时，知识生产机制的演变又反映着知识生产的模式的变迁。哈耶克、科斯等人曾寄希望于市场或公司，认为他们能够提高人类知识生产的效率，进而推动人类文明的发展。不过杰夫·豪却看透了市场和公司无法提升知识生产效率、降低知识生产成本的本质，他指出："任何知识产品都很难在消费者想要的时间恰好以合适的形式出现在市场。"正当人们迷茫于靠什么可以降低知识生产成本、提高知识生产效率时，互联网等新兴的信息技术应运而生，在知识生产领域掀起了巨浪，并迅速成为信息社会知识生产的核心工具。在信息社会，信息技术不仅向专家、学者赋权，也想大众赋权，无论是谁，只要掌握技术、拥有知识生产的能力，均可以参与生产知识。可以说，信息技术对知识生产的权威进行了解构，其网络化的组织形式更是为人类的知识生产的组织、动员提供了巨大的动能。正因为如此，社交化阅读平台为知识生产提供了一种全新的模式——规模化合作。多元化的知识生产平台的发展说明，规模合作、共创共享已成为网络空间知识生产的重要方向。由于没有固定的合作者，也没有固定的服务对象，因而社会大众在网络空间开展知识生产活动时，可以自主地选择跟谁合作生产、在哪一个平台去生产。毫无疑问，社会大众基于兴趣和特定需求而合作生产知识，其效率是较高的，且生产的成本也相对较低。在没有雇佣关系的情况下共创共享知识，知识作为公共产品的属性也开始显现。

2. 开放式生产中的版权调整

在互联网空间的知识生产中，有关版权的理念一直有着两种对立的观点：一种观点认为版权出来都不是完全垄断的，因而应该在保护著作人的权利的同时，要思考他人使用相关的知识成果的自由。另一种观点认为版权是一种自然权，著作人对原创性作品拥有所有权，认为作者可以从私人利益的角度控制其作品的版权。目前有不少人支持第一种观点，认为其体现社会公众的媒体接近权，符合公共利益的要求，指出版权应该在公共利益和私人利益之间寻求平衡。在数字化时代，文化作品应该让社会大众共享，如果规定得太死，反而会妨碍作品的创新和创造。换句话说，网络空间中的知识生产需要让各种实现进行交流和碰撞，需要各种成果被相对自由地利用，以形成共创共享的局面，为经济社会的发展注入新的活力。

由于打破了原有的知识生产和传播结构，也打破了旧有的媒体管理体制。在这种情况下，我们需要新的知识产权的规制，既体现对著作者恰当的经济报酬，也允许大众进行较为自由的复制和共创，以不断传播和更新相关知识。不过我们也要注意，就是网络空间也有知识版权的界限，知识的利用必须是合理合法的，不能将他人的作品据为己有，在自己的创作中不能抄袭。

第五节 社交化阅读平台的知识生产的价值及局限

在社会化阅读平台上，知识生产具有较大的价值，也存在着一定的局限。因此应该对之进行较为有效的监管，以充分发挥其正面效应，最大限度地降低负面影响。

一、社交化阅读中知识生产的价值

1. 网络经济发展价值

人们在社交化阅读平台上的知识生产活动，形成了一系列的经济模式，搅动了知识生产经济的静水。总的来说，由社会各界人士的知识生产活动引发的经济模式主要有平台经济、分享经济、体验经济以及社群经济四种模式。首先是平台经济模式。这主要体现在电商平台方面，知识生产者在社交化阅读平台上的知识生产活动引发了阅读、设备供应、内容提供、平台运营、IP 孵化等一系列产业运作方式，电子商务有了新的发展平台。其次是分享经济模式。舍基指出，人们每年消耗近一万亿小时的空闲时间，在这些时间中，无论多么微小的转变，都可能是很大一部分时间。因而人类的创造和分享并不需要大幅度转变个人行为，全世界的盈余时间太多了，只要每人拿出一丁点时间来进行创造和分享，就能累积成巨大的效应。① 各类知识生产者在社交化阅读平台上的知识搜索、生产和消费信息已成为常态，而这些行为在使自己获得娱乐、信息和成就感的同时，也为他

---

① 克莱·舍基．认知盈余［M］．胡泳，哈丽丝，译．北京：中国人民大学出版社，2011：128.

人提供了信息、提供了娱乐的渠道，这就是所谓的分享。在分享中，人们正逐步摆脱利己主义的市场经济理念，进入了以合作、互动互惠及平等为特征的市场经济阶段。再次体验经济模式。在社交化阅读平台上，体验经济正快速崛起。社交化阅读的运营商通过在线追踪用户的消费习惯，寻找到用户的体验个性，然后根据用户的体验需求开发新的产品，并营造、延展有效的消费环境，以博得网络用户的青睐，使网络用户在得到情感体验后实现经济交换，催生分享经济模式。派恩等预测未来社会的经济成果中，产品约占4%，服务约占16%，体验约占80%。① 这说明了体验经济的巨大效用。最后是社群经济模式。在社交化阅读平台上，一个个的社群正不断形成，开启了社群经济的新时代。“阅读平台根据用户的知识生产的情况，通过富有创意的社群运营，能形成可持续性的商品价值和情感价值的生产和消费的经济模式”。②

2. 身份认同和自我实现价值

在今天，互联网来到了社群时代，人们将现实社会中的很多交往方式带入了网络空间之中，围绕自己感兴趣的话题，不断开展社交和知识共享活动，结成一个个的社群。在相同的社群之中，人们能够在自己人的“话题圈”中生产大抵一致的知识。在社群化的知识生产之中，人们逐渐建立起了共同的身份认同社区，找到归属感和认同感。丁大龙坦言“知乎”平台中的牛人很多，因此他经常在知乎上抛出自己的观点，吸引他人来交流，在大家的交流中，很多人都能够提供建设性的意见。而在不断的交流中，他们的话题圈子越来越大，情感越来越深，大家的身份认同感也得以不断加强。人们之所以喜欢在社交化阅读等网络空间之中生产、传播和分享知识，与他们的自我呈现有着较为密切的关系。个人自由在与他人的交流中、在不断展示自我的过程中才能获得满足感和成就感，孤芳自赏没有意义，而网络空间是个体展示自我的最佳场所。在身份认同和自我呈现动机的激励下，社会大众积极参与到社交化阅读平台的知识的生产之中，由此推动信息社会中知识生产体系的发展，并为社会发展提供动力源泉。

① 派恩．体验经济［M］．毕崇毅，译．北京：机械工业出版社，1999：5.

② 孔剑平，等．社群经济：移动互联网时代未来商业驱动力［M］．北京：机械工业出版社，2015：126.

3. 认知盈余的充分利用

在信息社会中，很多人都受过较为良好的教育，都能够利用自己的业余时间去生产、传播和分享知识。单个人的时间是有限的，但当社会各界人士都把自己的盈余时间奉献出来时，就能够形成巨大的汇聚效应，生产出难以估量的知识产品。在社交化阅读等平台中，人们共同探讨、交流某个话语，共同根据自己的兴趣和爱好生产知识，就可以让认知盈余涌动起来。与物质财富的流动不一样，知识的流动不会出现此消彼长的情况，而是会在流动中不断增值，因为它能在流动中形成网络，由此弥补单个个体知识生产的局限。在认识盈余的汇聚和流动中，每个参与者都在共享着知识，同时也都在共享中从他人那里获取中知识和经验。据此可以说，社交化阅读等网络知识生产空间具有促使社会各界人士进行学习和生产知识的功能，让很多人在相对闲适的空间中继续生产与自己专业相关的东西，而这种无拘无束的写作更能够激发创作者的潜力，生产出更为优质的知识。需要指出的是，社会化阅读平台等网络空间中的知识生产一般是不存在契约关系的，但它却能让处于各个知识生产社区中的人自觉向契约所期望的方向迈进，整体上较为理性地生产知识。

二、社交化阅读中知识生产的局限性

社交化阅读等网络空间中的知识生产有着一定的局限性，主要体现在以下几个方面：

1. 知识碎片化的状况比较明显

众所周知，网络空间的知识呈现出超载化的现象，人们难以从浩如烟海的知识中将知识生产和获取勾连起来，他们往往带有极客的属性，随便走走、随便看看、随便逛逛，凭兴趣和心情等随便生产知识，利用搜索引擎、知识付费等手段获取知识的情况非常明显。因此可以说，社交化阅读平台的知识生产、传播和消费带有明显的碎片化特征。这些碎片化的知识往往是为了满足解决某个实际问题和开展某项娱乐而生产的，其浅层化、片面化的趋向较为突出，往往只能当作零食来补充能量，不能当作正餐来食用。因此如果过于倚重网络空间中的碎片化的知识，就有可能让自己变得浅薄，甚至对不少知识产生误读。正如众多的人所想的那样，诸如知乎等平台，只能被当成科普平台，而不能视为科研平台，其上面的知识更像是常识化的，没有完整的体系性，很多人热衷于它，只是被某些新奇的概念震撼，惊奇于很多没有听说过的东西，而不是被其系统化的知识所俘虏，其很难发挥社会大众所期望的传道授业解惑的功效。难怪会有人认为其在不少阅读平台上的知识的得到感是一种错觉，如果自己不具备相对扎实的知识功底，是很难掌握哪些知识的。

2. 个体的自主性仍然遭受压抑

在社交化阅读等网络知识生产空间之中，社会大众的知识生产、传播和分享行为不是完全随心所欲的，其中仍然存在着“核心的主体”，如分答要求对答主进行审核，就限制了很多普通用户的知识生产行为，他们只能点击阅读和传播相关的知识。那些能够在知乎、分答、得到等知识生产平台上呼风唤雨、融会贯通地生产跨学科知识的人，是极具造诣的人才。同时，即便是专业的人士，其生产的知识的质量如何往往与其生产知识时的态度和责任意识有关，如果能花足够的时间去思考和酝酿，自然能够生产较为优质的知识，而如果只是疲于应付，则很难生产出质量较高的知识产品。而尤为让人头疼的是，在网络空间的知识生产中，很难找到有效的把关人，造成知识生产的随意性，同时也增加了用户选择的随意性——用户觉得有帮助，便可以通过点赞和收藏等形式进行反馈。在这种情况下，被点赞得多的内容往往会被安置在比较明显的地方供更多的人阅读，但事实是很多没有被点赞和收藏的内容，其质量也是较高的，甚至比被大量点赞和收藏的还要高，不过由于没有在第一时间满足某些阅读者的需求，就被踩下去了。

3. 大量垃圾信息裹挟于知识生产之中

在社交化阅读平台上，来自四面八方的人们都可以随意生产和传播知识。由于生产者的素养存在着较大的差别，因此生产的知识也良莠不齐，呈现出鱼目混珠的状况，虽然有不少优质的信息，但是也裹挟着不少的垃圾信息，如低俗、涉黄等，这种状况需要及时改变。

本章小结

本章主要对人类社会知识生产方式的变化进行追溯，对社交化阅读的知识生产者、生产的平台、生产机制、生产历程以及生产中的新规则进行了分析，对社交化阅读中知识生产的属性、类型、工具、生产方式进行了探讨，对社交化阅读中知识生产空间的转场及其知识生产优缺点进行研究，以期较为全面地展示社交化阅读中知识生产的面貌。

第四章　社交化阅读中的知识服务

在今天，不少人都容易把知识服务看成一个营销的概念，事实并非如此，除开展知识营销活动外，知识服务还是优化知识共享路径，促进经济社会发展的重要手段。因此，在今天的社交化阅读平台这一空间之中，知识变现风起云涌、科技传播不断铺开、民主法治交流互动日趋频繁。此外，随着知识服务的深入推进，中国的国际话语权还有了较大的提升。就这一点来说，社交化阅读平台这一知识空间中的知识生产和服务尤为频繁，在这些空间之中，社会各界的学术自觉性越来越强，中国经验和中国故事不断被生产成各种形态的知识。这不仅提升了中国知识分子参与知识生产的主体性，还弥补了不少西方知识生产中缺失的中国经验，对世界深入了解中国发挥了巨大的作用。社交化阅读平台上的知识服务，应该走“知识+”的道路，摒弃以往的“钻取式”的信息服务模式，积极探索、实践知识服务的模式，如利用互联网技术生产众多的独具价值的知识资源，不断推送给有需求的用户，实现知识的“抽取式”服务。

第一节　社交化阅读中知识服务产品的属性、类型及发展历程

社交化阅读中的知识服务，在属性、类型等方面与传统与媒体时期的知识服务都有着较大的区别，其发展也经历了一个相对漫长的过程。

一、社交化阅读中知识服务的属性

1. 知识服务是一种“流行文化”

知识服务成为满足大众需求的流行文化主要具有以下四个特征：首先，知识

服务的生产周期缩短、知识成本降低，使知识服务类产品在市场上的流通速度加快，这为知识服务的流行创造了条件。在信息构建的场景中，因其闲置场景的编辑成本趋近于零，相比于传统的产品具有更强的竞争优势。其次，随着技术的不断发展，知识服务的复制成本不断降低，而复制率却不断提升。再次，知识服务可以通过感官刺激进行传播，回避逻辑推理与深度反思，它可以吸引用户购买甚至反复购买相关产品。最后，知识服务是商业化运作的一种形式，在运作过程中逐渐走向类型化。

2. 知识服务是一种“服务”

知识服务是在互联网+教育的背景下得以形成的。在互联网思维下各种知识开始整合并迭代，越来越多的用户开始利用碎片化时间进行学习，而碎片化学习系统正是与传统社会化教育的最大不同之处。知识服务的消费含有大量“冲动性购买”行为，这种购买产生的直接结果是消费者对知识进行囫囵吞枣式的消化，这种消化过程是不完整的，更是不系统的，因而带给消费者的知识也是以遗忘性结束的。这正如鲍德里亚对拟像的第三个秩序——模拟秩序所描述的那样，某种指涉对象或某种实体的模拟，是通过模型来生产真实：一种超真实。① 因此，对超真实的追求，大众回报以购买的欲望。郭德泽指出，知识服务仅仅是提供大众化的一种知识；位于知识服务之上的是学校的教育系统，其作为中间层次为人们提供了人生观、价值观和世界观等比较系统的知识，但其行为改变力较弱；处于顶层的是高端定制的知识，它把特定的知识传送给特定的人群，传播具有对象性，传播效果也是三个层次中最为有效的一种。② 这种情况可以用图 4-1 来表示。显然这三个层次的知识输出都被囊括在见识体系之中。知识体系本身含有罗伯特·K. 默顿定义的“意外后果”的 5 种类型：不确定、误差、切身利益、基本需求和否定自我的预言。其中对信息的不确定性和切身利益的驱动为知识服务的发展奠定了坚实的基础。③

---

① 鲍德里亚．完美的罪行［M］．王为民，译．北京：商务印书馆，2000：74.

② 雷切尔·博茨曼，等．共享经济时代［M］．唐朝文，译．上海：上海交通大学出版社，2015：89.

③ 2017 年 6 月 15 日在第二届教育新媒体发展论坛上提出这样的观点.

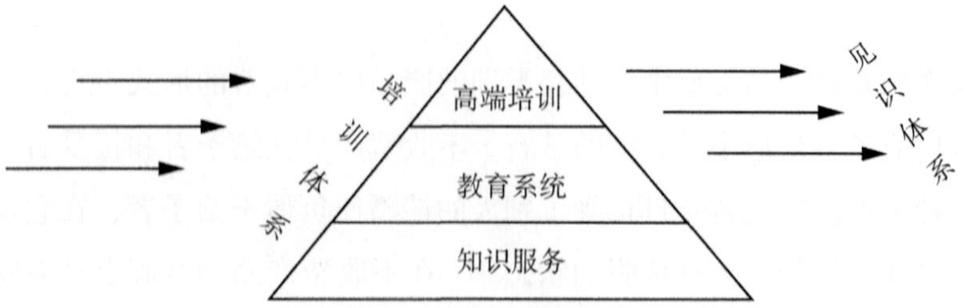

图 4-1　知识体系

3. 知识服务是一种"商业生态"

"大众不再表达自己，他们是被调查的"。① 知识服务既要满足用户需求，又要不断提升自身竞争力以保持在市场上的地位，因此，生产者和消费者之间也使得他们重新构造的关系被应用到商业的产品与营销中去。知识服务商业生态是在发现用户价值诉求之后，能较快地设计好可以满足市场的商业模式并与其他商业组织展开竞争，为企业带来稳定的收入。自 2016 年知识服务元年发展至今，知识服务已满足以上条件并不断影响着自媒体的竞争格局，可以说，知识服务在很大范围上产品化了。

二、社交化阅读中知识服务产品的类型

根据知识服务的定义，可以将知识服务产品分为以下四种类型，分别是圆柱型产品、三角型产品、鱼钩型产品、礼物型产品和整合型产品。

1. 圆柱型产品

这种产品是指标准化的内容产品，它是经过长期专业化的运作之后形成的固定产品，其运作过程包括产品的生产周期、传播模式和后期维护等诸多环节，因其稳定化的生产和运作像极了扎实且坚硬的圆柱，因而可将其定义为圆柱型产品。

---

① 道格拉斯·凯尔特. 波德里亚：一个批判性读本 [M]. 陈维振，等，译. 南京：江苏人民出版社，2005：107.

2. 三角型产品

在众多的知识产品类型中，某些类别的产品以不收费的形式出现，这些不收费的内容构成了三角形中最底端的基石。不收费产品在给予者和接受者之间建立起这样一种关系：接受者一旦接受了别人的馈赠便负债于给予者，在它没有偿还这份馈赠之前，便处于一种依附的状态。① 在不收费产品的基础上针对特定产品进行选择性收费，这一模式不仅降低了知识服务的门槛，还吸引了大批有知识需求的用户融入知识服务平台，这正像一个平置的三角形，越是接近三角形的底边，产品越多，越是接近三角形的顶角，产品细分越是详细。三角型产品本身是一种持续的慷慨行为或暴力，将用户紧密地联系在一起，它更注重用户的积累。

3. 鱼钩型产品

这种产品通常先做成 A 类型产品，然后在 A 类型产品的基础上逐渐转化为 B 类型产品。需要指出的是，在转化过程中产品会有很大的变化，主要特征是以 A 产品为鱼饵逐渐过渡到 B 产品，而 B 产品则是知识服务生产者真正的目的所在，与圆柱型产品相比，鱼钩型产品稳定性较弱，但是对用户的吸引力较强。

4. 礼物型产品

这是靠“打赏性”的收入来支撑的一种产品，也是一种新兴的、非强制性的付费鼓励模式。打赏性消费主要存在两大平台中，分别是视频打赏和内容打赏，前者一般属于用户的冲动性消费，后者则往往属于理性化消费，用户在认同某一内容的时候才会参与打赏，其建立在用户自愿付费的激励制度之上，因而大大提高了用户的参与热情，能够把内容生产者和消费者紧紧地联系在一起，真正打破了网络服务的单向性。

5. 整合型产品

在互联网时代的知识生产资质，有一种极为突出的现象，就是来自不同阶层

① 米兰达·布鲁斯-米特福德，菲利普·威尔金森．符号与象征［M］．周继岚，译．生活·读书·新知三联书店，2010：125.

的生产者，从自身的角度将现有的知识进行整合。一方面，这种整合性生产以知识资源的共创共享为特征，将分散的知识资源聚合起来（往往通过超文本的形式），使知识以较为系统的形式呈现出来。另一方面也是最为重要的方面，是人们在网络空间中建立起一个个的知识生产和服务平台，如社交化阅读平台等等，让社会各界人士进入这个极为开放的平台之中，利用丰富的数据和资源创造出具有整合性质的产品。由此可知，整合型产品往往比单一的产品更具系统性，其层次也更高。

三、社交化阅读中知识服务的发展历程

社交化阅读平台的知识服务，经历了一个相对漫长的过程：信息传播—知识传播—知识付费—知识服务。

1. 从信息到知识传播

当人类的交往从信息交流阶段发展到知识传播阶段，知识服务活动也就初露端倪了。由此可知，人类的知识服务活动在很久以前就开始了，只不过到了互联网时代，知识传播的规模更为庞大罢了。社交化阅读中的知识服务是在互联网技术的基础之上诞生的。其实早在20世纪90年代，就有互联网公司开展专门的知识服务了，如当时影响力极为巨大的斯普林格出版社以及爱思唯尔学术出版公司就是较为优秀的代表。以爱思唯尔学术出版公司为例，该公司就于1997年建立了ScienceDirect全文数据库，当时就收录了一千二百万篇论文，并于1999年向用户提供数字出版物全文的在线服务，用户购买了该数据库，就可以随意浏览了按章节（或全文）下载数据库里面的文章，付费的方式可以是年付、也可以是一次性购买。值得一提的是，爱思唯尔学术出版公司还把视频介绍、论文及作者访谈汇集在一起，用户在使用时能够更为直观、更为方便地了解和把握论文的内容，以此达到最大限度地开发论文价值的目的。进入21世纪，爱思唯尔学术出版公司实施了“在线优先出版”战略，当某篇论文完成之后，就及时将之放到网络阅读平台上去，先网络出版论文，再出版整刊，这种方法使论文完成5天后，就能与用户见面，为读者尽快获取相关的知识提供了方便。

进入21世纪以来，国内知识传播也深入了互联网行业，互联网空间中的知

识服务也逐渐被人们所重视。在我国，同方知网以及万方数据是最早利用网络开展知识服务的公司。其中万方数据 在2006年的时候推出了“知识服务系统”，2008年推出签约服务站点模式，将名称改为“万方数据知识服务平台”。在该平台上，作者、编辑出版者、用户以及相关的服务者的需求都能得到较好的满足，尤其是对用户来说，他们能够随时获取多元化的知识，“万方数据知识服务平台”成为了他们学习沟通的平台。同方知网构建的知识服务平台，可以让用户及时地从浩如烟海的信息之中找到自己所需的知识，尤其是在帮助用户从显性知识中找到隐性知识方面的作用更为巨大。同方知网的建立，重塑了读者（用户）和出版的关系，用户可以自由查询、下载和管理相关的知识，在网上开展数字化学习活动，享受个性化、专业性和立体化的知识服务。

2. 从知识传播到知识付费

有人把2016年定为中国知识付费的元年。从这一年开始，知识付费服务模式逐渐在全国兴起。在知识付费服务中，场景成为一个炙手可热的关键词，很多社交化阅读平台如知乎、豆瓣等，都力图打破传统的知识服务场景，构建全新的知识服务模式，力求让用户在充满体验感的环境之中享受着多元化的知识服务，随时在充满动感的空间之中获取活知识、新知识，是知识付费逐渐溢出精英用户的圈子，走向了大众的日常生活。以“分答”平台为例，该平台创建于2016年5月，在这个平台上，用户可以在极短的时间之内找到答主，并由答主在60秒钟之内提供答案能够释疑解惑的答案。继分答之后，得到、喜马拉雅、知乎、微博问答等一系列的付费类知识服务平台迅速出现，使知识付费更为火热。值得一提的是，在知识付费勃兴之后，众多的垂直网站、电子商务以及其他领域的众多的互联网公司纷纷投资知识付费领域，使知识付费的火焰更旺。

互联网公司、自媒体偏爱知识付费，知识付费也没有让他们失望，《2018年中国知识付费市场研究报告》显示，在3天的时间中，喜马拉雅 的“123知识狂欢节”就收获1.96亿元、《薛兆丰的经济学课》的订阅用户图谱26万，整个知识付费产业规模约为49亿元，预计到2020年将会接近235亿元。当然了，知识付费也受到种种质疑，如“急功近利的成功学”“更多治疗‘中产焦虑’”“内容碎片化”“一场大骗局”“内容同质化”“产品复购率低”等，但并不阻碍其强势发展的势头，因为知识生产商能够在特定的时间推动特定的知识，免去用户大海捞针般寻找知识的痛苦。随着知识付费的发展，知识付费也经历了由直播赞赏、公众号打赏以及付费授权转载等较为初级的形式向分答、知乎等将知识与场景进行融合，把知识进行系统打包的高级阶段转变的道路。在这种情况下，知识产品的内容与形态都呈现出更加多元化的状况，相关的产业链也不断完善，知识服务逐渐走上以“价值”为核心逻辑的道路，之前以“流量”为中心的模式逐渐被摒弃。在未来的付费知识服务的发展中，坚持做好内容，使之更为系统、细分更为明确，同时为其搭建充满体验感的场景，应该是主流方向。

3. 从知识付费到全新的“知识+”服务

当前，社交化阅读等网络空间中的知识服务，已经逐步走出知识付费的领域，向着全新的知识服务的方向迈进，知识服务实现了华丽的转身。

上文说过，2016年，是知识付费的元年，也是知识付费的集体爆发年，知乎、分答、喜马拉雅FM、知乎等知识付费平台迅速崛起，知识付费进入发展的正轨。服务提供商、内容生产商、用户等各主体之间建立起了有效的知识生产和获取网络，知识付费蓬勃发展，其市场争夺战愈演愈烈。虽然内容琐碎化、同质化、用户体验不强等劣势缺失存在，但知识付费毕竟是符合用户需求的商业模式，只要能够提供有价值的知识，就不会那么轻易消逝。在这种情况下，如果对知识付费进行改良，使之向着全新的知识服务的方向发展，社交化阅读平台上的知识服务将会有更大的作为。那么，这种全新的知识服务体现在哪些方面呢？

首先是“知识+服务”。“知识+服务”这种方式旨在满足用户对内容的需求。在2016年兴起、2017年迅猛发展之后，靠知识社区起家的知乎、靠知识生产者来驱动的得到和分答，以及靠转换媒体形式的喜马拉雅FM，都极为重视自己的知识服务的战略，从着力经营知识付费转向全方位地提供知识服务。与知识付费不同，知识服务并不局限于向用户提供特定的具有单一化特征的知识产品，它注重提供真正满足用户需求的知识产品，为用户的知识消费提供足够的服务支持。同时，知识服务不限于协助用户达成认知升级，还积极帮助用户实现能力进阶。换句话说，知识付费侧重于用户的“知道和不知道”，知识服务侧重于用户的“做不做得到”。以“三节课平台”为例，其经营理念在于：不简单地传授知识，而是注重培养用户的能力，全面为用户提供服务，将作业的完成率以及作品集的产出作为重要的考量指标，让用户通过助教等形式在更深的层面加入进来，不断锻炼用户的能力。再比如以早教闻名的小步亲子平台，其构建了早教领域的一站式服务模式，将早教服务打造成拳头产品，让父母在全新的家庭场景中体验早教——3 分钟的短视频来传达课程内容，让父母能够轻易模仿和快速消化；课程包括折纸课、“10 分钟游戏馆”“手语课”以及“音乐启蒙课”等，采用集文字、图片、音频、视频为一体的多媒体形式传达内容，在知识的传播中植入互动元素，但某种手段传播起来较为模糊时，就采用另外一张传播手段，并将复杂的动作进行分解。在这种情况下，父母能够获得较多的教育陪伴体验。此外，“知识+服务的”模式创新，我们也可以通过分答的发展来予以管窥。作为付费语音产品，分答从一开始就广受追捧，在几经迭代后，分答除了能够针对用户的问题提供答案外，还能够针对特定的主题提供较为系统的解决方案，这说明分答开始瞄准知识服务来布局知识生产。2018 年 2 月，在更名为“在行一点”后，分答调整了知识生产的内容，更注重内容的系统性和服务性，力求让用户更多地利用碎片化时间在其平台上生产和获取知识。从这些案例可知，社交化阅读平台上中的知识服务空间，已经跨过了“你付费，我给你你想要的知识”，进入了“你付费，我想办法提升你能力”的大堂，“知识+服务”成为知识服务的新趋势。

其次是“知识+品控+卷入”。“知识+品控+卷入”这种方式旨在提升用户的体验感从而不断提升用户的忠诚度。在面对“知识付费其实是一场大骗局”等指责后，知识付费的运营商逐渐认识到“品控”的必要性，采取了整合内容、传播技能，以及实施内容推送机制、构建优质内容评价体系等措施，以不断增加用户的体验感和忠诚度，进而提升知识产品的复购率。当然了，除了做好“品控”这一重要环节的工作以外，诸如“三节课平台”等知识服务平台，还采取了让用户“高度卷入”的方式参与到知识服务之中，即让用户投入更多的时间和精力，如在两个月内每周看两小时作用的视频，且要在规定的时间之内完成作业。用户提交作业后，助教会进行批改，助教批改完成后，用户可在修改后再次提交，用户再次提交后，助教会再次进行修改。实际上，在提高作业质量的动机的驱使下，用户每周使用“三节课平台”的时间会大大超过两个小时，用户的黏度较强。受“三节课”等平台的启发，知乎、喜马拉雅、在行等都在“知识+品控+卷入”等方面下硬功夫，不断提高用户的忠诚度。

第二节 社交化阅读中知识服务的机制及流程

在社交化阅读平台上，知识服务有着一套较为完善的机制和流程。正是依靠这些机制和流程，社交化阅读平台上的知识服务才能得以顺利进行。

一、社交化阅读中的知识服务机制

随着知识付费等网络知识服务平台的兴起，知识服务突破了高校教育、图书馆服务的领域，拓展到了网络空间之中。网络空间中的知识服务以数量庞大的用户的需求为目标，为用户提供决策性和能力提升性服务，在长期的运作中形成了特有的机制。总的来说，社交化阅读平台这一知识服务空间的机制主要有以下几种。

1. 合作生产机制

在今天，“合作生产”这一概念想必大家都不陌生，它体现了媒介融合背景下信息生产的协作模式。在“合作生产”之中，所有的信息都被置于一个平台上来进行，各种信息要素被不断重组，多元化形态的信息产品被不断的生产出来。这种生产方式得以在社交化阅读等网络空间的知识生产之中迅速推广，在网络空间中，各种知识生产资料被来自四面八方的用户从不同的角度进行整合和加工，生产出各式各样的知识产品。这个过程完全是在社交化阅读平台等开放性的空间之中进行的，运营商提供平台、内容提供商生产知识、用户消费知识，需要指出的是，在社交化阅读平台等网络空间之中，用户既是知识消费者也是知识生产者，他与其他的内容生产主体一起，将社交化阅读平台等网络中的知识服务空间打造成知识生产、分享的平台。

在合作生产机制的推动下，社交化阅读平台等网络中的知识生产、服务空间弥补了传统媒体时期知识生产和服务难以及时对接的不足，让知识的生产和服务具备了流动化的特征，大大提升了知识生产和服务的效率，各主体参与知识生产，知识生产服务于各主体的局面已然形成，使知识具备了不断增值的元素。

2. 知识共享机制

知识生产必须满足社会的需求才能继续下去。在社交化阅读平台这一知识服务空间之中，人们在获取知识后，精神体验和能力提升两方面都能够得到满足，因为知识产品具有信息产业的属性。各生产主体在平台上进行知识共创活动，为各生产主体尤其是用户间的知识共享提供了重大保障，让众人在极具魔幻感的场景中共创共享知识。需要指出的是，随着社会各界对社交化阅读平台这一知识服务空间的使用越来越频繁，网络知识服务空间诞生了众多的小程序，这些小程序能够弥补知识推送的某些不足，避免了用户知识消费中出现“信息茧房”的情况，提升了用户知识分享中的体验感。

3. 互动机制

社交即互动，自施拉姆提出信息传播的“循环模式”以后，互动就成为传播学重点考量的一个重要问题。需要注意的是，在传统媒体时期，所谓的互动仅限于用户的信息反馈的领域。在网络等新媒体蓬勃发展的今天，互动扩大到了媒体与媒体、用户与媒体、用户与用户的范畴之中。只有在不断的沟通、交流之中，社交化阅读平台这一空间中的知识生产才会迅速推进，以不断完善知识生产和服务的系统。在互动之中，社交化阅读平台这一知识服务空间能够将社交平台与知识平台融合起来，借助互动之力量来改变人们获取知识的方式。这就是传统媒体时期读者智能通过自己的力量去寻找问题的答案，而互联网时期用户可以通过各种互动渠道获取知识，甚至不用去搜索就会有平台主动推送自己所需的知识，使知识能够不断增值。

4. 多链条的生产与服务对接机制am

在 Web2. 0 诞生之前，知识生产与服务靠信息对信息的形式来进行，因为这个时候知识生产和消费主体之间还没有形成互动的关系网络。就算是在微博时代，知识生产与服务也只能是靠人与人之间的对接来实现，采用一问一答的互动模式。但在 Web2. 0 时代，媒体具备了社交化特征，知识生产与服务能够在多元化的人与人、人与信息的互动中进行，也就是说，在社交媒体时代，知识生产与服务的对接机制是多链条性的。正是这种全新的对接机制将人与人、人与信息置于公共交流的场景之中，是知识的生产和服务呈现出爆炸性的扩散效应。

5. 弱连接机制

格兰诺维特曾于 1974 年提出了知名的弱连接理论。格兰诺维特指出："在传统社会，每个人接触最频繁的是自己的亲人、同学、朋友、同事……这是一种十分稳定的但传播范围有限的社会认知，是一种'强连接'现象；同时，还存在另外一类相对于前一种社会关系更为广泛的，然而却是肤浅的社会认知，这种关系可称为'弱连接'。"① 由此可知，在强连接社会网络之中，人们的交往和工作圈子具有较大的同质性，而在弱连接的社会网络之中，人们可以与毫不相识的人搭建起各种各样的关系网络，人与人之间的情感相对淡薄，关系也不紧密，具备明显的异质性特征。因此格兰诺维特做出了一个论断：关系的强弱决定了能够获得信息的性质以及个人达到其行动目的的可能性。② 由于强连接社会网络的同质性特征较为突出，他们的交流容易形成一个封闭性的系统，假使个体在这个系统中找不到自己所需的知识，就会去其他具备异质性的圈子中去找。因此格兰诺维特才指出："相比强关系，弱关系在信息传播方面具有更强的灵活性和高效性。"③

我们注意到，在社交化阅读平台中，弱连接的作用也特别突出。因为人们没有必要去养成弱关系，互联网随时可以为大家提供与他人交流和互动的机会。更为重要的原因是弱关系更能促使人们突破时间、空间、阶层、文化等多重藩篱，在网络空间之中展开充分的互动，个体在互动中能够获得更多新鲜的知识。此外，互联网技术的准入门槛极低，用户可以随时随地生产和传播知识，加之人类天然具有与志同道合者交流的动机，使他们更喜欢在网络空间中开展交流活动，

① Mark Granovetter. The Social Constructiong of Comiption [J]. Theory and Sooiety, 2005 (4).

② Mark Granovetter. The Social Constructiong of Comiption [J]. Theory and Sooiety, 2005 (4).

③ Mark Granovetter. Business Groups and Social Organization [J]. Handbook of Economic Sociology, 2003.

不断生产和传播信息。以知乎为例，作为一个极具开放性的知识问答平台，知乎的用户遍布社会各界，其中不乏众多优质的专业知识生产者。当这些来自五湖四海的用户在知识生产和分享中产生联系时，就搭建了相应的弱关系网络。值得赞赏的是，在各种弱关系中，用户一般不会排斥与自己阶层和地域不一致的人，他们之间会进行较为充分的交流，实现了知识生产的跨时空、跨阶层化。

总之，在社交化阅读平台等互动化空间之中，用户的聚合和互动成为一件极为容易的事情，在各新型机制的运作下，知识的生产和服务更为频发、更为高效。

二、知识服务的流程

社交化阅读平台上的知识服务，不是乱无章法的，尤其是对知识服务的提供者来说更是如此。具体来说，社交化阅读平台的知识服务的流程主要包括以下几个方面：

1. 了解用户的知识需求情况

要有效地为广大用户提供知识服务，社交化阅读平台等从事知识生产与服务的运营商就必须对用户的知识需求情况进行分析，如用户具体需要什么样的内容，这些内容以什么样的方式进行传播最受用户欢迎等。在这个过程中，各个知识服务平台要以用户的需求为核心，对其网络关系、兴趣爱好、消费习惯等进行全方位的分析，以为其提供较为全面的知识服务。

2. 生产知识

在了解用户的需求后，就可以有针对性地生产知识了。知识的种类尤为繁多，用户的需求也不尽一致，社交化阅读平台这一知识生产和服务平台的运营者要积极生产知识，尤其是隐性知识。由于隐性知识很难像显性知识那样进行结构化的储存，需要各种知识生产者在不断的交流和互动中来生产，因此其显得更为弥足珍贵。值得一提的是，无论是显性知识还是隐性知识，在生产中都要注重两个方面的问题：一是知识的整合，二是知识的创新性生产。在知识的整合方面，社交化阅读平台这一空间中的知识生产主体在获取知识生产资料（可以是零碎的信息、也可以是成形的知识）后，需要进行不断的整合和加工，让杂乱无章的知识在经过科学的结合后，成为全新的知识（知识体系）。在知识的创新性生产方面，社交化阅读平台的知识生产和服务的运营商需要对现有的知识生产资料进行全面的提取和重构，使知识达到质的升华而成为全新的知识，或者就是创造出全新的观点。

3. 知识服务的提供

在知识生产出来以后，社交化阅读平台的知识生产和服务提供商就需要考虑如何提供知识服务了。知识服务的媒体形式是多种多样的，可以是文字、也可以是图片，还可以是音频、视频。当然，更重要的是能够实现多媒体的传播形式，因为在媒介融合不断走向深入的今天，用户最喜闻乐见的知识传播形式应该是包括文字、图片、音频、视频在内的富媒体形式。

4. 用户的反馈

在知识推送出去以后，包含社交化阅读平台在内的所有知识服务提供商，都必须高度重视用户的评价和反馈，从而巧妙地捕捉知识符不符合目标用户的需求、能不能帮助用户解决实际困难、用户之间的互动是否强烈等，以此不断改进自己的服务质量，从而不断提升用户的忠诚度，为信息社会的发展进步作出自己的贡献，并由此获取相应的经济报酬。

第三节　社交化阅读中知识服务的技术逻辑

在提供知识服务的过程中，社交化阅读平台应该遵循特有的技术逻辑，找到科学有效的服务路径。这是因为。技术是社会发展进步的重要坐标，它犹如杠杆一样，撬动着事务发展进步的支点。随着网络技术的发展，社交化阅读平台将会得以不断构建和完善。作为社交化阅读的重要支撑，网络这一新兴的信息技术将会为用户提供更为多元化的内容、提供更为丰富而多彩的传播形态。具体来说，网络空间中的知识生产和服务平台，在提供知识服务的过程中，都应该把握以下技术逻辑。

一、“连接—互动”逻辑

在网络空间之中，知识的流动呈现出一种液态化状态，而人与人之间也往往处于一种弱关系之中。在这种情境下，人与知识、人与人的连接也呈现出液态化状态，各种力量（运营者、生产者、消费者）之间相互推拉，在液态的连接中凸显出动态的互动态势。之所以把互动看成是动态的，是因为各主体中互动的对象、互动的时间和空间都是不确定的，人们的互动是随机的、自由的。社交化也遇到平台等网络空间的知识生产和服务平台中的连接，存在着“人—人”连接、“人—机”连接、“人—信（信息）”连接以及“人—台（平台）”连接等多种类型。无论是人与什么物体的连接，知识搭上了关系，就能实现知识共享。鉴于“人—人”连接的重要性，这里将对之进行专门的阐述。

在社交化阅读平台上，数字化和互动性技术将用户从旧有的社会组织中解放出来，使人类的连接从以“人—物”连接为核心转向了以“人—人”连接为核心，这种连接是充满弹性的，是极具个性化的和可操作性的。在这样的空间之中，技术消解了精英阶层对知识生产和服务的控制，将普通用户和精英阶层置于同一平台之上。可以说，技术的赋权实现了知识生产和服务的“民主化”，充分组织、动员了广大用户参与生产、传播和共享知识，使认知盈余得以充分挖掘。伴随着连接革命的推进，网络这个虚拟社区越来越庞大，并展示出强大的知识生产和服务能力。不过，我们也要看到，随着用户数量的膨胀，“人—人”连接的网络被迅速织密和拉长，社交化阅读平台这一空间中的知识内容出现了良莠不齐的情况，人们对生产和提供优质知识产品的呼声越来越强烈。

二、知识“共创共享”逻辑

在网络空间中，人们对用户是否在场显示出巨大的兴趣。用户的在场意味着社交化阅读平台等网络空间拥有并保持较大的粉丝数量。然而，在 Web2.0 时代，以流量为核心指标的时代已经过去，用户的互动成为新的考量指标。如果用户只是“在场”而不参与知识产品的生产，也不接受知识产品的服务，社交化阅读平台就将丧失巨大的经济利益，整个社会也有可能丢掉数量庞大的优质知识。据此可以说，只有动员广大用户入场并进行知识共创，让他们成为真正的

“生产消费者”，社交媒体方能取得更大的成功。

如果回到传播政治经济学的领域，我们就会看到，只有动员广大用户参与，让人人都献出一点爱，才能让社交化阅读平台的世界变成更为美好的人间。这是因为，在社交化阅读平台上，虽然“在场”的用户可能会有很多，但是真正献爱的人不多，大多数用户是十足的潜水者。如果是在 Web1.0 时代，潜水者也是媒体的重要资源，因为那个时候有流量就行。但是在社交化阅读平台这一空间中，潜水者跟僵尸粉的区别不是特别大，因为这些空间要的是用户的参与式生产和消费，要的是“在场”的人都献出一点爱。但现实却是少数人在献爱，多数人在享受爱，而平台运营商则用少数人献的爱换成了钱。所以严格来说，在今天的网络空间中，不是用户生成内容（User-Generated Content，UGC），而是受剥削者生成内容（Loser-Generated Content，LGC）。

因此，在社交化阅读平台上，知识“共创共享”逻辑思是特别重要的。就目前来说，为用户提供知识“共创共享”平台，技术上早已不是问题，关键是社交化阅读平台的知识生产和服务能不能动员更多的用户参与知识的生产和服务。

三、平台控制逻辑

知识服务平台是指为广大用户提供知识服务的平台，其提供的知识往往以文字、图片、音频、视频等形式显现出来，包括资源支持系统、硬件环境系统、网络服务系统以及服务应用系统等四大构成要素。就知识服务来说，平台能够为用户获取、整合加工、传播和共享知识提供支撑，满足用户对各种知识的需求。把知识视为服务过程，是知识服务平台的重要经营理念。知识服务平台的建立，实现了多行业数据的有效分析处理，以及知识共享态势。①

毫无疑问，社交化阅读等知识服务平台，为我们获取知识提供了巨大的方便。然而，很多人因此沉迷于技术带来的愉悦感和获得感中，没有发觉，我们其实是在媒体和资本的鼓动下，手舞鲜花、脸蛋粉红地欢迎社交媒体的到来，并没有感觉到它裹挟着的种种问题。其实，被我们忽略的最大的问题，就是社交化阅

---

① Chrysikos A，Ward R. Cloud Computing Within Higher Education：Applying Knowledge as a Service（KaaS）［M］. Springer London，2014.

读等网络平台在为用户提供着知识和愉悦的同时，也在巧妙地控制着用户，让用户心甘情愿地为之生产知识、传播知识，并由此获得巨大的经济利益。其实关于用户被平台所控制的问题，早在 1999 年，美国歌手 Prince Rogers Nelson 在为嘻哈乐队 Public Enemy 颁发“网络先锋”奖项时，就曾经对观众说过一段极具预见性的话：“不要被互联网愚弄了。上网很酷，但是不要让互联网操纵。使用电脑很酷，不要让电脑使用你。” Prince Rogers Nelson 的警告已经过去了二十几年，经过二十几年的消化，人们是否对互联网平台对用户的操控有所感悟了呢？

其实，在今天，作为资方的知识服务平台，对用户的控制程度是极深的，我们之所以难以发觉，只不过是平台的控制有其特殊的逻辑和方式，它们遮盖了用户参与知识生产的过程。

1. 社交化阅读平台对用户知识生产过程的控制逻辑

有史以来，技术始终作为生产进步的标志载入人类史册，对技术的掌握和使用成为推动人类生产发展、提高人类生活水平的有效途径。技术无所谓善与恶，但对技术的掌握与否却成为有无技术资本的分水岭。随着新传播科技的发展与赋权，用户凭借先进的网络技术，在社交化阅读平台上生产和利用知识、获取娱乐和进行情感体验，获得了大量社会资本。不过，相对于社交化阅读平台来说，用户的技术资本数量显然是微不足道的。社交化阅读平台凭借其所掌握的技术这一巨大的资本，打造知识生产和服务平台供网户劳动并从用户的劳动中赚取利润。因而，在用户的劳动中，用户与社交化阅读平台之间没有雇用合同关系，也不存在支付薪酬的情况，所以社交化阅读平台与用户之间没有直接的、明显的权力强迫和被强迫的关系，这种情况似乎映衬了处于资方的社交化阅读平台是“无权力”的，然而资方将权力隐蔽起来，对作为劳动者的用户进行在场或不在场的控制。这种控制方式可以称为是所谓的“无权力”的权力控制，它让我们明白，社交化阅读平台（可被视为资方）将技术作为一种资本，融入其整个资本体系中去，让技术这一特殊的资本形式成为带动其经济资本积累的主要引擎。这要求我们在研究用户的劳动时，必须考虑其中的权力掌控问题，因为经济权力的集中（垄断）能够带来信息资本的集聚效应。社交化阅读平台等资方对用户的控制主要体现在对其知识生产和服务过程的控制上。

2. 社交化阅读平台对用户知识生产过程的控制方式

为了充分发挥用户的知识生产、传播和消费能力，获取巨额的经济利益，作为资方的社交化阅读平台会不遗余力地加强对知识生产过程的控制。在没有强迫性劳动关系的用户的知识生产中，资方对用户知识生产过程的控制主要考虑用技术营造更有吸引力的生产平台的方式来进行。社交化阅读平台对用户知识生产过程的控制主要体现在五个方面：技术控制、经济控制、空间控制、文化控制和消费行为控制。

(1) 技术控制。

一直以来，技术都有一个属性，就是作为一种资本，供掌握它的人利用。对于用户来说，虽然其也掌握一定的网络技术，但相比作为资方的网络媒介对网络技术掌握的广度和深度来说，作为个体存在的用户所掌握的网络技术显然是不值一提的，因而网络技术也是网络媒介凭借权力而得以掌控的优势资本，而社交化阅读平台将技术作为一种资本来利用，必然能为其带来大量的经济利益。

技术是资方对劳动进行控制的工具。马克思、恩格斯认为，“技术变革是资本主义的本质特征，是资本主义存在的前提条件”。① 技术控制即通过设计机械体系并计划工作流程，把劳动力转化为劳动的流程最小化，同时实现效率最大化。技术控制并不只是提高知识生产率而不改变相关的控制因素这种简单的控制，也不只是简单的机控节奏，它是一种对绝大部分或整个生产过程都起到指导作用并控制其节奏的控制。采用技术的方式对知识生产和服务过程进行控制时，社交化阅读平台力图使为之劳动的人同质化，即所有人都能够进行资方要求的劳动，为资方生产期望的产品。新技术带来了新的劳动空间和劳动者，但劳动力的征用以及劳动的报酬，都被资方的技术优势掌控着。

马克思在谈到资本扩张时曾说：“资产阶级，由于一切生产工具的迅速改进，由于交通的极其便利，把一切民族甚至最野蛮的民族都卷入到文明中来了。”②。网络技术使用户这一新的劳动群体卷入了社交化阅读平台的信息资本体系之中并为之乐此不疲地服务。陆地将这种情况称为新的“奴隶主义”，认为用户对网络

① 马克思恩格斯选集（第 1 卷）[M]. 北京：人民出版社，1972：234.

② 马克思恩格斯选集（第 1 卷）[M]. 北京：人民出版社，1972：234.

技术产生了巨大的依赖性：从行为参考到行为依赖、从精神调剂到精神依赖以及从信息使用到信息依赖。① 陆地呼吁用户及时抬头，不要一味低头做奴隶。但事实上，在社交化阅读平台的技术控制下，用户很难抬头。

关于社交化阅读平台对用户的技术控制，我们也可以从布雷弗曼等人的观点中得到启示。一般来说，经济社会生活中的"技术"，交织在具体的"社会-生产"关系之中，它在塑造资本主义生产的过程中发挥着巨大的作用，从更深的层面来说，它甚至能够对已有的社会制度、权力关系等因素进行改组。科学技术本质上是瓦解资本家权力的力量，不过其在特定的历史阶段却能够大大增强资本的权力，在强化资产阶级的统治方面发挥着巨大的功效。在用户的劳动中，网络技术使网络空间的信息生产变得日益大众化，技能型劳动者的劳动技能逐渐被普通大众追赶上，技能型劳动者由此丧失了对劳动生产过程的控制权。

在对技术控制的研究中，布雷弗曼是一位杰出的学者，他的主要贡献在于"去技术化"控制的研究。布雷弗曼（1979）认为在现代社会，工人对劳动生产过程的控制已逐渐丧失，因为现代科学管理手段的广泛应用使生产对工人的技能的依赖性逐渐减弱。据此可以说，工人已将劳动的中心地位让给了机器，逐渐走向了生产的边缘，在机器技术的作用下，劳动过程反过来开始控制工人。Michael Burawoy 也是"去技术化"控制的研究者，但他认为在劳动中，资方的"强迫"与劳动者的"甘愿"有着同样重要的地位。因而在《制造同意》一书中，Michael Burawoy（1985）提出了与布雷弗曼的"去技术化"截然不同的观点："生产过程中工人阶级的再生产，并不仅仅是资本有意控制的单向过程，在'赶工游戏'的过程中，工人阶级的主动参与和对剥削的'同意'同样是资本控制工人劳动生产过程的重要方式。"的确，工作在当今的劳动中已经被物化了，工人们经历了这一过程，但这一过程是非主体性的，在不知不觉中，工人也积极地参与到了对自己的剥削之中。Andre Gorz（1980）也认为资本靠技术来控制劳动者，他指出："社会选择正以技术选择为借口而强加给我们。……资本主义的生产和交换关系已经铭刻在由资本主义馈赠给我们的技术之中。"

网络技术属于数字技术，不管是资方还是被资方所左右着的技术圈，对数字技术的追逐已经成为一种常态。数字技术的自动化功能已成为资方控制劳动者的

① 2016年7月16日，在第七届全球传播论坛上，陆地提出了这一观点.

最强有力的手段，对数字技术的狂热将其他技术予以抹杀了。当前，绝大部分用户接受了良好的教育，许多可以称为知识分子，将知识运用于生产之中，可以推动生产的腾飞，但知识分子在生产中仍然被资方所控制，由于经济资本的差距，知识分子还没有与资方进行叫板的资源。知识分子尚且如此，知识水平较低的人就更不用说了。因而在社交化阅读平台上，作为资方的社交化阅读平台仍然对生产的过程有着根本的选择和控制能力，不论用户的劳动能力有多强，社交化阅读平台实施的大规模组织化生产的手段都会将他们纳入信息资本扩张的体系之中。因而，在用户的劳动中，社交化阅读平台要做的就是如何使用网络这个新传播科技来美化劳动环境，使用户适应并学会配合该技术背景下的劳作。

将目光投入信息资本主义的技术体系中，能够很清晰地看到网络技术的权力本性。芬伯格告诉我们，在整个资本主义社会的权力结构中，占主导地位的资本家奉行着一套核心价值理念：控制与效率。通过“操作自主性”以及“有效”这两种规制，控制与效率的价值理念就被安置在技术代码之中，成为具体技术活动的指导原则，有人将之称为“技术铁令”。信息资本家正是利用这种“技术铁令”，指导整个信息生产过程，以最大限度地占有用户劳动所创造的价值。

总之，在社交化阅读平台上的知识生产和服务中，作为资方各种网络媒介通过对网络技术的掌控，将用户劳动中的价值的生产、实现过程牢牢地控制在自己的之中。而在这种情况下，社交化阅读平台的着眼点发生了巨大的变化：由提供服务获利到追求新的市场逻辑——组织知识的生产、传播与消费而获利。他们利用网络技术使属于自己的用户建立起一个基于网络平台的集成性的生产和消费系统。但过度着眼于市场逻辑，将导致社交化阅读平台过度关注利润而忽视了服务社会的一面，而过分追求利润又会使社交化阅读平台很难承担附加于网络设施上的各种社会责任。

（2）经济控制。

使劳动者服从资本主义的生产方式的，是社会经济的力量，资方对劳动者的控制往往是通过其雄厚的经济力量来实现的。也就是说，利用绝对的经济优势，资方通过一系列的技术手段，对劳动者的劳动生产过程进行控制。而在控制劳动者劳动的过程中，资方又获得了更多的资本，使自身的经济力量不断壮大。

与技术一样，资本也是一种权力。在劳动中，对资本掌握的多寡决定着权力的大小。不少学者认为，利润是资本家凭借其对于其他经济活动者的“权力”对净产出进行的扣除。此处主要站在资方对劳动者的“权力”的角度，对“资本权力”进行剖析。从这个视角出发，可将“资本权力”分为两个部分，即工资支付中的议价能力和对生产的控制能力。

新古典理论认为“工资=劳动力边际报酬”。其实，工资的决定是极为复杂的。除技术和制度因素外，工资还受到失业率的影响，两者呈反向运动，失业率越高工资就越低，反之亦然。工资与失业率的这种反向运动反映的是劳动力的供求规律，失业率高，说明劳动力充足，劳动者一旦失业就很难找到称心的工作，就会在工资的议价中处于不利地位，而资方则处于有利地位。反之，劳动者就能在工资的议价中处于有利地位，而资方则处于不利地位。但是，正如布雷弗曼（1979）等学者所说：“工资的决定还取决于技术和生产过程的组织形式。”倘若技术和生产过程对劳动者的技术水平有特殊的要求，则资本家会采用高薪的手段雇用劳动者。但如果是在“去技能化”的简单、重复的劳动中，劳动者就是失去了对知识生产率的影响，生产过程的控制权就掌握在资本家的手中。在网络空间中，用户平均的技能掌握程度不断提高，网络空间的劳动变得相对简单和重复，这个时候作为资方的网络媒介就能凭借自己的经济优势对用户的知识生产和服务过程进行控制。

其实，我们都知道，技术是有成本的，并不是不花费购买、学习成本就能掌握技术。网络技术的准入门槛较低，但是作为数字技术，要利用它来搭建可吸引用户进行劳动的平台，或生产让人鼓掌的产品，不同的人之间显然是存在着鸿沟的。因而网络技术给予了广大用户进行简单的知识产品生产的便利性，但是在更为复杂的、需要掌握高水平技术才能进行的平台搭建等劳动领域，社交化阅读平台也为人们制造了鸿沟。要缩小鸿沟，必须付出更多的成本以掌握更高水平的技术。

由此可知，技术需要成本，谁承担了相应的成本，谁的利益诉求就会首先得以满足。而如何对成本进行投资、投资多少，都由经济力量来决定，要在社交化阅读平台上进行有效的投资，显然往往只有资方才能做到，因而经济资本对用户的知识生产和服务起着控制作用，技术总是按照网络媒介的资本扩张需求来运作。故而经济资本就是权力，用户的知识生产和服务处于资方规划的信息资本积累的体系之中。对于社交化阅读平台来说，有两个压力迫使其不断寻思解决办法：一是与其他资方间的竞争让其寻思如何提高生产率和个性化服务；二是劳动阶层的抗争（在网络空间中往往表现为用户纷纷对社交化阅读平台进行挞伐，并纷纷离开资方搭建的劳动平台）使资方寻思如何加强对劳动过程的控制。在控制用户的抗争中，社交化阅读平台将在自己经营的网络平台上倾注心血，使之像机器一样能够为用户进行知识生产、传播和服务提供良好支撑，信息资本主义的生产方式由此有了适合自己生存和发展的物质基础。由于网络技术已进入千家万户，所有用户都能够进行点击、浏览、收听收看、搜索及上传知识等劳动，因而靠技术搭建起来的网络劳动平台就成为了控制知识生产和服务过程的重要武器。在网络空间中，作为资方的社交化阅读平台获得的价值多少由用户这一劳动群体提供的产品数量和质量来决定，资方靠技术平台来吸引用户不分昼夜地劳动，大大地延长了生产劳动时间，攫取了用户创造的巨额价值。此外，在经济资本控制方面，作为资方的社交化阅读平台也经常采用折扣等手段来吸引用户进行劳动。

（3）空间控制。

在研究社交化阅读平台对用户的知识生产和服务的空间进行控制之前，我们先来对福柯有关空间与权力关系的论述进行简单的梳理。在权力的洞察方面，福柯是极为令人钦佩的。仔细阅读福柯关于权力的阐述，发现其有两大侧重点，一是对权力与知识关系的剖析，二是对权力与空间关系的洞悉。此处重点对福柯有关权力与空间关系的论述进行梳理。

对于考察信息技术空间中的权力关系来说，福柯提供的理论工具具有极大的指引作用。福柯从空间框架入手，对权力的运作机制进行阐释，研究了权力与空间之间的复杂关系。福柯指出，要探讨权力关系得以发挥作用的场所、方式和技术，从而使权力成为社会批评和社会斗争的工具。① 在具体研究中，福柯（2004）选择了监狱、军营等权力关系单纯的规训（discipline）机构的建筑空间来考察空间与权力的关系。他考察了一种被他称作“全景敞视主义”风格的监狱。这种监狱的设计使监管人具备对被监管人行使管理、监视以及控制的能力。对福柯来说，监狱无疑是一种体现权力的工具。因而他依托监狱的空间概念，建构起了一个权力与空间的知识体系。按照福柯的论述，人们在设计和建造监狱这

① 谢立中．现代性后现代性社会理论［M］．北京：北京大学出版社，2004：161.

一空间的过程中已经把权力嵌入了空间及制度的安排之中。犯人在监狱中时刻被监视着，每个犯人都被安置在统治者给定的位置上，个体的任何动向都将被记录在案，权力在监狱空间中完全依据等级制度来运行。在此种情况下，监狱的空间设计目的已悄然改变，实用和美观已不是主要追求，能够对监狱内的动向实施有效的控制成为主流诉求，因而空间滑向了权力帮凶的位置。

在用户的知识生产和服务的空间纸质，社交化阅读平台等资方也嵌入了自己的权力。根据福柯的监狱空间与权力关系的相关观点，对比社交化阅读平台上的用户知识生产和服务的情况，可以对用户知识生产和服务中作为资方的社交化阅读平台的权力介入做出如下假定：社交化阅读平台借助网络技术，构建了特定的劳动平台（此处可将平台理解为福柯所谓的监狱），在数量众多的知识生产和服务平台（监狱）的设计和建设中，社交化阅读平台就把权力嵌入到了平台空间及制度的安排之中，用户在平台上的活动，都会被资方通过特定的监控手段进行监控，活动的数据都会被记录和整理在案，权力在平台上按照劳资双方的支配能力来运行。与监狱不同的是，由于用户的知识生产和服务不存在直接的强迫性，因此社交化阅读平台（监狱）的空间设计要讲求美观、要能吸引用户。

事实也正是如此，当资方利用网络这一信息技术建构一个网络平台空间时，权力已被嵌入这个空间的基础设施中：依靠大数据跟踪技术，社交化阅读平台能确切知晓用户在平台中的具体位置，这等于资方将用户放入网络平台这个类似于监狱的规训机构中的特定位置上。同时，资方通过“后台程序”这个终端使用者难以察觉的东西，建构起用户认知之外的权力监控系统，将之隐藏起来对用户进行全天候监控，在监控中将用户的行为和喜好一一记录在案。在社交化阅读平台构建的网络空间中，权力的存在也与福柯有关监狱中权力的存在相吻合，即权力应该像监狱一样不是虚无缥缈的而应该是可见的，但也应该是无法确知的。就可见来说，被囚禁者能够目睹、窥视“监狱”的中心望塔的轮廓；就无法确知来说，被囚禁者在任何时候都难以知晓自己是不是正在被窥视。资方在搭建网络平台的时候，就等于建造了一个全景敞视的监狱。也就是说，网络软件技术对资方权力嵌入用户的知识生产和服务空间起到了巨大作用。

面对用户这一网络空间中数量更为庞大的劳动群体，对社交化阅读平台中知识生产和服务过程的“空间性”分析也应该受到重视。如用户不分白天夜晚、利用碎片化时间进行生产，工作场所突破了办公室界限延伸至劳动者的家中乃至各种交通工具上等一系列现象，就应该在借助原有劳动理论范式的基础上，发展出新的理论工具。

(4) 文化控制。

作为资方的社交化阅读平台拥有巨大的文化（这里的文化主要指商业文化）资源，拥有营造文化氛围的强大力量，形成了借助文化资本力量对用户进行控制的文化权力。社交化阅读平台利用网络这个全球性的文化生产和传播体系，提升文化生产速率、缩短文化成果的流行周期，将文化纳入资本运行的商业逻辑，使商业文化成为具有高度可控性的东西。在这种情况下，用户的文化生产与消费不再是自觉的合力，而是资方有意识地运作的结果。

用户在社交化阅读平台上的知识生产和服务往往受到社会文化的影响，他们的信息生产和消费往往基于自身的信仰、风俗习惯等来进行。社交化阅读平台可以针对社会赋予用户的文化价值观念、象征意义及范式等来构建知识生产和服务的空间，使用户受到社会文化的浸染而向社交化阅读平台所期望的方向去生产、传播和消费信息。这也就是当经济资本的力量不足以吸引和控制用户进行劳动时，资方会祭出文化资本这一大旗的原因，他们想让经济通过文化资本来发力，更好地对用户实施隐形的“柔性控制”，而事实证明这种柔性的文化控制是极为有效的。

(5) 消费行为控制。

“消费即生产”这种说法在社交化阅读平台上体现得淋漓尽致，因为在现实社会中，人们的消费是为了使生产继续下去，消费并不是真正的生产。但在网络空间中，用户的信息消费如转发等行为，就是在扩大信息的波及面，使单个的信息产品裂变为若干个信息产品，因而是一种实实在在的信息生产方式。由此可说，在社交化阅读平台上，吸引了消费也就吸引了生产。在信息资本主义时代，生产与消费之间的界限已经越来越模糊，用户的知识生产和服务突破了雇佣劳动和市场关系这一旧有的劳资关系的阈限，成了信息时代资本积累的重要来源。因而与劳动一样，社会生活中的各个领域也被卷入了资本积累的体系之中，很显然，用户的信息消费也被纳入到了这一体系之中。

在探讨社交化阅读平台如何对用户的消费行为进行控制之前，首先看看什么是消费。陈启杰等认为，消费有广义和狭义之分，广义的消费包括生产消费和生活消费，狭义的消费仅指生活消费或最终消费。① 随着新兴技术的应用，社会知识生产率不断提高，人们用于现实社会中的生产时间逐渐减少，闲暇时间逐渐增多。由于网络的巨大诱惑力，人们纷纷将闲暇时间投入到网络信息的生产和消费中，信息服务产品将会越来越受到消费者的青睐，这必然让精神娱乐和情感体验等享受型生活逐渐普及，人类的消费结构得以不断升级。

在传统经济理论中，人们认为生产和消费是相互作用的，生产决定着消费，消费制约着生产，如马克思的再生产理论就对此进行了阐述。在马克思看来，消费对生产的制约作用主要体现在两个方面，即"产品只是在消费中才成为现实的产品；消费创造出新的生产的需要……消费创造出生产的动力"。② 马歇尔（1981）也认为："一切需要的最终调节者是消费者的需要。"

上述生产与消费的关系情况仅存在于工农业社会中。在互联网时代，知识生产与消费的关系发生了革命性的变化。用户上网除了将自己制作的文字、图片、音频以及视频等信息上传至社交化阅读平台上之外（这种活动称为用户生产内容），还进行着点击浏览文字和图片、收听收看网络视频、转发网络信息、搜索利用信息以及玩网络游戏等活动。一般来说，前者是知识生产活动，后者是信息知识活动。但由于网络信息产品生产过程的特殊性，使得两种活动都是知识生产活动，这也使得点击浏览图片文字、收听收看网络视频、转发网络信息、搜索利用信息以及玩网络游戏等活动也成为了生产劳动，因为用户在社交化阅读平台上的每一个行为都会被作为资方媒介所记录，社交化阅读平台会把用户的这些活动与广告商、数据库利用商家等进行交易，使这些活动商品化（这将在第五章进行详细的论述）。同时，用户在消费信息的同时，也生产出他们的象征价值或者意义，因而这种情况对商家来说是典型的生产活动。由此可说，用户的信息消费属于生产活动，这些生产活动也成为劳动。如鲍德里亚就将消费称为劳动，认为它是"对符号的积极操作"。在用户的信息消费这种类型的劳动中也存在着资方的权力控制。资方根据用户的信息消费习惯和个性需求，开辟有效的劳动空间，吸

① 陈启杰，等．中国后工业社会消费结构研究［M］．上海：上海财经大学出版社，2011：136.

② 马克思恩格斯选集（第1卷）［M］．北京：人民出版社，1972：93.

引用户劳动，并将用户消费行为转化为可供出售的商品，在出售中赚取利润。

其实，作为资方的社交化阅读平台对用户这一劳动群体的控制，已经深入到了用户的生活之中，用户尤其是年纪较轻者的日常生活因为有了网络的介入而发生巨大变化。这可以从杭州的一位用户在接受访谈时的言语窥见一斑：

> 网络技术对人们的控制是极为强大的，互联网已经成为一种家居化的存在，久而久之成为生活中的习惯，就像每天要刷牙洗脸一样。就我自身的情况来说，网络的便利征服了我，吃饭我上美团订餐、穿衣或者日常用品我上天猫及唯品会等网站选购、买房买车我上网了解和咨询、找工作我在网上投简历，晚上即使很累了我仍然舍不得睡，我不停地通过微信与朋友和家人聊天……我感觉我的生活成了网络控。①

在信息时代，人们对知识的需求是较为刚性的。鉴于社交化阅读平台与生俱来的覆盖面广、信息容量大、使用便捷、准入门槛和成本较低等优势，人们在获取信息时往往将社交化阅读平台作为首选渠道。而在利用社交化阅读平台获取信息时，往往受到它们的强有力的控制。上海的一个用户在接受访谈时，认为网络媒介在三个方面对用户的日常信息消费进行着控制，他说：

> 网络对我们日常的信息消费方式有着较大的控制作用。网络的控制手段主要表现在三个方面：一是上网时网络会附加地弹出很多信息，这些弹出的信息往往是我们不喜欢、不需要的，但我们不得不浏览一下，因为只有浏览才知道是不是自己想要的信息；二是网络媒介有“设置议程”的作用，会为我们设置相应的主题，迫使我们关注相关的信息内容，强化了网络对我们的影响作用；三是“网络绑架”。在互联网时代，出于求知、娱乐等需要，人们会情不自禁地把大量的业余时间花费在网络之中，网络成了我们生活的必不可少的一部分，每天不花点时间上网就会显得无所适从②。

---

① 受访者1，受访时间：2017年1月14日.

② 受访者2，受访时间：2016年12月5日.

总之，在互联网时代，网络技术赋予了用户信息生产和消费的权力。通过赋权，用户在知识生产和服务空间上获得了一定程度的解放，用户的知识生产和服务不受资方强迫，他们还可以利用碎片化的劳动时间随时随地进入网络空间中进行相应的活动，并可随时随地终止活动。但是，网络技术赋权是双向的，网络在赋予用户权力的同时，也赋予了社交化阅读平台权力。社交化阅读平台将权力隐蔽起来，通过技术、空间、经济、文化以及消费行为等控制手段，对用户的知识生产和服务过程实施全天候的监控和支配，由此从用户的知识生产和劳动中获取了巨额价值。在整个控制中，我们发现，社交化阅读平台对用户知识生产和服务过程的控制其实遵循着从工人控制到平台控制这一逻辑。

3. 用户知识生产和服务的未来走向

通过对“用户知识生产和服务的资方权力控制”这一主题的较为全面而深入的剖析，可以发现用户未来的知识生产和服务将会走向四个方面：

（1）被技术控制的程度会进一步加深。

前面说过，网络技术为用户提供了更为自主的知识生产和服务空间，也使用户的生产和服务手段日益多元化，但网络技术会让知识生产和服务过程越来越规范。智能化水平不断提升的网络平台会让社交化阅读平台等网络媒介控制用户知识生产和服务的手段更加隐蔽和有力。福柯的“全景敞视”监狱的理论使我们明白，技术的进步并不是加强了劳动者的中心地位，社交化阅读平台等网络媒介中起着变革先锋作用的往往是媒介而不是用户，因为设计、规划网络空间走向的是媒介而非用户，这是社交化阅读平台等网络媒介中的信息资本主义的真实写照，用户只是在社交化阅读平台等网络媒介的牵引下来劳动的，他们在狂欢至死的状态下为社交化阅读平台等网络媒介创造财富，成为社交化阅读平台等网络媒介谋求资本扩张的共犯。这里用得着福柯的一句话：“工人阶级其实是资本主义的共犯，而不是它的矛盾。”由此可知，用户的劳动被技术控制的程度会进一步加深，网络不是一个远离劳动控制的桃园般的空间。

（2）符合用户知识生产和服务市场的经济报酬将逐渐普及。

OGC 群体都有经济报酬是不争的事实，而 PGC 会获得更多的经济报酬也是必然趋势。民间也有众多的高手，在草根阶层的用户中，隐藏着不少专业知识极为丰富、创造能力极强的人，他们生产的知识产品叫好又叫卖，为社交化阅读平台等网络媒介创造了巨大的经济利益。按照用户的分类，这部分人属于 PGC 群体，目前已经获得一定的经济报酬，今后会获得更多的经济报酬。随着教育程度的提高和知识素养的提升，用户的知识生产和服务能力必将越来越强，加之用户经济报酬意识的不断觉醒（用户经济报酬的诉求已经开始显现），同时社交化阅读平台等网络媒介为了笼络人心，实现以小利换大利的目的，会给予一定的经济激励（其实目前已经有了苗头）。因而在今后，用户在知识生产和服务中的经济报酬将会逐渐普及。

（3）SOHO 一族将成为新时尚。

SOHO（Small Office Home Office）即家居办公，指自由职业者，如广告制作、自由撰稿人、音乐制作人、服装设计师等。2003 年以后，我国越来越多的人辞职开“淘宝店”，使得自由职业者的队伍越来越庞大。自由职业者不隶属于任何组织，他们是独立工作的人，不向雇用的人做长期的劳动承诺，也没有国家规定的社会福利。

当前，自由职业者的称呼发生了改变，人们呼之为自雇用人士。在社交化阅读平台等网络媒介中，威客（the key of wisdom）是最早的自雇用人士，这些人自己做自己的老板，偶尔找找帮手，也会时不时给帮手些许酬劳。威客通过网络把自己的知识、智慧、经验和能力进行出售，换取经济收益。长期以来，威客自己生产产品，但是它们的产品和服务这两个东西一直较为模糊，这直接限制了威客的获利。随着网络技术的普及和深入发展，产品和服务这两个要素日渐活跃起来了，威客生产的有价值的产品，社交交化阅读平台等网络媒介等商家会争相购买，加之国家对互联网企业注册的准入门槛不断降低，威客的自雇用完全成为了可能。此外，在中国，一代人比一代人的创业意识更强，正如一个段子所说：

“60 后”：要么狂工作，要么不工作，狂工作是为了尽早不工作。

“70 后”：工作狂基本上都是 70 后。

“80 后”：拒绝加班！

“90 后”：拒绝上班！

"60后"：吃饭时，喜欢坐在老板对面。

"70后"：吃饭时，喜欢坐在老板旁边。

"80后"：最好别坐在老板旁边，那样才无拘无束。

"90后"：我是老板！

以上这些条件为自雇用筑牢了平台。自雇用有经济报酬，有人追捧，又有创业的政策和条件，因而可以预见的是，网络空间中的SOHO一族将成为新时尚。

需要特别指出的是，现在有一种比较流行的观点，就是在网络媒介的长期的隐形的操控中，用户会慢慢地变成"社畜"。在《我们孙辈的经济可能性》这一著作中，凯恩斯预言21世纪，人们一个星期只上15个小时的班，这意味着每星期只工作两天，休息时间达到五天。在这种情况下，人们面临着一个真实、永恒的困境——如何打发休闲时光。随着信息技术的进步，人们花在工作上的时间呈现出逐渐减少的趋势，因而关注人类如何打发休闲时光的人越来越多。尤其是在互联网时代，人们的工作时间更少，且工作除了生产物质产品外，更多的时候是在生产身份这类产品。也学对于低技能、低收入者来说，工作是谋生的必然手段，但对受过较高层次的教育、有着较高技能素养和收入的人来说，工作变成了一种身份的象征和认同，一种不断超越自我和他人的体现，也就是人们常说的"拜工作教"——对于经济产出来说工作是必要的，同时工作也是身份和人生的重头戏。所有人都会相信，富裕的人可以比贫穷的人工作更少的时间，因为他们负担得起相应的开销。这也是为什么在工业革命时期，欧洲富人们歌舞不停，农奴劳动没有尽头的原因。不过现在有点意思的是，富裕的人有了时间，或许就不停地加班工作，以保持并扩大其富人的身份，然而很多穷人却不难拼命，抽出时间来玩乐。这是在现实社会中常有的现象，而在互联网空间之中，无论是穷人还是富人，都会花费不少的时间去上网，或者是为了获取知识，或者是为了寻求娱乐，又或者是为了构建某种身份认同。在网络这一虚拟的空间之中，人们可以收获很多知识和成就感，也可以扮演多重角色，因而很多人不分白天夜晚地在网络空间中劳作。社交化阅读平台正是瞄准了这一点，才积极为用户开展知识生产和服务的空间，让他们不知疲倦地生产、传播和分享知识，并以此获取巨大经济利益。而用户也因为能够在参与中获得知识、获得娱乐、获得归宿感，因而也就忽略了社交化阅读平台（资方）的控制，以狂欢的姿态投入到知识生产和服务之中，成为典型的“社畜”。

第四节　社交化阅读中知识服务的路径

在社交化阅读平台的知识服务中，用户是主流的参与群体，他们在网络这一流动的空间之中生产着这样那样的知识，提供着多种多样的知识服务，并在长期的知识生产和服务中形成一个个的社群，以更大的力量、更为有效的方式为社交化阅读平台上的知识生产与服务做贡献。同时，我们也要注意到，用户除了是知识生产和服务的提供者以外，还是社交化阅读平台提供知识服务的对象。只不过在社交化阅读平台的知识服务的对象中，用户是多种多样的，如个人、团体、组织和企事业单位等。在提供知识服务时，社交化阅读平台可以采用以下路径：

一、克服知识服务中拥抱用户的偏差

众所周知，社交化阅读平台在不遗余力地追逐用户，然而很多媒体由于在用户画像方面不成功，因而他们渴望拥抱用户，但是很拥抱得到。也就是说，尽管社交化阅读平台在经营管理中进行了充分的策划和布局，但平台推出的内容对用户来说却是失焦的。对于这一点，可能有人会持怀疑态度，因为在数字化时代，借助大数据和算法等技术，将传统媒体时期抽象的受众（理论上来说人人都可以是受众）变成具体的用户（实施精准营销），故而找到属于自己的用户应该不存在多大的困难。然而结果却常常事与愿违，想象中的用户与真实的用户还真的存在着较大的差距。

在李普曼看来，我们头脑中的世界与现实图景是有区别的，与此相同，我们头脑中的用户与现实的用户的关系也何尝不是如此。在社交化阅读平台的经营管理中，对于用户的想象和拥抱关乎平台的成败。对于平台来说，在知识服务中都会考虑几个问题，如我的用户是谁、对用户来说我推送的知识为什么是很重要的、在我推送的知识之用户会对什么最感兴趣、我如何在知识推送的过程中与用户进行充分的交流等。然而对平台来说，这些问题的答案往往都是出于自己的想象，因为很难将这些问题直接抛给用户，而平台往往在自己想象的答案的基础上

来思考知识服务的推送，如推送哪些内容、用什么样的形态来推送等。这就难免会在知识服务中出现偏差：用户可能真的不喜欢推出的内容，更何况还要找到潜在的用户。在网络空间中，用户的需求是多种多样的，他们的知识消费也是流动性的，不少人一会聚集在这个平台，一会聚集在那个平台，带有随机性和随意性。这说明社交化阅读平台的环境是复杂多变的，媒体很难在短暂的时间之内捕捉环境的变化，只能采取常规的方法——先按照惯例推送信息，等用户流动趋势变得明显之后才做出调整。然而，但流动趋势较为明显时，很可能就因此失去大量的用户。

用户的数量尤为庞大，对用户进行分类已实属不易，更不用说去揣摩他们的动机了。但对于社交化阅读平台来说，用户就是其生存的黄金资源，没有用户，媒体也就会消失。因此克服知识服务中拥抱用户的偏差，让用户成为看得见、摸得着的“产品”就成为社交化阅读平台的头等大事。毫无疑问，社交化阅读平台在知识服务中会对用户存在着想象，但这种想象并不是肤浅的刻板印象，它们对用户的想象应该是基于已有的理性读者这一群体来展开的，用户定位准确了，推出的知识就能迎合他们的需求，知识服务就是成功的。据此可知，社交化阅读平台的知识服务目标不应该定位在寻求更多的用户方面，而是应该寻找正确的用户群体，这个用户群体应该成为社交化阅读平台知识服务决策的关键。

在内容的推送中，要牢记一个原则，即知识对用户的重要性远远大于对平台的重要性，且推送的知识要有一定的影响力、要有社会意义。这就需要注意两个问题，一是推送的知识是用户需要的、喜欢的，二是不能一味地迎合用户而推送一些刺激性、庸俗性的内容，要学会在知识的趣味性和意义之间寻求平衡。也就是所。社交化阅读平台担负着为用户服务和为社会服务双重责任，它们既要讲用户爱听的故事，又要讲好社会的故事，使用户在知识消费中获得满足感、愉悦感、成就感，也能够让社会获得愉悦感。

在传统媒体时代，媒体往往不愿意在受众方面下多大的功夫，因为在那个时候，受众处于弱势地位，媒体刊登什么、播报什么，受众就接受什么。因而很多媒体会这样认为：我们的报刊迈出了十万份、我们的广播电视的受众有五千万，但我不知道他们是谁，也没有必要去知道。甚至有人会无知地说：我如果要去弄清楚我的受众是谁，弄清楚五千万受众的动机和感受，我这个媒体就不要办了，因为它会停滞不前。按照这种说法，我只管我的报道就行了，怎么报道都会有支持者，受众是变动不居，不可捉摸的，没有必要去刻意追求。然而受众真的是会自然到媒体的碗里来吗？倘若如此，为什么会有一些传统媒体广受受众的追捧，而一些却门可罗雀呢？

无论是什么样的媒体，研究受众是必不可少的，传统媒体缺乏有效的互动，尚能吸引到一部分受众，但他们依靠那一部分受众，是不会有发展前景的，更何况受众会流失。而对于网络媒体来说，吸引用户、为用户奔走就成为必不可少的环节，因为用户的远离意味着媒体的消逝，很多传统媒体的停办或者被合并已成为警示钟，新媒体的江湖比传统媒体要复杂很多、水要深很多，它们面对的是数量更为庞大的用户，需要将产品进行包装后变现，对它们来说，用户的作用更为巨大。

前面已经说过，很多人认为在数字媒体时代，人们利用大数据和算法等技术能够有效找到用户，遗憾的是这并不是真实的。虽然利用众多的用户画像技术，将科学的真实性置于传统媒体时期的受众想象的模糊性之上，但由此引发媒体关注流量、阅读量的心理和行为，并将其视为产品是否成功的关键要素。然而，阅读量和流量高的产品并不意味着其质量就高，不少优质的稿子只能吸引特定领域的用户，因而看似流量不大，但有可能代表着高比例的用户群体，而流量大的也有可能是数量不大的用户群体反复点击形成的。这就说明，社交化阅读平台完全依靠数据分析来运作，这其实是一件比较危险的事情，因为如果只想要点击量，就可以提供一些庸俗的内容就足够了。其实，统计数据的飙升也可能意涵着技术变革后的负面效果，一些流量是被连接到拥有大量用户的平台早取得的，这也是很多媒体专门分析原始数据的价值的原因。此外，即使在大数据等技术的利用日益广泛的今天，媒体对用户的判断仍然存在着较大的偏颇，原因在于媒体往往只关注用户的行为，而不去分析他们的情感动机，因而只是关注动作同质化的用户，不去重视陌生人的意见和需求，使得数据跟某些收视率一样不被大家认可。

面对这种情况，社交化阅读平台应该将想象的用户具象化。要实现这一目标，就要做到以下几点：一是清晰地找到自己服务的用户群体，综合数字技术、既有经验、原始数据等来找寻自己的用户；二是量化媒体的目标用户群体，不仅仅依靠点击量等来评判产品的好坏，看自己的工作是否真正触及这一群人；三是进行有价值的用户细分，认真做好知识付费等业务；四是扩大用户定位的圈子，不局限于同龄人、同一社交圈子中。

总之，大数据、算法等根据描述的不是人，而是数据；平台只注重用户的行为而不注重情感；平台并不需要一味地迎合用户，而可以融入用户的需求并培养用户的习惯；要用互联网思维而非传统媒体的思维来经营用户。一句话，社交化阅读平台应该高度关注想象中的用户与现实用户的契合度。

二、在内容推送上做文章

对于社交化阅读平台来说，内容推送是仅次于用户定位的第二大事项。在知识服务中，推送什么样的内容等于讲什么样的故事，用户爱不爱听，就看故事是否能够打动他们的心。众所周知，社交化阅读平台上的知识良莠不齐，内容杂糅，应该对不健康的东西进行清理，大踏步地做健康的内容生产。实事求是地说，在媒介融合的大潮中，社交化阅读平台聚集了各类媒体的优势功能，在引入超媒体技术和超链接功能后，社交化阅读平台中的内容结构变得较有柔性，可以是碎片化的图文、也可以是碎片化的音频视频，且相互之间可以随意插入，知识可以在不同的媒体之间随意流动。随着内容形态的边界的不断模糊化，经营者能够较为自由地整合相关的内容以适应媒介生态的变化。那么，社交化阅读平台如何做好内容推送这篇文章呢？总的来说，可以从以下几个方面去努力。

1. 让知识具有故事感

在以注意力为核心资源的今天，让推送的知识具有故事感，就能吸引更多的用户去关注。可以说，讲故事已经成为知识服务的一个关键词。作为资方的社交化阅读平台，既是知识的汇聚者，也是故事的讲述者。有了讲故事的意识，就会在知识的推送中想方设法去做一桌像样的饭，在众多的知识中挑选有亮点、符合用户口味的知识；有了讲故事的意识，就具有策划意识，就能够在推送知识前寻找到好的线索和主题；有了讲故事的意识，就能够做到在知识推送中不跟风、不盲从，如大家都推送大酒店的美食，自己可以去推送乡村风味，在内容同质化的大背景中找到一股独到的内容源泉；有了讲故事的意识，就能够找到知识的附加值所在，面对激烈的竞争，想要经常推出饱含新意的内容，已经比较困难了，平台可以将知识进行更好的整合，以发挥其附加价值；有了讲故事的意识，就能够推出较有体系化的知识，告诉用户这是关于什么的知识，其背后的关联性在那里，给出更多有利于用户理解和学习的细节；有了讲故事的意识，就能够提供令人印象深刻的知识，而不是标准化的数字信息。

2. 注重内容服务的多维度性

大数据、算法推送、云计算的技术等为社交化阅读平台较为有效地推动知识提供了支撑。需要指出的是，社交化阅读平台在提供知识服务时，往往只关注用户的个性化需求，认为单凭个性化服务就能收割用户。事实上，很多用户都拒绝成为韭菜，很多人在浏览、收听收看某些知识产品时，并不是因为他们很喜欢这些知识产品，而是在某个较为短暂的时间内的需求，甚至是不小心或者出于临时的好奇点击到的，如果媒体平台就以此为依据推送相关的知识，反而会引起用户的反感。同时，个性化服务养刁了一大群人的口感，他们已经不是寻求知识那么简单了，而是有了极端化的信息消费欲望。面对这种情况，社交化阅读平台就应该试着提供多维度的知识服务，而不是一味追求个性化。如 TwitchTracker 平台，打破了自身一直以游戏为直播内容的形式，提供了体育、音乐、心理辅导等多方面的内容，让平台更受用户欢迎，这给我们一个启示，那就是垂直领域的社交平台完全可以走出圈地自萌的路子，走上多元化知识服务的大道。

同时，在多维度的知识服务中，社交化阅读平台还要学会用用户喜闻乐见的媒介形态表达出来，也就是说，在知识服务中，社交化阅读平台还要学会走“技术多维”的道路。在追逐个性化的过程中，很多网红在生产知识时，会借助技术将自己的特质放大。然而久而久之，这些做派逐渐被用户所抛弃，认为他们千篇一律，靠“下贱”的身体叙事来赚取眼球。其实，无论是网红还是某件事情，用户关注的不是其本身，而是隐藏于其后的更值得深思的社会原因。正因为如此，靠夺人眼球的喧闹获取利益，其道路不会长远，只有在技术的支持下，发布一些有价值的知识，通过多媒体的形式，动态地、立体地展示其迷人之处。

此外，在多维度的知识服务中，社交化阅读平台还要处理好内容和流量的关系。在较长的一段时间中，社交媒体上的内容推送都以流量为中心，被称为审蠢时代的“自毁式”营销。在用户需求日益多元化、知识付费逐渐普及的今天，流量的迷思已经没有多久的保质期了，在知识服务中，社交化阅读平台需要将流量和内容的多元化结合起来。想必大家都还记得“乔碧萝殿下”以真面目示人而吓傻用户那件事情，一向遮挡头部的乔碧萝，在直播中堪称吸金大王，然而其在与另一位主播 PK 中，由于软件故障，乔碧萝的素颜暴露在广大用户面前，由于美照和素颜之间的巨大反差，着实吓蒙了粉丝，乔碧萝也因此一下子从天堂掉入地狱，成为众人嘲讽的对象。然而令人觉得奇怪的是，“头像 bug”事件并没有让乔碧萝的粉丝出现大逃离的现象，反而有更多的人来关注她，登上了斗鱼热搜榜。后来乔碧萝声称，“头像 bug”事件是其与经纪公司一起策划的，目的是要让萝莉变大妈，以卖蠢的方式收割更多的用户。对此，有人认为这一说法不过是乔碧萝弥补自己丑态的公关方式而已。但这也说明，饱含审蠢的“自毁式”营销能够在短时间之内博取大量的眼球，获得巨大的流量。众所周知，很多平台像乔碧萝一样，靠着黑粉提升知名度，然后再进行洗白，以巨大的流量进行变现。但这种做法使不能持久的，毕竟审丑只是用户一时的心态，一旦用户厌倦这种形式，靠露丑挣流量吃饭的平台，将会黯然离场，无论之前是靠什么起家的，社交化阅读平台都要及时抛弃审丑路线，走上靠有价值的知识来圈粉的康庄大道，积极提供多元化的内容，让用户为多元化的内容买单，买到永久。

3. 杜绝容易引起极端化情绪的内容

全世界都讨厌极端情绪，可社交平台保持中立这件事并不容易。在提供知识服务时，社交化阅读平台要坚持向善、公平、开放、共享的理念，远离色情、暴力、仇恨和阴谋，消除平台上的极端情绪，以摆脱平台的巨大隐患。

三、筑牢服务平台

1. 聚合多种资源搭建知识服务平台

当前，我国已经有众多大型的数字化知识服务平台，不少社交化阅读平台也正在向大型服务平台迈进。经过较长时间的运营和管理，不少平台已拥有较为成熟的团队，有较为宽广的市场和较为多元化的盈利模式，已具备了集约性规模效应。随着移动通信、社交媒体的发展，社交化阅读的发展更是顺风顺水，很多新兴的社交化阅读平台纷纷涌现，社交化阅读的市场竞争日趋激烈化，为了打败对手，不少平台拼尽全力出新招、走新路。然而，有对手是不是就意味着一定要竞争？其实也未必，现实社会中的书店经营都可以实现联合，数字化空间中的阅读更能够实现纵横捭阖。以期刊数据库为例，龙源期刊在2008年推出了十八种模块的个性化网站，供有合作关系的两千多家期刊社使用，让建设网站有困难的期刊社找到了数字化平台。这是龙源数据库的经营策略，不过当时却遭到了不少人的质疑，认为各期刊社一旦拥有自己的网站，就不会再使用龙源了。然而事实证明，龙源的整合营销是成功的，这一整合实现了资源共享，达到了双赢的效果。

由此可知，有实力的社交化阅读平台在经营好自己的业务的同时，也要积极想办法开展整合营销，实现专卖店的销售和超市的销售并举的目标，只要其他的社交化阅读平台愿意去经营你给他提供的模块的业务，它们就会和集成性的平台合作。在各社交化阅读平台都在致力于打造自己的内容投送平台、都在寻找良好的合作模式的今天，有实力的人社交化阅读平台能够提供新路，让那些实力相对较弱的社交化阅读平台能够借船出海，显然是一件皆大欢喜的事情。话又说回来，即使没有大型的社交化阅读平台来为实力相对弱小的平台提供出路，各个势力相对弱小的平台也可以寻找到合作模式，实现“搭伙借宿”的目的。不过倘若有大型平台可以提供合作渠道，实现独立饭馆和美食一条街的合作关系，是极有价值的。因为形成这样的关系，各社交化阅读平台都能够找到自己的发展空间。其实，各社交化阅读平台相互合作、借势发展是数字化时代的必然趋势。也许有人认为，社交化阅读被某些极具实力的技术公司所垄断，整个阅读行业尤其是传统媒体阅读的行业将会面临困境。这种说法是有偏颇的，因为在当前，国家大力提倡“全民阅读”，力争不断提升国民的文化素养、不断提升国家的文化软实力。在推动阅读活动的数字化、社交化转型中，技术公司起到了拓荒者的作用。数字化、社交化阅读是全国的重大事情，谁能经营好，就应该让他（她）放开手脚去干。就当前的社交化阅读的运营来看，无论是从内容的规模和深度来说，还是从知识的加工水准来说，抑或从平台的阅读体验来说，都还有极大的提升空间。也就是说，已有的社交化阅读平台的存量知识资源以及新增的社交阅读平台的增量知识资源，都还没有达到数字化、社交化技术的期望：资源足够丰富、知识生产和服务体系极为完善、读者（用户）的阅读体验得到空前的满足，社会效益和经济收入皆丰收。这也意味着社交化阅读平台的集约化经营还有很大的空间，所以积极走内容与技术共生、优势互补、协同发展的道路，无疑是社交化阅读当前运营的重要路径。需要指出的是，这里强调合作共赢，并不是否认差异化的竞争策略。一直以来，品牌的差异化是产品得以成功的重要因素，也是社交化阅读平台出奇制胜的关键所在。无论是自己经营还是联合经营，都必须注重纵深挖掘自己的优势资源，实现在合作中有差异，在差异中实现合作投送的目的。据此可以说，社交化阅读平台的建设和发展，不是靠几分钟的热度，也不是面子工程，必须谋全局，走好品牌化和合作化的道路，在找到适合自身发展的路子的同时借力其他平台，稳扎稳打，不断前进。

2. 面向终端用户把好知识服务出口端

在聚合多种资源，搭建起知识服务平台后，社交化阅读平台要积极打造知识服务质量体系，走向纵深的发展阶段。不可否认的是，社交化阅读平台的内容锻造是第一步，一切知识服务都是在拥有内容的基础上推进的。然而，社交化阅读的知识服务是举国关注的事情，是一种惠及所有民众的领域，平台的建设是针对上游资源的，而具体的服务却是面向用户的。社交化阅读平台这一知识服务空间需要借助移动通信、社交媒体等各种技术，打造个性化、智能化的知识服务体系。从本质上来说，社交化阅读平台上的知识服务是以数字化知识的生产和投送为基础的，其包括知识的生产与再生出，知识的获取与储存以及知识的投送与传播等多个环节，但其最终的目标都是指向用户的知识需求的。

在社交化阅读平台这一知识生产和服务空间中，要将知识推向用户这个终端，就要了解用户的需求。毫无疑问，在今天，用户的需求具有个性化、多面化、时代化等特征。因此社交化阅读平台的知识生产，从一开始就要接受用户的检验，而要经受住用户的考验，就要提供优质的、多元化的以及充满体验感的知识。同时，网络等新兴的传播科技是社交化阅读平台的知识服务的重要手段，通过交互式技术，信息能够迅速传到用户面前，并让他们进行互动化分享。此外，既然是知识服务，那么社交化阅读平台就应该把“服务”看成核心，对现有的知识资源进行充分的挖掘和整合，搭建起知识的搜索、再生产系统，以达到根据用户需求，为用户提供解决问题的知识，并多层次传播知识以实现平台知识的增值，同时还要引导用户参与知识生产和服务之中，依靠广大用户的力量来实现更为多元化的知识生产与服务，形成内容丰富、规模庞大、智能程度高、融合性强、生产和服务体系健全的阅读平台，不断提升用户阅读的满意度。

3. 搭建泛在化的知识服务网络

从整体上来说，社交化阅读平台应该积极加入泛在化的知识服务网络的构建之中，以共同理顺处于失序中的互联网知识服务体系。当然，构建泛在化的知识服务网络，既需要所有知识生产和服务平台的共同努力，也需要每个平台的拼搏。就单个的社交化阅读平台来说，要构建相对泛在化的知识服务网络，就要在数据库搭建、全媒体发布以及知识点链接等多个方面下功夫。就数据库搭建以及全媒体发布来说，社交化阅读平台要根据用户的知识获取是碎片化、无序化的情况，将这些凌乱的知识进行集成，搭建起朋友圈知识、主页成效知识、业务知识和个人知识等多个知识服务数据库，并让他们与适合自身传播形态的发布渠道相结合。在知识点链接方面，社交化阅读平台可以借助品牌社群来实现精细化的知识链接，抛弃话题引导模式，以用户 IP 为中心，为用户参与决策提供足够的空间，以此打造网络知识服务社区，达到提升知识链接紧密度和知识用户知识贡献度。

此外，在搭建泛在化的知识服务网络方面，社交化阅读平台要考量用户的分众化需求的情况，利用大数据、云计算、VR 等技术，营造起全方位、立体化的知识感知环境，提升知识服务的到达率，为用户提供充满体验感的服务。

4. 营造沉浸式场景，为用户提供更好的服务体验

“知识服务的本质是在一个特定的场景下，以简单直白的方式向客户提供专业的知识内容，为其提供可持续的价值体验”。① 据此可知，知识服务的关键是要提供具有较高的体验感的知识产品，因此社交化阅读平台上的知识服务场景的打造就显得十分重要。

其实不只是社交化阅读平台的知识服务，在整个互联网空间之中，信息（知

---

① 魏艳华．人工智能：开启知识服务新业态——访方正阿帕比出版业务和海外业务总经理李宁［J］．中国报业，2019（15）：32.

识）服务的场景化已成为一种不可逆转的趋势。场景成为互联网空间知识生产和传播中的重要组成要素，其蕴涵着时间、空间、行为和心理等各种要素，体现了是移动化、社交化网络空间中的新维度。社交化阅读平台搭建知识服务场景，目的是要使知识服务走上场景化道路。所谓场景化，是指“在一定时空中，由于移动互联网与社交传播而被凸显与强化的人性需求及其被满足的过程”。① 社交化阅读平台的知识场景服务，其实是一种针对特定的时间、特定的空间、用户特定的心理状态和需求所开展的知识服务活动，其核心在于通过各类社交媒体、大数据、各种设备、传感器、云计算以及定位系统等新兴传播技术，精心捕捉用户的需求和心理状态，构建特定的信息消费景观，实现知识的精准化定制与推送。在这种情况下，社交化阅读平台应该树立“场景化”思维，深入研究用户在知识服务中的生态位，了解他们在场景中的知识消费需求，为之提供有针对性的知识服务。需要指出的是，用户的知识需求并不是固定不变的，而是经常变化的。面对用户动态化知识需求，社交化阅读平台如何根据用户的心理变化精准地推送知识，是知识场景服务中需要重点思考的问题。据此可知，知识场景服务包括发现用户需求、创造用户需求和满足用户需求等三个环节。要发现用户的知识需求情况，就要建立多渠道的信息感应与反馈系统，让系统自动感知用户的知识需求，并将用户的知识需求与数据库中的知识和场景进行自动匹配和绑定，并积极生产与此相适应的知识产品。要创造用户的需求，则要借助大数据技术，不断搜集、挖掘用户在日常生活中的信息消费情况，将用户经常消费的零散知识整合起来进行分析，梳理用户知识需求的领域和类别，为用户画像，并据此搭建需求场景，激发用户表达需求的欲望，并根据用户表达需求的情况研判用户潜在的需求，以此创造和引导用户的需求，并生产相应的知识产品。要满足用户的需求，就需要将 LBS 技术、算法技术等结合起来，为用户进行场景匹配，推送相关的知识产品，并与用户进行即时互动，实现知识的增值服务。

四、走产业发展道路

社交化阅读平台是在互联网的基础上诞生的，在“互联网+”的大背景下，

① 罗伯特·斯考伯，谢尔·伊斯雷尔．即将到来的场景时代［M］．赵乾坤，周宝曜，译．北京：北京联合出版公司，2014：11.

社交化阅读平台的知识服务业应该力互联网，走“知识+”的发展路径，走出一条独具特色的产业化道路。有鉴于此，我们需要借助产业发展理论来助推社交化阅读的产业化发展。也就是说，在社交化阅读产业化发展的过程中，我们需要对其发展态势、发展规律展开深入的研究，为相关决策部门、相关的运营者提供服务，使他们能够根据社交化阅读产业在各个发展阶段呈现出来的特定情况，采取有针对性的政策和措施，助推社交化阅读产业的发展。

我们都知道，在社交化阅读产业不断发展壮大的过程中，其产业结构是不断变化的，主要呈现出由简单到复杂、由低级到高级的演化态势。而在产业结构的演变中，社交化阅读的产业链得以不断延伸和完善。区域分工理论以及产业结构演变理论共同构成了产业理论。就区域分工理论来说，其主要采用区域分工这一视角，研究城市在区域中的发展潜力及其优劣势，由此得出城市在相应的区域发展中所扮演的角色和应该发挥的作用，并根据这些因素来思考城市的产业发展出路，走出“就城市论城市”的产业发展困境。区域分工理论主要有亚当·斯密的比较优势理论和大卫·李嘉图的相对优势理论。均涉及资源分配及利用，以及产业分工等问题。在产业结构演变理论看来，随着人均收入的不断提高，产业会从第一产业向第二产业、第三产业迈进，随着时间的推移，较低级别的产业在整个产业中所占的比重将会逐渐下降，而新兴的产业所占的比重将会不断上升。

在社交化阅读中，产业理论有着巨大的价值，因为社交化阅读已然成为一种产业，而且属于一种新兴产业。它诞生于农业、工业之后，与餐饮、旅游等一样，成为服务业中的重要产业。此外，由于区域之间、城乡之间的网络普及率、网络基础设施的完善情况存在着较大的差异，再加上现在的社交化阅读针对发达地区和城市用户所占的比重更大，因而社交化阅读这一新兴产业也存在着相对优势和绝对优势之分。就当前来说，城市尤其是一、二线城市的社交化阅读发展较快，而广大乡村尤其是西部乡村的社交化阅读的发展则比较缓慢。理论上来说，互联网技术能够突破时空的限制，能够填平城乡社交化阅读的技术鸿沟，为乡村带来跟城市同样丰富的社交化阅读资源，并培养一批数量庞大的用户。但就当下来说，要实现这一目标，显然还要较长时间的努力，毕竟网络基础设施的完善、用户阅读素养的提升还有待时日。需要指出的是，在社交化阅读时代，知识生产和服务的工业化特征比较突出——标准化生产、规模化运营、个性化推送，使得整各行业的产业化发展趋势更为明显。这当然有利于整个社交化阅读的发展，不过也带来了过度追求商业化的趋向，社交化阅读平台推送的内容同质性较高，知识本身的创造性光环逐渐暗淡，信息需求的个性化特征逐渐被淹没。由于社会大众参与到社交化阅读平台的知识生产与服务之中，使得知识产品的质量良莠不齐。然而社会大众参与知识生产和服务，也不意味着知识产品的品质会被拉低，从整体上来看，社会大众加入后，知识产品的生产呈爆炸性增长，优质知识产品的数量也在攀升，很多平头百姓生产的知识产品因具有其优质的知识意涵而广受追捧。据此可以说，社会大众参与到知识产品的生产和服务之中，不仅提升了社交化阅读的覆盖率，也在提升广大用户的文化素养方面起着较大的作用，如果积极引导城乡的社交化阅读走好产业化这步棋，社交化阅读的发展前景将会更为广阔。具体来说，社交化阅读的产业化措施主要有以下几个：

1. 打造较为完善的阅读生态系统

要打造较为完善的阅读生态系统，社交化阅读的经营者就要学会与其他的知识生产、服务等主体合作——寻求优质的内容提供商（包括各类个体创造者、出版公司等等），采用体验性更强的阅读设备，打造更人性化的 App，吸引生产、服务能力更强的用户加入进来。同时，积极与在社交化阅读领域深耕多年的商家合作，力争形成优势互补的友谊关系。这样一来，就能在内容、产品形态、版权、同行及用户之间获取丰富的资源，形成科学的产业链，从而打造较为完善的阅读生态系统。

2. 形成社群效应

形成社群，是互联网产业发展的重要目标。社交化阅读要想在产业化道路上有所作为，就要积极构建自己的社群，达到打造平台整体社群的情况下，在众多的阅读栏目中也形成特有的社群，以发挥平台的社群效应。要形成社群，优质的内容和有效的互动是必不可少的。就互动来说，用户在阅读中加强互动，能够实现深度阅读，同时也能够在交流沟通中形成各种社交网络，从而吸引更多的用户开展阅读活动。一旦有一定规模的用户经常在平台上开展阅读活动，社交化阅读平台就能够将他们的碎片化的阅读缝补起来，形成体系化的知识，进一步激发用户的阅读兴趣，增加阅读的深度，并使用户在阅读中的沟通交流更为频繁。而社交化阅读的经营者则可借此聚合更多的优质知识，并进行有针对性的推送，以形成和不断壮大社群，为发展社群经济铺平道路。

3. 构建“一站式”的产业链模式

与传统阅读的产业链模式相比，社交化阅读的产业链模式更具优势。就传统阅读来说，其产业链是作者先把文本生产出来，再交给编辑进行把关和加工，编辑完毕后再去出版，最后才到发行（推送）环节，因而知识生产的线性特征尤为明显，这也使得整各产业呈现出线性分布的态势。而就社交化阅读来说，其产业链是非线性的、立体化的，各商家（含平台创建商、技术提供商、内容供应商、渠道运营商等）以及用户都聚集于平台之上，随时随地开展知识生产和服务活动，知识的加工和发布也有巨大的灵活性，各相关主体都能在特定环节上寻找到自身的利益，因而社交化阅读的产业链是立体分布的，在各参与方的互动中，社交化阅读的产业链将会不断增值。

在用户成为社交化阅读平台的黄金资源的今天，各商家都围绕着用户这一资源来获取利益。不过需要指出的是，虽然众商家都能够获得利益，但由于渠道运营商在整个产业链中的位置比其他商家更为有利，其获取的利益也就更多，但其他商家所投入的成本也不小，长此以往将会因为利益分配不均而使平台的合作商之间出现裂痕。要解决这一问题，就需要搭建“一站式”的产业链模式，使平台能够在为用户提供优质服务的同时，积极开展多元化经营，形成良好的利益共享生态，以在不断平衡各方的利益中形成联动效应，让用户获得优质知识和充分的体验，并以狂欢的姿态投入到社交化阅读平台的知识生产和服务之中，不断为社交化阅读平台买单。谈到社交化阅读平台的多元化经营，也许有人觉得比较困难，其实这种担忧是没有必要的，因为在今天，IP 产业越做越大、越做越强，社交化阅读平台可以积极加入 IP 的孵化、开发之中，以获取优质的 IP，并在变现中获得红利。在 IP 的运营方面，社交化阅读平台的运营商可以和技术提供商、内容供应商等商家联合，根于积极设计、开发与 IP 相关的衍生产品，如影视、动漫、话剧、音乐、游戏以及周边等，然后根据用户的具体需求，为之推送个性化的 IP 产品。这样一来，社交化阅读平台的多元化经营也就能实现了。更为重要的是，由于能够享受特定的知识服务，用户也会对平台产生忠诚度。同时，在用户的参与下，平台 IP 产品的知名度以及价值也会不断提升。而一旦形成了多元化的经营，社交化阅读平台上的“一站式”服务模式也就形成了。

需要特别指出的是，要打造“一站式”产业链模式，社交化阅读平台的经营者除了要有原创性的、比较优质的 IP 资源以外，还要分板块搭建出与用户的需求相一致的知识服务场景，并将各个分场景巧妙地融入整个社交化阅读平台的场景体系之中，让用户在享受整体消费场景的同时能够在各个分场景之中进行随意的切换，由此提升知识产品生产和服务的匹配度，提升用户对知识产品的接触、选择和使用的效率，为多元化的产品运营奠定基础。剧场可以说，“一站式”的产业链模式，能够优化社交化阅读平台上的资源配置，也能够降低各商家的成本，能够提升用户的使用率和忠诚度。不过“一站式”产业链模式牵涉的商家较多，需要各商家进行精心的沟通与设计，实现以“知识供应链”为核心，以知识的精准对接为抓手，以促进社交化阅读产业的而发展。令人振奋的是，社交化阅读各商家之间的合作正在加深、用户和市场规模不断扩大、知识产品的数量呈井喷之势，在利润、场景体验等因素的诱惑下，知识产品的生产、聚合和服务正在如火如荼地进行，社交化阅读平台上的知识变现渠道越来越宽广，“一站式”产业链模式的打造条件已经成熟。

4. 走“互联网+知识+服务”的产业化道路

包括社交化阅读在内，互联网空间中的所有阅读活动，都是在互联网技术的赋权下诞生的，因此死死抓住互联网这一新兴的传播技术，走“互联网+”的道路，方能获得成功。“互联网+”的大背景抓住了，接下来就要抓具体的项目，那究竟要通过互联网来加什么呢？就社交化阅读来说，无疑就是要加知识和服务。也就是说，社交化阅读平台要走“互联网+知识+服务”的产业化发展道路，才能不断获得经济利益。在知识方面，社交化阅读平台要将知识生产作为核心环节。在服务方面，知识生产出来后，社交化阅读平台要将之与相应的场进行匹配，采用多样化的形态将知识推送给用户。众所周知，为用户服务是社交化阅读经营管理的首要思维，只有服务好了用户，才能赢得用户，然后才能获得利益。

往更宽泛的方面来说，服务是社交化阅读的运营商应该坚持的人文情怀，将服务用户看成是构建用户与社会之间情感桥梁的重要途径，合理利用用户思维，辅以场景思维，将“互联网+知识+服务”铭刻于社会各界人士的心中，构建用户、社会和媒体多方互动的服务渠道，以不断提升平台的知名度。

此外，就社交化阅读平台来说，要实现产业化发展，还可以采取垂直打包销售信息、打赏、会员、广告嵌入等方式来盈利。当然，也可以采用以下这五种方式来盈利：以知识付费为主的类众筹模式、以 IP 运营为核心的泛娱乐模式、以社交为切入点的阅读轻社交模式、以人工智能科技为契合点的定制化盈利模式、以原生广告为主的新型广告模式。① 这些模式不是一开始就有的，它们使在社交化阅读向纵深发展的过程中形成的，在刚刚兴起的时候，社交化阅读主要依靠广告来盈利，在出现付费模式后又走上了“广告+付费”盈利的道路。而在整个市场日却成熟的情况下，又出现了“吸引用户——增加流量——进行流量变现”的盈利模式。在今天，随着越来越多的企业向互联网领域进军，社交化阅读平台又找到了另外一条盈利的模式，即与其他企业联动——社交化阅读平台能够以用户数据为依托，为相关企业设置新的用户入口，按照用户的购买和点击情况来与合作的企业进行分成。

总之，社交化阅读要及时走产业化的道路：构建较为完善的阅读生态系统、形成社群效应、打造“一站式”的产业链、迈入“互联网+知识+服务”的轨道，形成各联动的局面，以此提升社交化阅读的经济、社会效益。

五、做好圈层营销

1. 用户圈层化的由来及表现

伴随着各类社交媒体的发展，网络空间中用户群分、类聚的现象越来越明显，在各自的兴趣爱好和利益的追求下，用户越来越被圈层化。就社交化阅读来说，在卷入圈层中的暴风后，用户的主体性逐渐消失，被社交化阅读平台作为客体来规训和营销。在这种情况下，社交化阅读平台如何对广大用户进行圈层化营

① 黄先蓉，冯婷. IP 生态视域下移动化阅读产业盈利模式创新研究［J］. 出版科学，2018，26（1）：25.

销就显得尤为重要。

由于社交化阅读平台网络空间中的圈子是用户在追逐利益、在表达情感、在寻求兴趣的过程中形成的，因而圈子中的人群具有共同的诉求，能够形成特定的关系网络，人们的关系比较持久，甚至会形成特定的圈子文化。在现实社会与网络社会的不断融合中，网络空间中的社会关系也由网络社区中的松散随意状态转入圈子中的紧密有序的状态。

用户之所以能够形成特定的圈子，是因为现实社会中的关系圈子可以被轻易地延伸到网络之中。同时，就算是互不相识的人，也会因为在情投意合的圈子中收获大量的社会资本。据此可以说，社交化阅读平台延伸或构建着人们的关系圈子，强化着人与人之间的连接关系。网络中的关系圈子，多以各种社交媒体为平台来搭建，用户相互之间成为好友或者关注对象，任何一个用户都可以根据自身的需求来搭建圈子，各个用户在圈子中的互动情况可以反映出他们之间关系的亲密程度。相对于现实社会来说，在圈子中，用户的关系有了更多的扩张渠道，萍水相逢、素昧平生的人可以成为亲密无间的朋友。由于用户可以重构各种关系，使得一些关系被弱化，一些关系被强化。倘若对社交媒体中用户的好友管理情况进行分析，就能勾勒出用户的社会关系网络。前面说过，用户加入某个圈子，是因为他们能获得大量的社会资本。的确如此，用户社交化阅读平台等网络圈子中能够收获较多的社会资本，不过相对于个人来说，网络空间中集体社会资本却显得不够充裕——社会资本与用户所处的圈子密切相关，用户决定进入什么样的圈子、决定在其中逗留多久，都与能获得多少社会资本有着千丝万缕的联系。在网络空间之中，用户可以重构、扩展自己的社会关系网络，在于其他用户的互动中收获社会资本，当然也能够向其他用户输送社会资本。需要指出的是，这里所说的社会资本是多种多样的，如人际关系的扩大、幸福感和成就感的提升、娱乐和情感的体验得到满足、社会地位得以凸显等。此外，当加入一个社会圈子后，用户可能会因为圈子的影响力而获得更多的潜在的社会资源，甚至会因此获得某些权力。不过，由于用户的奉献精神还没有完全被激发出来，因而不少人对集体利益的贡献度是有限的，甚至一些用户在圈子中的明争暗斗反而会损害集体的利益。而作为影响面极大的网络圈子，对集体利益、社会公共利益的贡献应该是题中应有之义。

不容忽视的是，用户虽然是追逐利益、追逐社会资本而加入、构建圈子，不过一旦圈子构建起来，就能够形成一个亚文化空间，这就超出了利益获取这一层面，深入文化领域。在亚文化圈子中，用户还追逐着文化的消费，力图获取丰厚的文化资本。需要指出的是，在网络空间众多的圈子中，用户的喜好与行为不一致，因此所形成的亚文化也存在着明显的区别。在亚文化的生产、消费之中，用户往往会模仿传统文化、主流文化的生产、消费的模式和过程，以此形成文化模因，进而对亚文化的形成和固化有着极大的价值。由于网络圈子中的亚文化是由用户自由结合而生产和传播的，文化模因的控制作用就更加明显。

2. 社交化阅读平台如何开展圈层营销

目前，用户在社交化阅读平台上的圈层化特征日渐明显，但圈层营销似乎尚处于破而未立的阶段。在这种情况下，社交化阅读平台如何玩转圈层营销就显得尤为重要。

最近几年，在各种新兴技术的赋权及冲击下，知识营销的环境已经或者正在经历着剧烈的变化，因而知识服务的理念也发生了较大的变化。由于用户规模及流量的增加变得越来越困难，很多知识服务公司不得不独辟蹊径，寻找新的营销渠道，而随着用户圈层化的演进，包括社交化阅读平台在内，不少知识服务平台（公司）都积极采用圈层化营销的方法。知识服务环境的改变是由互联网，尤其是移动互联网带来的，作为具有十足的移动互联网基因的社交化阅读，其改变了知识生产、传播和分享方式：在过去的知识生产中，OGC、PGC 群体占据主导地位，而在社交化阅读中，UGC 群体的知识生产量已经超过了专业团队生产的知识量。当长期以来一直处于知识消费者的用户成为知识生产和消费的结合体后，用户在微信、微博及各种客户端中的知识生产的自由度正在上升。用户的加入，使知识呈爆炸性的增长，但知识的超载也比较严重。要想在知识服务中获得成功，就要在把握用户需求的基础之上进行精准营销。那么。在用户圈层化日益突出的今天，对用户开展圈层营销就是社交化阅读平台这一知识服务的运营者需要考虑的问题。那么，社交化阅读平台该如何实现开展圈层营销呢？

（1）进行圈层识别，为目标圈层筛选信息。

信息的筛选有主动和被动筛选两种，主动筛选是依据用户圈子的需求，主动给用户推送相应的信息。对于很多圈地自萌的用户来说，他们往往只活在自己的圈子里，社交化阅读平台可以轻易地推送信息，达到圈层营销的目的。被动筛选信息是指社交化阅读平台很难主动生产用户满足用户需要的信息，他们往往根据用户的消费情况，被动化地提供相关的信息，当用户的信息需求比较模糊时，社交化阅读平台就只能源源不断地提供用户可能感兴趣的知识。这种情况比较好理解，如一些年轻人玩抖音，其没有明显的信息类别需求，只要自己觉得好玩就行，但究竟什么东西才能让他们觉得好玩，对社交化阅读平台来说确实难以把握。需要指出的是，无论是哪一种筛选方式，都是根据用户所处的圈层来进行的，用户或者被自己，或者被社交化阅读平台给圈住，处于这样那样的信息茧房之中，因此我们发现，在知识生产和传播中存在着明显的去中心化和碎片化的情况。

(2) 打碎圈层边界，利用圈层之间的弱连接展开营销。

圈层与圈层之间有着明显的界限，但并非所有的圈层之间都是毫不相关的，不少圈层之间存在着威力巨大的弱连接关系。因此，在社交化阅读平台的知识服务中，应该瞄准圈层间的弱连接关系，突破单个圈层的需求，在多个圈层中开展知识服务活动。这种想法并非难以实现，如奇葩说等，每年的赞助费都特别高，而得到、分答等跨越多个圈层的知识服务平台，每年的盈利让人眼馋，是很多互联网知识服务商都想去干的事情。这些知识生产、服务平台之所以取得成功，是因为真正穿越了众多的圈层，激活了多个圈子的利益勾连。因此可以说，在圈层林立的今天，知识服务的核心就是要在提供圈层知识的基础上完成破圈行动。目前，最常见的破圈的方法就是花天价投资网络综艺，请明星、网红来助阵。这对于很多财力弱小的公司或者个人来说，是很难做到的，很多大公司可以做，但部分公司是亏了血本的。正因为如此，很多知识服务商开始产生破圈忧虑，其实无需焦虑，仔细思索，还是有一些破圈之法的。社交化阅读平台可以从内容、媒体和数据等几方面去思考如何破圈。

首先是内容方面。内容是一个比较奇妙的东西，不同的社交化阅读平台上往往有着不同的内容。当然，不同的社交化阅读平台上也存在着大量相同的内容（内容同质化现象也比较严重）。拥有不同的内容，说明具有独家特色，往往能够以此吸引用户。而相同的内容也不意味着没有出头之日，因为如果能够用特定的话语体系来支撑，也可以获得成功：如一个模特穿着一件较为暴露的衣服在淘宝空间里面摇晃着身子，以此吸引顾客购买相关的衣服，其销量可能不会理想。但如果这个模特是在抖音平台上这样做，相反还能吸引人去买同款的衣服。还记得重庆保时捷女司机吧，被打飞的那款帽子，一时间竟然卖断了货，很多人认为是因为抖音上出现了同款会飞的帽子的画面。这也说明，在内容营销方面，要学会在不同的圈层之中找到相应的话语支撑体系，以满足不同圈层对不同消费氛围的需求。同时，要在内容方面突破圈层的界限，还可以以深度文化和快餐文化的分野来做。因为很多人进入社交化阅读平台开展阅读活动，主要是想看看今天发生了什么，有什么值得开心的事情，又有哪些明星被八卦……他们是快餐化的信息消费者，不求深度，只追求趣味。不过也有不少人，在进入社交化阅读平台上开展阅读活动时，又对快餐文化持抵触态度，认为快餐文化没有营养，他们喜欢看有深度的内容。有鉴于此，在提交内容服务时，社交化阅读平台应该根据不同的阅读兴趣，推出兼顾两种阅读群体喜好的产品。

其次是媒体方面。众所周知，在传统媒体时期，很多商家要推销自己的产品，往往只需要抓住一个极具影响力的媒体就行了。有人将此形容为抓住最大的喇叭，如之前很多产品找央视打广告，就是想抓住央视这个当时最大的喇叭，期望通过其扩音效果最大限度地俘获受众，然后在众多的受众中淘到较为优质的客户。而在今天，在各种新媒体的强势介入下，信息传播的环境发生了革命性的变化，数家媒体独大的局面被迅速改写，传统媒体、新兴媒体、自媒体同台竞争，媒体渠道开始向无限分散的方向扩散。在这种情况下，要想破圈，就要找到圈层的中心点，并立足于此打破圈层壁垒，让不同圈层的用户都听得到喇叭的声音。而要做到这一点，毫无疑问就要先了解圈层的构造：在今天，无论是专业人士构成的圈层还是普通用户组建的圈子，都有着较强的专业性，甚至某些用户比某些专业人士还要专业，因此要针对各个圈层展开知识营销，社交化阅读平台推出的知识必须具备专业性，即使是娱乐信息也要娱乐得专业。同时，社交化阅读平台在进入某些专业性较强的圈层以后，要实现破圈目标，还要能够从已有的圈层中出来（走出固有圈层的影响也是很不容易的），很多专业的服务平台，一旦离开那个圈子，就没有人知道了，因此进得去、出得来，能够在不同的圈层之间寻找到卖点，用特殊的媒体渠道开展特定的知识服务，方能完成破圈行动。

最后是数据方面。在互联网空间之中，数据的价值是极为巨大的，它可以用来对用户进行画像，也可以用来给用户贴行为标签。在用户画像的过程中，社交化阅读平台能够清楚地勾勒出用户的性别、年龄、职业、区域等信息，然后预设或者找到他们所属的圈层。在找准用户所属的圈层后，就可以对他们贴标签，然后给他们筛选、推送相应的知识。有人说，在互联网时代，有着相同诉求的人很容易聚集起来，形成社群，固化自己的圈层，因而很难推出一个大家都喜欢的产品了。找不到有效的用户怎么办？根据用户既往的消费行为，给他们贴上标签，以“猜你喜欢”的方式推送与用户经常搜索的知识相关的知识产品，这种方法被称为算法推送。用户画像和贴标签两种手段，有人认为贴标签更有效果，因为用户的个人属性（性别、年龄、职业、区域等）离真正的消费意图有点远，如都是女孩、都是21岁、都是学生、都来自重庆，这可以说用户画像是多么的一致，但一个可能喜欢鹿晗，另一个则可能喜欢刘德华。而贴标签则是根据用户长期的消费习惯来判断的，用户长期消费什么知识，就推送什么知识，这相对来说要明智一些。因此，用户画像就好比一个男孩子想要给一个与自己有着10年马拉松爱情长跑的女朋友买礼物，他可能特别了解、熟悉这个女孩，但是他并不能保证这个女孩真的想要什么。而贴标签则是这样的，这个男孩子根据她女朋友长期购买商品的习惯，来选择她最喜欢买的东西。这样说，并不是要否认用户画像的价值，抬升贴标签的作用，只是想揭示一种情况：由用户画像到行为标签，服务商对用户的了解是不断加深的。正因为如此，社交化阅读平台在开展知识服务时，应该注重在用户画像的基础之上深入分析用户的知识消费行为，以更有针对性地推送用户满意的知识。

六、深耕垂直领域

任何时候，对于社交化阅读平台，尤其是实力相对弱小的社交化阅读平台，要在知识服务中取得成功，最好的办法就是耕耘好垂直领域的土地，待产品成熟和有影响力以后再去开拓其他的空间。在今天的社交化阅读市场中，用户已经被几家大型平台瓜分得差不多了，小平台要和他们抢用户是极为困难的事情，要创办一家全新的平台来吸引用户更是难上加难的事情。不过这也不能说没有机会，如美国的一家黑马级别的媒体——theSkimm就在运营不久后吸引了大量的粉丝。

这家创办于2012年的媒体，2019年的时候订阅者就超过了700万，且其旗下的产品Skimm Ahead在推出一个月后，其下载量就排在了苹果应用商店的新闻类App的首位，超过了《华尔街日报》以及《纽约时报》等老牌媒体。而令人不可思议的是，theSkimm是借助电子邮件这一已经变得比较老旧的渠道而获得成功的，它每天通过电子邮件给订阅者发送新闻资讯简报，并以此为立足点衍生出了数量繁多的周边产品，真正达到了“简报+用户裂变+工具化”这一预期目的，做到了产品有特殊、对接有精准的神话。

theSkimm的创办者Weisberg及Zakin原本在NBC工作，在捕捉到专门为年轻女性推送新闻的平台较为匮乏，但数量较为庞大的年轻职场女性却渴望找到新闻资讯类产品的商机之后，Weisberg及Zakin决定创办theSkimm。Weisberg及Zakin两个人非常清楚，年轻职场女性特别喜欢新闻资讯类产品，然而由于工作繁忙，她们很难抽出时间到浩如烟海的信息中去找寻自己需要的产品，因此相时而动，量身打造theSkimm，果然一炮走红。在经过精心的思考后，Weisberg及Zakin决定选择电子邮件简报这一渠道，原因是用户在阅读时不易受到干扰，且成本较低。在知道Weisberg等人的创业情况后，很多专业人士都进行了吐槽，认为电子邮件早就死亡了，因而两人的创业点子很糟糕。但就是在这样一个看似糟糕的渠道下，Weisberg及Zakin慢慢将theSkimm做成了规模，得到了6万美元作为种子资金，这个时候曾有广告商找到他们，想打广告，但被二人拒绝了，他们坚持不受任何利益影响的理念，很快就掘到了百万级用户，并由此建起了社区和几个产品。在拥有了一定的发展基础之后，Weisberg及Zakin开始了大刀阔斧的运营：准时准点（每天早上六点）推送推送内容，让年轻的职业女性在准备去上班之前或者在通勤时能够阅读到theSkimm的新闻资讯。Weisberg及Zakin的苦心没有白费，其重要用户每天都会最早阅读theSkimm的新闻资讯，慢慢地形成了固定动作。在编辑手段上，theSkimm的内容主要包括六大块，同时也在大块下面设置了若干个小板块，用户都能在较短的时间之内阅读完每个板块，这十分符合年轻职业女性的碎片化阅读需求。

在新闻资讯类产品获得成功之后，Weisberg及Zakin顺势而为，有针对性地开发了年轻的职业女性所喜欢的一系列生活服务类产品，内容涵盖了健康养生、理财、职业指导等等。这样一来，theSkimm的覆盖面不断扩大，因为在平台进行推广的同时，广大用户也在积极推广。theSkimm 的用户吸引策略也比较独特，即如果某给用户能够推荐十个以上的人加入进来，就给这个用户

Skimmbassador 的资格，拥有这个资格，用户就可以获得一定的奖品，且还会获得进入专属的 Facebook 以及领英群组里面，使用户获得归属感和满足感，使他们在自己使用的同时积极推荐用户使用，用户数量不断裂变。而在产品开发方面，theSkimm 积极追踪用户的需求，进军播客领域，更受用户的喜欢；近年来又推出了日历资讯 Skimm Ahead，用户可以在这个小版块中看到电影上映、本地某演唱会开唱的时间，也及娱乐、旅行等日期，还可以将这些信息与手机绑定，让用户参加抢门票、刷新剧等活动。可以说，借助相对老旧的电子邮件，theSkimm 这一社交化阅读平台突破了电子邮件简报的限制，开发出了多元化的产品，吸引了大批的忠实用户，实现了产品和用户的裂变，并使自己成为了一个知识生产和传播的工具，由此获得了巨大的利益。

七、打造较为完善的知识服务生态圈

伴随着互联网这一新兴的传播技术的发展和普及，社会各界人士都能够随时随地进入互联网空间之中，在获取知识的同时提供着知识服务。在这种背景下，社交化阅读平台纷纷开展知识服务生态系统建设。这将成为一个长期的发展方向，因为对社交化阅读这一产业来说，它可以被视为整个社会系统中的一个子系统，承担着为社会经济社会发展生产知识、提供知识服务的使命。故而社交化阅读的不仅仅要为自己的产业发展服务，还要为社会的发展服务。也正因为如此，社交化阅读平台要根据社会和用户的需求来打造自己的知识服务生态圈，以不断完善自己的生态链。

什么是知识服务生态系统呢？在邓逸钰等人看来，知识服务生态系统“是一种以移动互联网和社交网络为技术基础，由知识服务商和学习型社群共同组成的知识传播系统”。① 按照这种界定，知识服务生态系统应该包括知识平台和学习型社群两大块。不过在社交化阅读的知识服务生态系统中，其要素应该不只包括这两大块，因为学习型社群是在广大用户聚集起来后形成的，而社交化阅读平台

---

① 邓逸钰，王垚．数字出版领域知识服务智能化转型新模式探究［J］．新媒体研究，2018（3）：112.

知识服务的对象不只是广大用户，还包括各种社团、组织、企事业单位、行政机构等，且用户在使用社交化阅读平台时，即使聚集成了社群，他们也不只是学习，还生产着各种各样的知识。同时，我们也要看到，所谓的“以移动互联网和社交网络为技术基础，由知识服务商和学习型社群共同组成的知识传播系统”只是针对网络空间中的知识服务生态系统，现实社会中的知识服务生态系统显然不能这样界定。有鉴于此，社交化阅读中的知识服务生态系统应该是：一种以社交媒体为基础搭建起来的开放性的知识生产、传播、消费与分享系统。在这个系统中，存在着各种运营商（知识提供商、技术支持商、渠道运营商等）、各种用户（个人、团体、组织、求事业单位、行政机构等）等主体。在互联网空间之中，智能化、服务化成为知识服务的最为重要的关键词，智能化生产、精准化推送、交互式分享成为知识服务的重要手段。需要指出的是，在社交化阅读平台的知识服务中，知识服务的形态朝着全媒体的方向迈进，知识获取则呈现出个性化、专业化及定制化的趋势，知识消费的场景化、智能化特征日益明朗，知识消费也走上了互动和分享的道路。由此可知，社交化阅读平台的知识服务生态系统的建设，不只是技术层面的东西，它涉及技术思维、用户思维、对接社会需求的思维等各种思维层面，相对于传统的知识服务生态系统来说，这是一种全新的知识服务模式。

社交化也遇到平台要打造较为完善的知识服务生态圈，就要充分把握其中的各种生态要素及其各自的生态位。一般来说，社交化阅评平台的知识服务生态圈由三个部分组成：知识生产、知识管理、知识服务。这三个部分不是孤立存在的，它们之间有着极为紧密的联系，环环相扣以保证知识服务的顺利开展。在构建知识服务生态圈的时候，社交化阅读平台应该着力建设比较完善、循环相连的知识服务生态系统，让各商家、各用户能够有效地参与进来。具体来说，可以从整体的运作环境和具体的运作策略两个方面入手。

1. 整体的运作环境的构建

从整体上来说，社交化阅读平台应该融入社会大系统之中，让各行各业都能够参与、享受知识服务。这就要求社交化阅读平台知识服务圈的三个要素（知识生产、管理和服务）之间实现无缝连接。就知识生产来说，应该充分发挥内容提供商、各类专业写手、用户等多种生产者的力量，尤其要注重发挥用户的力量。以知乎为例，在吸引用户参与知识生产方面，知乎以用户提问为起点，在用户提问后，专业的答主或者其他的用户都可以回答，不过一般以专业的答主为回答问题的主体。对于用户的问题知乎会首先进行检索，当发现有相同或者相近的问题时，知乎就会自动推送已有的答案，而如果用户体的是一个全新的问题，知乎会让用户选定问题标签，如社会学、心理学、历史学、经济学、计算机等，在用户选定标签后，知乎就会把问题推给相关领域的答主，由答主进行比较专业的回答。知乎对知识进行分类，可以方便用户的检索，并能够看到用户对知识的点赞或评论情况，在收到相关反馈后对答案进行修改和完善。对于关注度高和点赞人数多的问题，知乎还会予以整理，打造出《知乎日报》以及"盐"等系列知识，用户可以直接下载和使用。从知乎的一系列打法中，我们可以从以下几个方面来思考社交化阅读平台的知识服务生态圈的整体运作环境的构建思路。

（1）打造优质的知识服务生态环境。

社交化阅读平台属于典型的网络媒介，其提供的知识的质量如何，会对现实社会产生重大的影响。在拟态环境的环境化这一理论之中，藤竹晓已经对这种情况进行了解释：大众传播提示的虽然是"拟态环境"，与客观环境有很大差异，但由于现代社会中人们在很大程度上是根据大众媒介的信息来判断和采取环境适应行动的，这些行动的结果作用于现实环境，便使得现实环境越来越带有了"拟态环境"的特点，以至于人们很难在两者之间做出明确的区分。① 而在媒介依赖理论看来，人们越依赖媒体来获取信息，媒体越在人们的生活中扮演着重要角色，对人们的影响也就越大。这就给我们一个启示：社交化阅读平台上的用户是分散在世界各地的个体，他们无法亲自感知世界发生的变化，很多信息、知识都是由社交化阅读平台提供的，在获取到社交化阅读平台提供的知识后，用户会将其当成真实的信息来对待，其思想、行为可能会因此作出改变。因此，如果社交化阅读平台提供的知识是虚假的、低俗的，用户就会在误读、在模仿中作出错误、不符合社会规范的行动，进而产生不良后果。有鉴于此，社交化阅读平台所提供的知识一定要是优质的，对于那些虚假、庸俗的信息，要进行过滤和淘汰，是知识服务犹如一股清流，让高素质的用户源源不断地为平台提供高质量的答

① 藤竹晓．现代大众传播理论［M］．东京：日本放送出版社，1968：5.

案，已搭建起严谨、优质的知识生产和服务环境。

在这个方面，知乎的做法值得学习，它不受现实社会中的阶层的困扰，让那些具有较强的知识生产能力的人都能够在平台上崭露头角，对相关的社会问题发表专业性的意见，并给予他们充分的尊重，因而在长期的互动中，知乎平台已不仅仅是一个问答平台，而是一个集知识生产、管理和服务于一体的平台。在这个平台上，各路英雄惺惺相惜，大有相见恨晚的感觉，提问者彬彬有礼，回答者谦虚亲和，让知乎平台想没有忠诚的用户都难。这样一来，很多用户就愿意将零散的时间投入这个平台，久而久之思维方式就会受到影响，知乎的主流导向是积极向上的，这就对用户产生较大的激励作用。此外，在知乎这个平台上，无论你是谁，不管你来自那里，只要认真的提问和回答，都会受到礼貌对待，这就是所谓的"认真你就赢了"。也就是说，知乎是一个尊重知识的舞台，在这个平台上，用户可以高效地连接起来，形成一个个求知、向上、友好的社群，形成以学习和交流提升自我、帮助他人学习以让自己获得满足感等良好的知识生态环境。知乎的这些做法，值得众多社交化阅读平台的运营商学习。

（2）构建无缝连接，高效运转的环境。

知识生产、知识管理和知识服务三个部分环环相扣、无缝连接，能够降低社交化阅读平台的运作成本并提升其竞争力。需要注意的是，知识生产、知识管理和知识服务三个部分的运作是同时进行的，不存在流水运作的模式，这三个部分有机融合，形成一个开放的系统，每个环节的运作，其他环节都能够看到，并能够及时做出调整。因此这种做法也节省了时间，提升了效率。此外，知识生产、知识管理和知识服务三个部分的无缝对接，能够让社交化阅读平台的知识服务形成闭环，不会因为某个部分的故障而对其他部分产生较为恶劣的影响。众所周知，不实现无缝连接，就没有办法形成闭环，就会受制于第三方进而影响自己业务，这样的例子不胜枚举，如小米手机使用安卓操作系统，而处理器则大多使用高通晓龙，当处理器的价格产生波动时，小米的业务肯定受到影响，其实不只是处理器的问题，由于委托制造商的生产能力不足导致小米手机无法按时供应的情况也发生过。与此相同，如果某个社交化阅读平台把知识生产、知识管理、知识服务中的某个环节交给第三方，是自己的知识服务生态圈无法涵盖所有环节时，必将受制于他人。因此，在社交化阅读平台的知识服务生态圈中，如果做到知识生产不仅有专业的供应商，还有用户，知识管理用户也可以参与分类，知识服务用户不但作为消费者也作为服务的提供者，平台运营商只要保证推出能够满足用户需求的知识，就不愁运转不下去。

（3）构筑知识共享的社交环境。

众所周知，在社交化阅读平台的知识生产和服务中，弱关系这一因素的力量极为巨大。因为众多素不相识的用户参与进来，共同交流和探讨，共同分享知识，能够提供很多处于个体状态的用户难以看见、难以获取的知识。如果用弱关系的理论来看，在社交化阅读平台上，用户能够从他的好友、他关注的对象甚至突然闯入的用户的那里获得意想不到的知识。在这种情况下，弱关系较少的用户，其从遥远的社会系统中获取知识的权力、能力就会被剥夺，他们获取知识的渠道仅限于能够亲身接触到的亲戚朋友和媒体。一旦被剥夺更多的获取知识的权力和能力，用户将会失去很多和最新理念、前沿知识接触、交流的机会，进而导致自己在竞争中处于下方。社交化阅读平台能够为用户提供众多的建立弱关系的机会，促使用户开展知识交流活动，让不同的知识在不同的人之间流动，将无数的知识汇聚起来，形成一个庞大的知识生态系统，进而达到知识的有效利用的目的。这就是所谓的知识共享。

2. 具体的运作策略的实施

具体的运作策略的实施，涉及社交化阅读平台微观的运作思路。这就需要在已构建的知识生态环境中，将技术及用户思维结合起来，对知识服务生态圈的三个重要组成部分，即知识生产、知识管理和知识服务的具体路径进行优化。

（1）知识生产路径的优化。

在社交化阅读平台的知识生产中，要进一步优化精英阶层的生产，如专业性、负责态度、与用户的沟通频度等，同时也要让广大用户能够有效地加入进来，以此改变由权威机构进行知识生产的模式。社交化阅读平台的知识生产最成功的地方，就是改变了知识生产的威权模式，让社会大众也参与到生产中来且在生产中构建了各种社交网络。就知识的生出来说，社会大众的生产能力未必就比所谓的精英人士差，实际上，一些用户生产的知识，其价值比相关领域的专家还大，这就是为什么有人会感叹“高手在民间”的原因。就构建社交网络来说，其能够满足用户开展社交活动的需求，由于社交是人的天性，找到志同道合的人进行交往，更是人们所求之不得的，这就是为什么用户会对社交化阅读平台报以巨大热情的原因。

（2）知识管理路径的优化。

在知识管理中，社交化阅读平台应该对知识进行分类，按照知识的类别构建可量化也可质化的知识体系，让知识的使用者自己选择需要的知识，自己甄别知识质量的高低，并根据使用者的反馈及时作出调整。也就是说，在知识管理中，除专门雇用的小部分人外，社交化阅读平台可以让游荡于数字公地里面的编辑、读者等自发对平台上的知识进行生产、修正和完善，使知识的盲点得以不断消除，让公众共同精心把关，以此提升知识的质量。同时，社交化阅读平台应该设立举报渠道，一旦发现有虚假的、庸俗的知识，用户可以向相关的管理者进行举报，一旦举报属实，就应该及时处理，这种方式能够保证社交化阅读平台的知识质量，能够营造风清气正的知识生产和服务环境。

（3）知识服务路径的优化。

社交化阅读平台的知识服务，应该以解决用户关注的世界问题为目的，实现从“提供用户需要的信息”向“解决用户的实际问题”的转变。用户之所以进入社交化阅读平台，往往是有着解决某些问题的动机的，社交化阅读平台要立足于用户的诉求，已解决问题反推用户的动机，并通过用户的知识获取情况来改进服务方式，动态化地推送相关的知识，以提升知识服务的效果。其实，在知识服务路径的优化方面，社交化阅读平台要充分站在用户的角度去考虑，抛弃知识提供商的惯性思维，用服务商的理念来指导知识服务，实现从“内容提供商”到“知识服务提供商”的转型。

八、做好娱乐与知识服务的融合创新

用户参与生产、传播和共享知识，是因为他们想在愉悦、轻松的状态下获取知识、分享经验，并在与他人的互动中获得种种社会资本。在传统媒体时代，这样的愿望是没有办法实现的，而今天，随着互联网技术的发展和媒介融合的不断推进，媒介的进入门槛越来越低，信息传播的手段越来越丰富多元，用户能够轻松地、充满体验感地加入知识生产之中，以娱乐化的方式来生产和分享知识，并在分享中获得更多的知识服务。也许在很多人看来，知识是极为严肃的东西，而娱乐则是充满戏谑的东西，很难在知识生产中进行娱乐，也很难在娱乐中生产知识。

其实在社交化阅读蓬勃发展的今天，知识生产和娱乐是可以实现融合的。因为在新兴传播科技的赋权下，传统时期既有的知识产品形态会不断变化，产品形态的跨媒介融合已成为常见的事情。尤其是在用户的参与下，传统媒体时代你登我读、你播我听（看）的传播与接收结构已发生根本性的变化，用户可以参与知识生产和服务、参与万事万物发展的故事的建构。今天流行着一句话，无社交不新闻，新闻是在社交中生产和阅读的。对不少用户来说，同样也可这样讲：无娱乐，不开展社交化阅读，与娱乐的融合是未来的知识生产及服务的重要方向。换句话说，将传统媒体时期媒体依靠语义、文本来生产知识，将文本传到读者面前，让读者根据文本来获取知识，双方之间没有合作的知识生产和传播模式，变为社交媒体时期让用户全程参与知识建构和完善的生产和传播模式，从而将知识以交互式、体验式的形式呈现出来，是数字化、智能化媒体时代知识生产和服务需要重点关注和解决的问题。需要指出的是，知识的娱乐化生产并不是在简单的消遣和玩乐中来进行生产，虽然娱乐有消遣和玩乐的特征，但知识的生产应该坚持其客观、理性的宗旨，这里要强调的是让人在放松心态的状态进行知识生产、提供知识服务。

这个比较容易理解，因为无论做什么事情，倘若能够以一种自愿参与、自行控制的方式参与进去，其效果无疑是比较好的。就知识来说，它是人类在实践中对主客观世界的认识成果，其包括信息的描述、事实以及各种技能等。就娱乐来说，在知识生产中它可以视为一种具有某种规则的语境，人们饱含深情地写文章、在充满体验地录制音频和视频、在愉悦中与人交流，都是在娱乐中进行知识生产和服务的体现。在这样的语境中，知识生产、服务和娱乐呈现出相互补充、相互促进的关系，知识的生产和服务是娱乐的基础，娱乐是用户生产和传播知识的重要动机，知识生产和服务因为披上娱乐的外衣而显得更有吸引力，但在娱乐的情境中开展知识生产和服务，并不是简单地给知识输入娱乐元素——事实上，很多知识是极为严肃的——而是让很多知识在娱乐的语境下化茧成蝶，通过广大用户的参与让知识的传播更为迅速、让知识更易理解。也就是说，知识是核心，娱乐是知识生产和服务的一种形态，它让知识变得更具象、更有体验感，因而在这个过程中，知识的作用也更容易发挥出来。因此可以说，在知识生产和服务中，娱乐有着较大的价值，一是能够提升人们对知识的关注度，因为用户在娱乐中的互动性参与使富裕了知识生命力；二是能够让知识具备可视性。互联网空间的知识浩如烟海，其呈现出碎片化、无序化的状况。要提升其可读性和易读性，就需要进行可是化处理，在这种情况下，以娱乐化方式生产的知识，往往带有可视化的特征，能够在传播和消费中摘掉枯燥无味的帽子。三是增加知识生产与服务的开放性。社会各界人士参与进来，共同在社交化阅读等互联网空间中生产知识、提供知识服务，使知识的生产呈现出开放化的态势。

总之，在知识生产和服务中，社交化阅读平台要积极将知识生产、服务与娱乐融合起来，让包括广大用户在内的知识生产和服务的提供者在娱乐中轻松愉悦地生产知识、提供知识服务，以此改变平台上知识生产的模式。

九、培养老年用户

不少学者都认为，在数字化、智能化时代，老年人们逐渐被抛弃。这种说法有一定的道理，因为很大一部分老年人很难跟上数字化和智能化的步伐。玩不转智能手机、不能操作二维码等的老年人，如何适应在无实物、无纸张时代的生活确实是个问题。在我国社会逐渐步入老年化的今天，社交化阅读如何挖掘数量庞大的老年用户？

在今天，老年人的社交生活是极为丰富的，跳广场舞、下期、打牌、运动甚至K歌……可以说，多元的社交生活，带动了“银发经济”的发展。如何把老年人的这些社交活动融入社交化阅读平台上去，是很多商家一直思考的问题，有些商家已经展开了积极的实践。如有一款叫“糖豆”的App，可以供老年人每天观看、学习广场舞。只要天气允许，很多老年人都会外出跳广场舞，还会拍视频发到App上，供其他用户欣赏，相互之间还进行互动。在对武汉某广场舞老人进行访谈时，她说：

> 我之前还没有想到，我们居然可以在网上唱歌、可以把舞蹈放到网上去。我前几天放一小段舞蹈到网上去，点赞的人很多，有的年轻人还说为我鼓掌，我特别高兴。我觉得网络好新奇、好有刺激感，难怪我的孙子那么喜

欢上网。①

这充分说明，在社交化阅读平台上开发与老年人相关的阅读内容，是可以取得成功的。不过有一点需要引起注意，就是老年人比较难以分辨网络空间中的信息的真假。在这种情况下，一些黑心的商家就经常发布虚假的信息来诱惑老年人，以赚取经济利益。如一些商家利用老年人重视身体健康的心理，发布虚假的保健信息，不少老年人会上当受骗，且还会积极转发相关的信息。

不过，“银发经济”已经成为今天经济发展的蓝海，就算有负面信息，也阻挡不了老年人在网上获取知识的步伐。很多社交化阅读平台也因此独辟蹊径吸引老年用户，在这些平台看来，老年人不像年轻人一样轻易取消阅读活动、轻易取消订阅。众所周知，老年人是电视媒体的核心受众，原因是他们很难与网络媒体进行亲密接触，一旦网络媒体也能像电视媒体一样提供《鲁冰逊漂流记》《简·爱》《巴黎圣母院》《平凡的世界》《东风》等剧目时，老年人更有可能去订阅。受此启发，BritBox 就专门为中老年用户提供《简·爱》《荒凉山庄》等改编剧集，俘获了不少中老年用户。在长期的运营中，BritBox 发现中老年用户群体非常专一，他们更有可能坚守在同一平台。因此主打老年用户的平台，用户的流失率较低，这对于平台林立、景观铺天盖地的网络空间来说，无疑是一块值得深耕的土地。为了进一步吸引中老年群体，BritBox 加大了原创内容的投入，并采用间歇性分批播出的方式来播放剧目，而播完的剧目会被根据算法的测算来推送，然后置于醒目的位置，以长期吸引用户观看。正是这些做法，让 BritBox 拥有一大批忠实的中老年用户。

综上所述，在社交化阅读平台的知识服务的提供方面，存在着众多的策略：克服知识服务中拥抱用户的偏差、把好内容关口、筑牢服务平台、走产业发展道路、做好圈层营销、深耕垂直领域、做好娱乐与知识服务的融合创新、打造较为完善的知识服务生态圈、实现从知识提供商向知识服务商转变以及培养老年用户等等。在具体的运营中，这些策略都是比较有价值的。需要特别指出的是，无论采取哪一种或哪几种经营策略，都必须生产和提供含有正能量的知识，自觉杜绝那些低级、庸俗的知识。

① 受访者 3，受访时间：2017 年 3 月 1 日.

本章小结

本章是全书的又一个重要组成部分。主要对社交化阅读中知识服务产品的属性、类型和发展历程等基本的知识点进行了阐述，对社交化阅读中知识服务的机制及流程进行了较为深入的研究，对社交化阅读中知识服务的技术逻辑和路径进行了较为详细的探究，以期较为全面地展示社交化阅读中知识服务的面貌。

第五章　社交化阅读中知识生产与服务的皈依
——走向“知识共创共享共同体”

知识生产和服务是社会发展进步的关键因素，人们生产的知识，其质量直接决定着社会、经济、政治和文化的质量。正因为如此，社交化阅读平台等网络媒体应该及时生产知识，并积极创新知识服务的方式方法，使不同的群体、阶层能够以“中华民族命运共同体”为皈依，不断走向“知识共创共享共同体”，为中华民族和的伟大复兴做出积极贡献。

第一节　迈向中华民族“知识共创共享共同体”的可能性展望

知识生产和服务是文化得以传承和发展的首要条件，文化是软实力，文化是没有国界的。我国要积极构建由中国特色的文化体系，并积极融合世界各国所生产的较为优质的文化，创造出更为多姿多彩的中国文化，让中华民族的文化在更广范围、更高层次上为世界的文化生产和服务做出应有的贡献。

一、不断走向公共化的知识生产和服务

纵观人类历史上的知识生产和服务，可以看到一个比较明显的现象，即人类的知识生产、服务总是不断地向公共化、普世化的方向迈进——文化的生产和服务突破了部落、民族、区域乃至国家界限，在更大的范围、更高的层面为人类所使用，为人类文明的进步做出了巨大的贡献。因此，在今天，知识的生产和共享应该成为一个公共性的事情，人类应该在合作、互动中开展知识生产和服务活动，共同推进知识生产和服务不断向新层次迈进，促进文化的交融。

就中国来说，随着各民族交流互动的范围不断扩大、层次不断加深，知识的意涵也不断发生着变化。在今天，我国正围绕着建设“富强、民族、文明”的社会主义强国的目标开展着知识生产和服务活动，力图以文明的发展来引领社会的变迁，在社会变迁中，一端以国家主导，一端以各个民族为动力，使得各种范式的知识生产和服务共存于巨大的时空之中，并不断地交流和碰撞着，很多知识在不断地定位中不断地调适，在相互参照中构建具有中华民族公共性的文化。

媒介是生产和知识传承的重要载体，在各种媒体尤其是新媒体的作用下，各种文化思潮此起彼伏，知识生产和传播突破了时空的限制，知识交融的趋势越来越明显，因而知识生产和服务的公共化特征也越来越明显。作为新潮流的社交化阅读，正在对知识创新、文化服务形成广泛而深刻的影响，因而我国也在积极思索社交化阅读平台上的知识生产和服务的创新问题，社交化阅读平台上的知识生产和服务越来越受到青睐。需要指出的是，具有数字化、互动性特征的社交化阅读平台等新兴媒介，其在为知识的生产和服务提供动力的同时也制造了阻力，如媒介帝国主义试图不断颠覆文明的生产秩序、不断推销着自己的价值观念，各个文化的交锋让知识生产和服务的沙漠化、碎片化向更广泛的空间延伸，知识生产和服务生态更加复杂。在这种情况下，探索具有中华民族公共性的知识生产和服务空间、重构知识传播的媒介秩序显得尤为重要和迫切。

二、公共化知识生产和服务中“中华民族”身份塑造的可能性

要形成公共化的知识生产和服务空间，就需要构建中华民族的知识生产和服务共同体，使知识成为推动中华民族发展的有力武器。因此，各民族、各阶层之间的知识、文化要不断交流和交融，要破除各种影响中华民族文化发展的藩篱，形成追求共同价值观念，追求真理和民族友谊的知识生产和服务氛围。

也就是说，知识和文化对社会经济社会的发展有着巨大的作用，其生产和服务应该实现皈依和统合。有鉴于此，在社交化阅读平台的知识生产和服务之中，应该要推动知识生产和服务向公共化的方向发展。而要达到这样的目标，就要积极构建中华民族的文化共同体。需要指出的是，中华民族的文化共同体是由各民族的优秀文化共同建构的，中华民族文化是主体，各民族、各领域的文化是多元的个体，即所谓的“多元一体格局”。

“中华民族多元一体格局”的理论是费孝通先生于1989年提出的，被用来概括中国数千年的民族史，这一理论是依据考古发现和中国历史文献而提出的，具有极为重要的现实意义。“中华民族多元一体格局”认为中华民族是一个多元的统一体，包含着五十六个民族。虽然费孝通先生是站在政治结构的角度来谈论这一问题的，但这一理论同样适用于文化结构，从文化方面来说，中华民族的文化也是“多元一体”的。这主要是基于以下原因：各民族文化不是孤立的，他们之间有着互通和共享的元素。我国五十六个民族的分布呈现着大杂居、小聚居的局面，在数千年的迁移、混居和通婚的历程中，各民族在文化上相互渗透和交融，形成了我中有你，你中有我的文化形态，即使在宗教信仰方面不少民族之间也存在着互相重合的部分。此外，在语言方面，各民族之间也存在共享语法、词汇的情况。除了整体上存在着共享的文化元素外，在不同的区域，各民族之间也在饮食、服饰、建筑、劳动工具和民风民俗等方面存在着文化共享的情况。由于长期的交融，各民族之间的文化始终朝着“多元一体”的格局而不断发展，为中华文化形成“多元共生、整体统一”的格局奠定了坚实的基础。

费孝通先生于的“中华民族多元一体格局”理论是中华民族在政治、经济和文化等方面的真实呈现，其在促进各民族团结、加强各民族之间的交流沟通、促进经济社会发展方面有着巨大的意义。“多元一体格局”鼓励发展各民族、各领域的优秀文化，将之凝结于“中华民族文化”这一主体之中。当前，社会主义核心价值观是我国最重要的文化元素，在价值观念方面，包括民族地区公众在内的全国人民都要统一到社会主义核心价值观的旗帜下面。因此社交化阅读平台的知识生产与服务要以社会主义核心价值观为中心，以中华民族伟大复兴的“中国梦”为目标，将13亿多中国人凝聚起来，共同建设社会主义现代化国家。

“中华民族多元一体格局”就是知识生产和服务中，中华民族身份塑造的一种重要途径。由于历史、地域、民族以及信仰等各种原因，我国社交化阅读平台上的知识生产和服务可能会存在着众多的“想象的共同体”，这些共同体要统摄于“中华民族命运共同体”的旗帜之下，使得栖息于不同社交化阅读平台上的人们有共同的知识生产、服务的愿景和目标，由此在知识生产和服务中形成中华民族的知识和中华民族的价值，并在此基础之上形成中华民族的“知识共创共享共同体”。需要特别指出的是，“知识共创共享共同体”要存在，必须满足这样的条件：一是知识生产和服务的各个个体之间要具备共享意向性。共享意向性不仅可以让各个知识生产和服务的参与者分享目标和注意力，也能够让他们向共同的立场靠拢。在知识“共创共享共同体”中，不同的群体分担着不同的认知劳动，要使他们迈向合作，就得让他们有共同的注意力。实事求是地说，注意力共享是不同群体开展知识生产和服务合作的极为重要的一步，如张骞通西域，打通了中原与西域的丝绸之路，促进了彼此间的文化交流；东都的日本高僧带回了汉唐文化；等等。在人类的交流中，各族群间的知识的传播活动通过“相互感染的过程”得以开展。在社交化阅读平台之中，知识的生产和服务因为共同的注意力而得以在极短的时间之内在不同群体之间旅行，让他们没有偏见地形成一个“虚拟的共同体”，在这个虚拟的共同体之中分享着各种知识。二是知识生产和服务的各个个体之间的知识要能够产生联系以形成知识共同体。由于没有哪个人能够独立生产和提供“集体知识”，因而各知识生产和服务的参与者要与其他人结为社群，进而结成一个“共创共享”的共同体。社交化阅读平台要注意增进各个群体之间的相互理解、促进异质同构、开启民智，以突破价值判断的认知迷雾。

显然，在今天的中国，是满足这两个条件的。就各个个体之间的知识生产和服务的共享意向性来说，各民族之间有着共同的梦想——实现中华民族伟大复兴。在这种情况下，各民族、各阶层都能够积极参与到有利于中国经济社会发展的知识生产和服务中来，积极为中国经济社会的发展注入自身的经验，且致力于让世界各国更多地关注中国的经验，公正地看待中国。就知识共同体来说，各民族、各阶层的知识生产和服务者都能够基于中国的语境和中国发展的现实，积极展开与各类腐朽、另类的思想的斗争，致力于共同讲好中国的故事，构建具有中国特色的知识生产体系，向世界展示中国智慧。

总之，社会化阅读平台是一个展示中华民族文化生产和服务的一个极为广阔的天地，它具备在知识生产和服务中塑造中华民族身份的能力，也推动着知识生产和服务向“共创共享”的共同体方向迈进。不过打造网络空间中的知识“共创共享共同体”，需要全体中华儿女的共同努力。

第二节 社交化阅读走向“知识共创共享共同体”的路径选择

社交化阅读平台为中华民族各族儿女在知识生产和服务中走向“知识共创共

享共同体”提供了重要的支撑，选择“知识共创共享共同体”路径直接决定了构筑“知识共创共享共同体”的效果。因而全体中华儿女要协同生产和提供知识服务，助力于中国经济社会的发展。

一、提升大众的社会认同以筑牢“知识共创共享共同体”根基

1. 充分发挥社会认同的作用

由于我国正处于社会转型时期，社会分化、利益多元、社会流动和文化变迁等问题极为突出，正在逐渐消解公众已有的认同模式，出现了影响社会认同的诸多因素，使社会偏见和排斥屡见不鲜，社会冲突频发。在这种情况下，如何促进社会认同，使之发挥巨大的社会效应成为摆在中国政府面前的巨大而艰巨的任务。那么，大众的社会认同具有哪些效应呢？具体来说主要有以下几个方面：

（1）社会认同能促进认同型社会的建设。

随着经济、技术和环境全球化趋势的加剧，人们的生活压力大大增加，他们在现实中常常有挫败感，常常对社会和人生产生怀疑，甚至出现信仰危机。在这种情况下，我国应该让各民族人民回到求真、求善和求美的人生逻辑中去，实现社会认同，获得生命的意义。也就是说，认同能将社会成员的意愿和行动统一起来，促进人的全面发展。实现了全面发展，就会积极参与认同型社会的构建，早日建成认同型社会。

（2）社会认同能为社会发展注入新的动力。

实现认同后，各地区、各阶层的民众都能够主动地、全身心地参与到社会建设之中，积极奉献，为社会发展注入活力。我们都清楚地知道，认同具有动态性和共享性，“具有共同认同的人，往往会一致行动起来保护和提高他们共同的认同”。① 社会认同能够产生巨大的驱动力，为人类社会的发展指明方向，使人们获得无形的财富，进而为社会的发展而努力奋斗。需要指出的是，社会认同虽然有着巨大的潜能，但包括普通大众在内的各类知识生产和服务主体对社会的认同是不断变化的，因而我们需要制造社会认同，以维护政府执政的合法性。要制造

① William Bloom. Personal Identity, National Identity and International Relations [M]. Cambridge: Cambridge University Press, 1990: 53.

认同，就要知道认同的形式。一般来说，社会认同主要有合法性、规划性和抗拒性等三个类型，其中合法性认同是为社会支配性制度服务的，其以拓展和合理化统治者的社会支配为努力方向；规划性认同是就现有的社会条件如社会成员的思想状况、文化信仰、利益诉求和整个社会的意识等作为基础，构建一种全新的、有利于整个社会发展的认同形式；抗拒性认同是人们对与自己的身份地位、利益诉求不一致的认同持排斥性态度，具有共同排斥性态度的人群构筑起了抵抗不同认同入侵的战壕，并逐渐沉淀下来。为了形成合法性和规范性认同，社会需要制定各种政策，并使之随着社会的发展而进行合理的调整，并形成一个稳定的信仰（体现真、善、美），为社会的发展注入动力。

（3）社会认同能增进社会的公平度。

认同包括个人、组织和社会等三个层面，如果在三个层面均产生了认同，认同的效能就能得以充分释放。三个层面的认同虽然在范围上存在明显的差距，但它们都不可偏废，其中个人认同是微观的、基础性的，它以增进个人的幸福指数为目标；组织认同属于中观层面，其目标是提升组织的运行效率；社会认同则是宏观的、最终化的认同，其目标在于促进社会的公平和可持续发展。社会认同需要有个人认同和组织认同的铺垫，它们为社会认同提供合格的成员和领导者；个人认同和组织认同则以社会认同为根本指向，个人和组织的力量需要得到社会的认可。据此可知，社会认同是促进社会的公平和可持续发展的重要手段，但其必须与个人认同和组织认同密切结合起来。

（4）社会认同符合所有社会成员发展的内涵。

“有人计算过，如果将地球现在的位置向靠近太阳5%，或者远离1%，我们的星球就不会产生生命，自然就不会有人类社会存在。当我们建立起万物一体的思想，当我们感觉到周围的世界和我们同源同宗，我们就会更加珍爱我们生存的环境，愿意维护这唯一的家园”。① 这给我们一个重大的启示，即社会是我们共同的家园，包括广大民族地区的公众在内，任何人都要与社会保持密切的联系，要与社会形成一个整体，个体都要为社会的发展作出应有的贡献，而社会也要把个体的需求纳入其供给系统之中。按照人类全面发展的要求，包括普通大众在内的各类知识生产和服务主体的意愿都应该指引其站在全社会、全人类的角度去思

① 刘辉．认同理论［M］．北京：知识产权出版社，2017：101.

考问题，而不是站在个人的角度去行动，因而社会认同作为认同的最高境界，其符合所有社会成员全面发展的内涵。其实这也不难理解，就个人、组织和社会的关系来说，个人构成组织和社会，组织在社会中进行活动，组织利用其规章制度来对个人的行为进行规范和指导，社会则用政治来规范个人和组织的行为以形成社会秩序。因而个人和组织的行动必须以促进社会的发展为方向，个人和组织的价值是不尽相同的，但其必须以社会主流价值为皈依，社会认同为个人和组织提供自由、公平的发展环境，使个人和社会产生了归属感和价值感，同时社会认同也因此具有了自身的意义。所以社会认同符合所有社会成员不断发展的内涵。

（5）社会认同是社会成员的信仰之源泉。

我国要尽快实现现代化，就必须提升社会成员对社会的忠诚度，增强政府部门的凝聚力，实现国家的繁荣发展，更好地屹立于世界的民族之林。换句话说，我国的现代化需要社会成员产生整体性的社会认同，使他们在社会上能够找到安全感和幸福感，说得深刻一点，就是要社会成员树立起一种国家层面的信仰（在中国表现为社会主义核心价值观的信仰）。信仰是社会成员创造文化和追求价值的基石，信仰的不同往往会引发文化和利益的冲突。黄慧珍指出：“信仰作为一种价值意识，实际上是现实的人对自己所处价值关系的意识和感觉，因此归根结底是人关于自己和世界的关系、自己在世界中的地位以及自身存在的意义和价值的自我意识。”① 没有信仰的民族是可怕的，有了坚定的信仰，才能对国家、社会的发展持支持态度，并努力贡献自己的力量。而信仰必须以认同为条件，没有认同就不可能有所谓的信仰。

（6）社会认同能促进社会价值的整合。

众所周知，一个社会要得以生存和发展下去，社会成员必须对之有认同感，甚至在认同的基础上产生依恋感。认同是民族地区的公众在突破地域、身份、民族等身份限制后，在核心价值观念的基础上形成的共同信仰。也就是说，在实现认同的过程中，我国就需要整合各个阶层的价值理念，以形成主流的社会价值观念，用之引领自己的思想和行为。可以说，没有认同就不可能实现社会价值的整合。

---

① 黄慧珍．终极信仰视野下的三种人类文化价值模式［J］．教学与研究，2005（9）：49.

2. 用社会认同统筹知识生产与服务，走向“知识共创共享共同体”

我国需要科学统筹知识的生产和服务，以达到社会整体层面对知识的认同，有效避免认同危机，尽快建成社会主义现代化强国。就目前来说，我国要达到整体层面的知识生产和服务的认同，最需要考虑的问题是如何突破包括普通大众在内的各类知识生产和服务主体的地域和身份的界限，以“命运共同体”的目标来引领知识生产和服务的走向。

首先是如何突破地域界限的问题。我们知道，同一个地域的人交往比较密切，“地域认同”度较高，以地域为纽带产生一个个的地域社会群体，这种群体可称为“地缘群体”，在地域文化的作用下，“地缘群体”会形成自身独特的社会标志——地域身份，而这些社会标识会对“地缘群体”的知识生产和服务的实践活动产生重大的影响：它长期存在于“地缘群体”的社会关系网络中，“地缘群体”将之作为标准来判断知识生产和服务的价值。此外，“地域身份”还会使知识生产、传播和服务产生倾斜，进而影响知识生产资料的分配。

毫无疑问，过于重视“地域身份”会导致社会认同的危机，因为特定的利益诉求会让人们把自己放置在特定的群体框架内来思考问题，会特别期望生产、提供某种知识，且会强化某种信仰，因而就会抵触其他的知识生产和服务，这无疑会导致整体认同的弱化。如何突破地域的限制呢？总的来说，需要缩小区域之间、城乡之间以及群体之间在享受教育、享受社会待遇方面的差距，祛除公共服务中的地域和身份歧视，使社会公众享有大体一致的公共服务（含数量和质量两个方面）。

在社会认同的统筹下，我国将会逐渐走向“知识共创共享共同体”的道路。众所周知，一个完善的知识生产和服务体系，不应只是以简单的成本投入、服务输出为目标，更要考虑这些量化目标背后的价值理念：希望达到什么样的社会发展目的，构建什么样的社会发展体系。目前我国社交化于都平台等网络空间中的知识生产和服务体系还需要进一步调整，以更符合社会发展的需求和公众的期望。在调整中，可以充分整合各地区、各民族的具体情况，找到撬动点，实现全国性的认同。这个撬动点就是“中华民族命运共同体”。“中华民族命运共同体”的着眼点就是中国整体的社会发展方向，而在这个过程中，相关的知识的生产和服务的提供的价值是极为巨大的。可以说，“中华民族命运共同体”是对中国社会价值观念、社会福祉的历史、现状以及未来的高度抽象。

由于“中华民族命运共同体”涉及空间、政策、制度和理念四个方面，因而我们要认真思考如何用整体的知识生产、传播和分享框架体系来构建一元的“中华民族命运共同体”。首先是空间方面。要统筹城乡、区域的发展，打破户籍及身份限制，提供大体一致的公共服务，缩小城乡和区域之间发展的不平衡性，为“中华民族命运共同体”中的知识生产和服务消除最基本的障碍。其次是历史方面。构建“中华民族命运共同体”，可以在充分审视1949年以来各个重要阶段的政策调整所带来的社会变化的基础上思考中国未来的政策规划。在改革开放之前，国家在社会政策实践中扮演者“垄断者”的角色，全面提供着教育、住房、医疗等公共领域的服务，但城乡之间社会福利等存在着明显的分割，呈现出二元“社会中国”特征。改革开放后近二十年时间（20世纪八九十年代），中国积极思考实施社会主义市场经济，国家从教育、医疗等公共服务中退出，使这些领域走上了产业化道路。这个时候，大批的进城务工人员、灵活就业人员从城乡之间游离出来，没有得到社会政策的有效保护，使得城乡二元结构产生分化，呈现出三元“社会中国”的特征。到了21世纪，在社会利益分化日趋严重、社会发展日益不平衡和各种矛盾频发的情况下，国家开始重新考量自身在社会公共服务中的角色，重新回归到教育、住房及医疗等教育政策之中，加大了相关领域的财政投入。这对于“中华民族命运共同体”的建构来说，无疑具有十分重大的价值。三是制度方面。要构建“中华民族命运共同体”，必须形成统一的社会保护制度和统一的知识生产和服务体系。目前我国有关“中华民族命运共同体”的知识生产的整体化程度有待加强，各类主体之间的知识生产和服务素养不尽相同，因而必须以构建全国范围内的、跨越区域和城乡的知识生产和服务体系，不断提升各生产主体生产优质知识、提供优质知识服务的能力。四是理念方面。要建立“中华民族命运共同体”，就要让包括普通大众在内的各类知识生产和服务主体享受大体一致的社会福利和社会权利。

总之，在提升包括普通大众在内的各类知识生产和服务主体的社会认同后，他们将会以主人翁的角色投入知识的生产和服务之中，创造出优质的知识，服务于经济社会的发展。

二、推进各主体在社交化阅读平台这一公共领域的知识生产和服务活动

在今天，社交化阅读平台已经成为了包括普通大众在内的各类知识生产和服务主体开展知识生产和服务活动的公共领域。借助，社交化阅读平台的开放性优势，包括普通大众在内的各种知识生产主体，均能够在社交化阅读平台上自由、即时地生产、传播和分享知识，一个开放、理性以及可以循环交流的知识生产和服务的公共领域由此诞生。这一领域更契合哈贝马斯对公共领域的构想，即“提供开放的公共论坛，尊重弱势社群的发言空间，呈现多元化的报道，以彰显公共领域的精义及多元社会的理念”。① 需要指出的是，社交化阅读平台这一公共领域虽然在交流和沟通的自由和便捷方面与哈贝马斯的公共领域更为接近，但它却在哈贝马斯极为重视的理性化方面打了折扣：社交化阅读平台突破了时空和阶层的限制，来自四面八方、分属不同身份的人在其中交流思想、沟通感情，会使这一公共领域的交流出现非理性的状况，无序的、发泄式的讨论会削弱其公共领域的理性程度。由此可知，公众通过社交化阅读平台等社交媒体，获得了更多的参与知识生产和服务的机会，因而社交化阅读平台有效地延伸了公共领域的空间，使其知识生产和服务更具公共性，然而其裹挟着的无序化的垃圾信息也令人担忧。

鉴于社交化阅读平台这一公共领域中的非理性因素，不少人对其前景持消极态度，并列举许多例子来予以佐证。然而，从未来中国知识生产和服务来说，社交化阅读平台这一公共领域必然大有可为，因为它为各类知识生产和服务主体的参与提供了有效的途径，包括普通大众在内的各类知识生产和服务主体通过对各种现象、问题发表意见、提供观点，能为相关部门的决策提供参考，有些观点甚至倒逼相关部门及时对不合理的政策进行整改或废止，如孙志刚案件导致《城市流浪乞讨人员收容遣送办法》的废止。当前，有关中国实现社会善治的探讨一直在轰轰烈烈地进行着。要实现这一目标，必须有一个供政府和公众进行更为广泛、更为有效地交流和沟通的公共领域，就当前来说，这个公共领域应该由社交化阅读平台来建构，因为这一公共领域能够为政府和民众、民众与民众之间的平等沟通营造一个健康的舆论环境、提升知识生产和服务中各主体的参与意识和参

① 哈贝马斯．交往与社会进化［M］．张博树，译．重庆：重庆出版社，1993：35.

与度，从而推动我国民主社会的建立和完善。此外，从各个知识生产和服务主体发泄式的参与中也可以看出，目前中国民众对政府的施政行为存在着一些不满和抵触心理，政府倘若能够充分利用网络公共领域实现政务信息公开、在政策的制定和实施中广泛地征求公众的意见和建议，必然能够提升包括普通大众在内的各类知识生产和服务主体的社会认同感。据此可知，在知识生产和服务方面，社交化阅读平台这一公共领域虽然存在着破坏性的因素，然而其正面作用却更为巨大，社会各阶层参与背景下构建中国知识生产和服务的公共领域的前景极为光明。不过，要更为有效地发挥社交化阅读平台这一公共领域在知识生产和服务中的作用，必须处理好以下三个问题：

一是要想方设法地拓展社交化阅读平台这一数字公地。这是互联网时代知识生产和服务的现实要求，也是一种不可逆转的社会趋势。当前，各类主体通过社交化阅读平台参与知识生产和服务的热情极高、所涉足的领域也较为广泛，但数字公地中有效的知识生产和服务并未得到充分的实践，各类主体直接参与仍存在诸多的限制，社会对大众的参与仍存在较多的忧虑态度和抵触思维，适合于包括普通大众在内的各类知识生产和服务主体参与的模式仍然还没有建立起来。在这种情况下，社交化阅读平台这一公共领域虽然已有了“参与直通车”的能力，但各科类主体对知识的生产和服务的参与尚处于无序状态，具有可操作性的、有序的参与模式仍然需要不断的探索。

二是要考知识生产与服务的最大效益。倘若社交化阅读平台上的知识生产与服务符合各类主体利益，在通过社交化阅读平台参与知识生产和服务的过程中，各类主体就会积极、理性地生产、传播和分享信息，这就能够最大限度发挥社交化阅读平台这一公共领域在促进社会善治中的作用。因此让各类主体“共创共享”知识，使他们在生产和服务中获得众多的满足，是社交化阅读平台这一公共领域要做好的事情。

三是积极培育参与文化。所谓参与文化，是指一种能够在艺术表达和公众参与上做到低门槛地为个人创作和分享提供更强有力支持的，具有在某种程度上能够将知识从最具经验的群体传送递给新手们的非正式指导关系文化。① 一个社会

① 詹金斯，等．参与的胜利——网络时代的参与文化［M］．高芳芳，译．浙江大学出版社，2017：4.

若具备浓厚的参与文化氛围，各类主体就能够在知识生产和服务的参与中深信自己的行为是较为重要的，且在具体的参与中能够感知到特定的社会联系（至少参与其中的公众会对其他社会成员如何看待自己的参与较为在意）。由此可知，参与文化能够突破非参与文化中的生产及流通方式的限制，让各类主体能够较为平等而充分地参与到知识的生产、传播和分享之中，能够在一定程度上消除社会隔膜。社交化阅读平台上的知识生产和服务的参与能够较好地培育参与型文化，而参与型文化反过来又能促进社交化阅读平台这一公共领域中的知识生产与服务的大范围实践。在社交化阅读平台这一公共领域中，包括普通大众在内的各类知识生产和服务主体往往以社群的形式进行参与，这种方式鼓励共享而非个性表达，虽然在参与中存在不少问题，如结构性的不平等、参与者利益诉求多元化等，但由于它较为关注集体利益和社会价值观，使参与者有着共同伦理感受，这对理性化地参与知识的生产和服务有着积极的作用。不过我们也要看到，社交化阅读平台上的知识生产和服务的参与往往存在着参与的鸿沟，这是由包括普通大众在内的各类知识生产和服务主体的知识素养、网络技能等方面的差异造成的。因此在参与中，相关部门要善于引导，消除公众参与的鸿沟。这就要从整体上把握各种社会关系、文化话语和政策实践，帮助参与者在不同场景中将知识和技能有效地连通起来，形成一个整体的社会参与网络，使参与者能够在身份认同和社会行动的中间地带实现知识生产和服务的有效参与。

四是注重对各类知识生产和服务主体“自律”能力的培养，保护各类主体通过社交化阅读平台合法参与自谁生产和服务的权利。由于参与人数众多、利益诉求千差万别、知识传播和流变尤为迅速等原因，很多国家在引导社会成员理性参与知识生产和服务方面存在着明显的“无力感”。有鉴于此，在各类主体通过社交化阅读平台这一公共领域参与知识生产和服务的过程中，我国必须注重各类主体的“自律”能力的培养，让他们能够有效地通过社交化阅读平台这一公共领域参与到知识的生产和服务之中。

三、抑制知识生产和服务中的享乐主义

在社交化阅读平台的知识生产和服务之中，不少人有着享乐主义的情节，他们以一种狂欢、猎奇和非理性的姿态，在社交化阅读平台这一“体验式的数字部

落”之中生产、传播和分享中各种知识。在这一过程之中，他们被享乐遮蔽了双眼，被狂欢冲昏了头脑，生产、分享中充满低级趣味的信息。

众所周知，在当今社会中，信息、物质都较为丰裕，在这种情况下，以追逐享乐的方式参与知识生产和服务，如吃播等，并不会导致个体化的“孤独的狂欢”，相反，通过社交化阅读平台等社交媒体，在知识生产和服务中追逐低级、庸俗的享乐理念，能够将非理性的人连接起来，组成在线寻求感官刺激的“享乐部落”，这种部落的结构较为不稳，成员都具有快感强化性。在社交化阅读平台等时社会化媒体不断发展和普及的今天，“享乐部落”的理念和行为能够得以快速传播和扩散，他们在无下限的快感追逐中，既改变了知识生产和服务的规范性，又难以避免地滑向了庸俗的深渊。

网络刺激了享乐主义的扩散，但网络并不是享乐主义的天然温床。面对以体现为中心的“享乐部落”，我国应该大力抑制知识生产和服务中的享乐主义，同时积极引领“享乐部落”的成员自觉地投身于更为广阔的知识生产和服务的网络公共领域之中，打造高素养的“知识共创共享共同体”，助力社会美好生活的建设。

本章小结

本章着重对包括普通大众在内的各类知识生产和服务主体在社交化阅读平台中的知识生产、传播和共享走向饱含中华民族文化气息的“共创共享共同体”的可能性和路径进行了探讨，对规范社交化阅读平台中的知识生产和服务，充分发挥社交化阅读平台的社会价值有着巨大的意义。

第六章　社交化阅读中知识产品的著作权问题

在社交化阅读平台上，传统的图书极易被上传和分享，而数字化的知识产品也极易生产和获取。无论是传统图书的电子版还是在社交化阅读平台上生产的数字化作品，都极易被不断演绎和加工。此外，社交化阅读平台上的不少知识产品是由普通网民生产或者共同生产的。这些都说明，社交化阅读平台上的知识产品极易被侵权且很难界定，因此也就很难追究侵权者的责任。但社交化阅读平台不是著作权保护的法外之地，其中的侵权行为也必然要予以追究。

第一节　社交化阅读中知识产品著作权的内涵及特征

伴随着互联网尤其是移动互联网的不断普及，各类社交媒体纷纷崛起，社交化阅读逐渐成为阅读的风口。而社交化阅读平台上的知识产品的著作权保护业已成为一个重大而紧迫的任务。可以说，新的阅读形态激活了新的版权问题，而新的版权具有自身的特征。

一、社交化阅读中知识产品著作权的内涵

2018 年 9 月 30 日，爱奇艺发布的第三季度财报显示，截至 2018 年 9 月底，爱奇艺的付费会员收入首次超过广告收入。不少人为之欢欣鼓舞，认为这是在线视频产业版权保护环境不断优化的结果，其意味着网络版权发展的巨大潜力。网络版权产业研究基地秘书长张钦坤认为网络版权产业的迅猛发展体现了“科技+文化”之巨大活力。在线段视频只是网络知识产品的一个组成部分，随着互联网尤其是移动互联网与数字化内容生产和服务的不断融合，各类带有社交性的知识

生产和服务平台将会迅速崛起并野蛮生长，在精品内容的拉动下，社交化阅读平台中的知识生产和服务产业将会大有可为，而“内容+社交+AI 大数据”将会成为社交化阅读的下一波浪潮。有鉴于此，将网络出版、影视、动漫、短视频以及音乐等产业整合起来，对其中的版权加以澄清和保护，以培育更为健全的网络版权产业，无疑是一个值得重点努力的方向。

由此可知，社交化阅读中知识产品的著作权问题是一个事关网络知识产品能否快速发展壮大、事关我国网络知识产品能否有效走向世界、事关版权强国的建设等问题。那么，社交化阅读中知识产品的著作权究竟指什么呢？要弄清这一问题，首先得了解什么是著作权问题。著作权在以前被称为版权（copyright），是针对印刷技术尚不普及的情况提出的，有人也将之称为复制权，认为附属于著作的最为重要的权利，无外乎将之出版。根据著作权法的规定，“著作权”指作者或其他人（包括法人）依法对某一著作物享受的权利，而作者所享受的权利有：（1）以本名、化名或以不署名的方式发表作品；（2）保护作品的完整性；（3）修改已经发表的作品；（4）因观点改变或其他正当理由声明收回已经发表的作品，但应适当赔偿出版单位损失；（5）通过合法途径，以出版、复制、播放、表演、展览、摄制片、翻译或改编等形式使用作品；（6）因他人使用作品而获得经济报酬。上述权利受到侵犯，作者或其他版权所有者有权要求停止侵权行为和赔偿损失。

《中华人民共和国著作权法》对侵权行为进行了规定，包括 19 各方面：（1）未经著作权人许可，发表其作品的；（2）未经合作作者许可，将与他人合作创作的作品当作自己单独创作的作品发表的；（3）没有参加创作，为谋取个人名利，在他人作品上署名的；（4）歪曲、篡改他人作品的；（5）剽窃他人作品的；（6）未经著作权人许可，以展览、摄制电影和以类似摄制电影的方法使用作品，或者以改编、翻译、注释等方式使用作品的，本法另有规定的除外；（7）使用他人作品，应当支付报酬而未支付的；（8）未经电影作品和以类似摄制电影的方法创作的作品、计算机软件、录音录像制品的著作权人或者与著作权有关的权利人许可，出租其作品或者录音录像制品的，本法另有规定的除外；（9）未经出版者许可，使用其出版的图书、期刊的版式设计的；（10）未经表演者许可，从现场直播或者公开传送其现场表演，或者录制其表演的；（11）其他侵犯著作权以及与著作权有关的权益的行为；（12）未经著作权人许可，复制、发行、表演、放映、广播、汇编、通过信息网络向公众传播其作品的，本法另有规定的除外；（13）出版他人享有专有出版权的图书的；（14）未经表演者许可，复制、发行录有其表演的录音录像制品，或者通过信息网络向公众传播其表演的，著作权法另有规定的除外；（15）未经录音录像制作者许可，复制、发行、通过信息网络向公众传播其制作的录音录像制品的，著作权法另有规定的除外；（16）未经许可，播放或者复制广播、电视的，著作权法另有规定的除外；（17）未经著作权人或者与著作权有关的权利人许可，故意避开或者破坏权利人为其作品、录音录像制品等采取的保护著作权或者与著作权有关的权利的技术措施的，法律、行政法规另有规定的除外；（18）未经著作权人或者与著作权有关的权利人许可，故意删除或者改变作品、录音录像品等的权利管理电子信息的，法律、行政法规另有规定的除外；（19）制作、出售假冒他人署名的作品的。可见，著作权是作者对自己的作品所拥有的权利，包括撰写、修改、改编、翻译、发表、复制、传播等等。未经作者的允许对作品实施的所有活动，都属于侵权行为。

根据著作权法的界定，社交化阅读中的知识产品也是有著作权的，无论是以哪一种形式（含文字、图片、音频、视频）或融合多种形式来撰写、传播、修改、演绎知识产品，都存在着著作权问题。因此，社交化阅读中的知识产品的著作权是指著作权人对受著作权法保护的作品在社交化阅读平台上所享有的著作权权利。需要特别指出的是，在社交化阅读平台上，有些用户所发表的作品是极为简短的，但只要具有原创性、独创性，发布者同样拥有著作权，复制、转载、更改、引用、链接、下载、同步或以其他方式使用部分或全部内容，同样是侵权行为。所以从本质上来说，社交化阅读中知识产品是指在社交化阅读平台上发表的具有价值的独创文字或者是文字配合具有独创性的图片或视频，它既包括作者将自身所撰写的纸质作品、线下音频和视频传播到社交化阅读平台上的类型，也包括作者直接在社交化阅读平台上所生产的数字作品。无论是哪一种作品，作者都享有相应的著作权。而未经作者允许，私自将作品放在社交化阅读平台上进行传播、修改或篡改、署名等一系列相关的行为，都是侵权行为。除非是取得著作权法所规定的合理使用的权限。

二、社交化阅读中知识产品著作权的特征

社交化阅读平台上的各类作品更容易生产和传播，也更容易被侵权。但无论如何，对社交化阅读平台上的各类作品的著作权进行保护，具有法定性。此外，无论是从地域还是专有性上来说，由于社交化阅读平台上的各类作品能够在网络的赋权下，在极短的时间之内传到世界各地，因而其大大突破了专有性、地域性的限制。此外，受著作权保护的作品类型也不断出现。由此可知，社交化阅读中知识产品的著作权具有以下的特征。

1. 法定性

不得不说，相对于社交化阅读平台上知识产品的大批量创作和经常被侵权的情况来说，社交化阅读平台中知识产品的著作权法是滞后的。在网络的助推下，知识产权领域出现了诸多的新变化，传统媒体时期界定明确的知识产权，在互联网空间中就遭受巨大的挑战。因为相关的作品一旦以数字化的形式在网上传播，就成为社会大众能够唾手可得且随时分享的作品。同时，很多数字化产品不是由单个人或单位完成，而是由众多互不相识的网民共创创造和演绎出来的。在这种情况下，每当出现网络作品的侵权行为时，相关部门总会以以往的理论或者案例来进行判定，可一些理论和案例并不能在网络环境中起到相应的效果。正因为如此，很多人都对社交化阅读平台上的知识产品的著作权深感头疼。然而无论怎么说，社交化阅读平台上的作品，其著作权也具有法定性。正因为如此，各国才制定出了专门的网络版权法规，对网络原创、转载变原创、非法转载、转载不署名、转载无链接以及相关的版权限制等问题进行了规定。目的在于保护舆论空间中相关作品的著作权问题。

2. 专有性被大大削弱

著作权的专有性是只作品属于创作者所有，未经著作权人的允许，任何人不享有相关的权利，也不能使用相应的作品。在传统媒体时期，著作权往往以创作者创作、出版、发布相关的作品为依据，因而著作权的专有性较为明显。而在社交化阅读平台上，一些知识产品是将传统的著作转化为电子版、数字化的形式来

传播，而不少知识产品是在社交化阅读平台上直接生产的。这使得著作权的专有性明显逊色于商标、专利等领域的网络作品的专有性更是大打折扣。而在大众狂欢式的分享中，社交化阅读平台上的作品的著作权的专业性更是被降低。在社交化阅读平台上开展阅读活动时，很多用户并不关心相关的作品是谁创作的、其中经过了什么样的演绎等问题，他们只追求自己感兴趣的内容。其实，就连著作权人都难以了解自己的作品是否被商家或者用户在社交化阅读平台上进行传播和篡改，难以理解自己的作品的使用情况，更甭说广大用户了。而在不了解自己作品的使用情况的背景下，著作权人对如何控制作品的合理使用就更为困难了。加之一些著作权人对自己的作品是否被非法获取、篡改、传播并不关心，甚至以自己的作品能够被平台或者其他用户传播、演绎而自豪，根本不考虑版权问题。正因为如此，社交化阅读平台上的知识产品的著作权的专有性就被大大削弱了。

3. 地域性被大大突破

众所周知，任何国家、地区都极为重视著作权问题，都会想方设法地保护著作权人的相关权利。但客观地说，国家之间、国家和地区之间有关著作权的规定是有区别的。因此依据某国、某个地区的相关的法律，对著作权人的作品进行保护，就使著作全体现出了地域性，即著作权在哪个地域内有效的问题。按照相关规定，著作权的取得有两种方式，即自动取得和登记取得，虽然著作权多以自动的方式而存在，但其他人要使用，必须获得相关地域内的法律的认可。因此，在传统媒体时期，著作权的地域性是较为明显的。然而，随着网络技术的迅猛发展和不断普及，知识产品能够轻易地在不同的地区之间流动和传播，但就目前来说，很难找到一个通用于各个国家和地区之间的著作权法来界定是否侵权，而依据哪一个国家的著作权（哪怕在国内是极为成熟）来界定也是不切实际的。在这种情况下，著作权在不同的空间中的法律效力大为不同，因此著作权的地域性被大大突破。

4. 新的作品形式不断涌现

在传统媒体时代，人们创作的作品样式比较单一，如文字、图片、音频、视频等，往往以鼓励的形式存在（即使有交叉，也往往以文字和图片相结合的形式出现)，人们可以用文学作品、科学作品、影视作品、美术作品等来归类。但随着媒介融合不断推进，原本泾渭分明的作品，被迅速集成在一起。在这种情况下，人们很难再按照传统的方式来界定作品的类型，很多新兴的作品类型如FLASH、MTV 等纷纷出现，著作权保护的作品形式正不选衍生出来，这使得从传统意义上区分著作权类型的手段被颠覆。

第二节　社交化阅读中作品传播的法律属性及侵权归责

社交化阅读是伴随着社交媒体的兴起而勃兴的。社交媒体具有传播速度快、互动性强等特征，无论是什么作品，只要放到社交媒体平台上，都能够在短时间之内传遍世界各地，用户几乎不需要花钱就能分享到相关的知识产品。由此可知，相对于传统媒体时期尤其是纸质媒体时期的著作，社交媒体平台上的作品的生产、演绎和复制等成本极低，因而其往往被肆意复制和传播，造成侵权行为。在社交化阅读中，知识生产有其侵权主体，侵权后也存在着相应的归责问题。

一、社交化阅读中作品传播行为的法律属性

无论是个人还是单位，只要在社交化阅读平台上获取和分享知识，都涉及作品的传播行为问题，都面临着侵权的风险。尤其是获取和分享法律上认可的作品（这类作品具有独创性和可复制性等特征）时，其侵权风险更为巨大。

众所周知，在社交化阅读中，很多知识产品是由平台所提供的，当然也有部分作品是用户自行上传的。对于社交化阅读平台服务商来说，其往往是依靠自身所掌握的网络技术，为广大用户提供知识生产、储存与传播的空间，其直接的侵权行为相对来说较为容易规避，只要坚持获著作者允许后方上传相关的作品，以及在作品生产和传播中坚持红旗及避风港等原则，就能够将自身的侵权责任降到最低。对平台服务商来讲，坚持获著作者允许后方上传相关的作品，是比较容易做到的（除非是为了一己私利而不与著作者达成协议），但在处理用户上传的作品时，就容易产生侵权行为，因为我国《侵权责任法》第 36 条规定，当网络使用人已经对他人合法利益造成侵犯，而此行为已经被网络平台服务商知晓，然而网络平台服务商却没有采取一定的措施进行补救，他们就要和侵犯他人利益的网

络使用人一起承担连带责任。因此，社交化阅读平台除了要管好自身的行为外，还要管好用户的行为，当知晓用户的传播行为造成侵权时，就要及时删除相应的内容，并给予一定的惩罚。

对于广大用户来说，由于社交化阅读平台的准入门槛和传播成本均比较低，且传播速度快、互动性强，因而他们都倾向于在社交化阅读平台上获取和传播知识，有不少用户还上传作品。在上传的作品中，有的是原创的，有的则是抄袭的，当上传抄袭的作品时，就造成了侵权行为。而一些用户将其他用户上传的原创作品进行传播时，如果没有取得著作权人的许可并注明出处，也会构成侵权行为。在快餐化、碎片化阅读尤为流行的今天，用户在社交化阅读平台上上传和传播的作品，很大一部分是抄袭的，不少作品没有获取著作权人的许可也没有注明出处，这就侵犯了著作权，如果对作品进行了篡改，还侵犯了著作权人保护作品完整的权利。而一些作品虽然注明了作品的出处，但是没有获取著作权人的认可，也造成了侵权行为，这种情况顶多是尊重了著作权人的署名权，但仍然侵犯了作品的信息传播权。此外，还有一种侵权行为也是比较恶劣的，就是在没有经过著作权人允许的情况下，私自摘录整合其作品。如果在对作品进行汇编前得到了著作权人的许可，是可以进行摘录整合的，但摘录整合他人的作品进行汇编，只体现了汇编者的独创性，而不存在原创性，如果在汇编时没有加入自己新的想法、新的作品，就会造成侵权。

需要特别注意的是，一些用户在社交化阅读平台上看到有价值的作品时，喜欢随意转发给其他用户（这种情况在微信平台上比较常见），有的用户甚至直接把它们放在自己的朋友圈中或者直接转发到微信群，这种情况也造成侵权，因为无论是谁，只要不经著作权人的允许，把著作权人的作品在公共场合暴露出来（由于一个人拥有多个好友，因而转发到微信朋友圈或者微信群，可认定为在公共场合进行传播），让其他人阅读，都属于侵权。不过有一种情况应该可以视为不侵权，就是在作品没有出现禁止转载的字眼，阅读者将作品转发给单个朋友，和个别朋友进行分享互动，并没有其他的动机，就不造成侵权行为。正如中国政法大学冯晓青教授所说的那样，是否侵权应该看行为人的主观动机，如果转发给朋友分享只是想和朋友分享自己喜欢的文章并且著作权人没有明令禁止不能转载，那么不仅不构成侵权，而且可以快速传播信息和思想。

二、社交化阅读中侵权主体及归责

社交化阅读平台上的信息生产和传播具有开放性、多元化和复杂性等特征，加之参与者的动机较为多样化，因而在谈及侵权问题时，社交化阅读平台上的侵权就更为复杂。这是因为受社交化阅读平台的性质的影响，基于社交化阅读平台上的作品的生产和传播极难控制，著作权的归属以及保护难以有统一的标准，且作品的真实性、完整性等很难进行分辨。有鉴于此，社交化阅读平台上的作品侵权及认定，需要根据实际情况进行灵活应对。为了应对社交化阅读平台上的侵权行为，可以采用《民法典》中有关民事责任的“过错责任”和“无过错责任”的归类来处理，以在处理侵权行为时，让相关的主体承担或免除相应的责任。社交化阅读平台上的活动主体主要有三类：作品的生产者、平台服务商及用户，因而此处也以这三类主体为核心来探讨相应的侵权和归责等问题。

1. 作品的生产者

由于社交化阅读平台是一个极为开放的平台，只要进入相应的平台上，就可以生产作品。因此，社交化阅读平台上的作品的生产者包括个体、群体及组织等多种类型。这些生产者既可以进行作品的生产，也可以参与传播和分享相应的作品。他们为社交化阅读平台提供文字、图片、音频、视频、多媒体等各种阅读资源，不少人还会提供经过修改和汇编的作品。需要指出的是，在生产和传播相应的作品时，所有生产者都必须尊重他人的版权，也不得传播违反法律规定的内容。如果生产者在明知自己的行为会给他人造成伤害，仍然坚持生产和传播相应的作品，其行为就适用于“过错责任”原则，就要承担相应的法律后果。

2. 平台服务商

在 Web2.0 等技术的赋权下，各种经营社交化阅读的平台如豆瓣读书、喜马拉雅 FM、微信读书、起点阅读等纷纷崛起，这些平台为广大用户开展阅读行为提供了极为广阔的空间，用户可以随时随地获取和分享相应的知识。尽管平台服务商不直接生产作品，它们只是根据用户的喜好来提供相关的阅读作品，但其并不能远离侵权行为，因为它们提供的作品存在着没有取得著作权人许可的情况。

同时，平台服务商在提供服务的过程中，会为侵权行为的扩大和完成提供空间，如用户将侵权的作品上传到平台上，服务商没有履行红旗原则，或者对作品的出处没有履行应有的审查义务，就会让侵权行为得以实现。在这种情况下，平台服务商就要承担相应的侵权责任。关于这一点，原《中华人民共和国侵权责任法》也有明确的规定，如第 36 条规定：网络用户、网络服务提供者利用网络侵害他人民事权益的，应当承担侵权责任。网络用户利用网络服务实施侵权行为的，被侵权人有权通知网络服务提供者采取删除、屏蔽、断开链接等必要措施。网络服务提供者接到通知后未及时采取必要措施的，对损害的扩大部分与该网络用户承担连带责任。网络服务提供者知道网络用户利用其网络服务侵害他人民事权益，未采取必要措施的，与该网络用户承担连带责任。此外，如果平台服务商如果存在着教唆、帮助用户实施侵权行为的，也要承担相应的责任。

3. 用户

用户是社交化阅读中最为复杂的主体，他们同时扮演着作品的生产、传播等角色，且其类型也包括个体、群体及组织等多个方面，他们生产众多的作品，或多社交化阅读平台上的作品进行点击、浏览、下载、收藏、转发和互动，有的还会对平台上的作品进行修改。如果用户的相关行为如修改、转发等名义征得著作权人的同意，或者私自用于商业目的，就造成了侵权。

第三节　社交化阅读平台上著作权的保护思路

社交化阅读平台是一个极易侵权的空间。就目前来说，社交化阅读平台上的侵权行为已经引起了世界各国的高度重视。因此，思考社交化阅读平台上著作权的保护思路，已成为一个极为紧迫的任务。

一、社交化阅读中的技术伦理与著作权的保护

为了获取更多的用户，社交化阅读平台会采用算法的手段，根据用户的阅读习惯、阅读喜好等来推动阅读内容。为达到有效推送阅读内容的目的，社交化阅读平台会采用相关的技术，目前主要有相似矩阵和网络爬虫等技术，其中相似矩

阵主要用于对用户的个性化需求进行分析，网络爬虫主要用于阅读内容的搬运和聚合。在这两种技术中，相似矩阵一般不会侵犯著作权，而网络爬虫则是威胁著作权的一种技术，其所搬运和聚合的阅读内容，很多都没有征得著作权人的同意。

在使用网络爬虫来抓取阅读内容时，国际上一般是通过爬虫协议来规定哪些内容可以被抓取，哪些内容不能被抓取。但由于很多基本规定尚处于思考和建设之中，使得网络爬虫的不少抓取行为都处于“无秩序”的状态。一般来说，倘若是处于个人使用的目的来抓取相关的内容，就不构成侵权。但社交化阅读平台所抓取的内容，往往是用于传播和转载的，其商业意图比较明显，因而如不征得著作权人的同意，就会造成侵权。由此可知诸如网络爬虫等技术，皆会对伦理提出挑战。众所周知，伦理包含着正义、爱心、诚心等要素，其具有重大的现实意义。然而，面对不断涌现的新技术，伦理的诉求往往是力不从心的。在传统媒体时代，相关部门和人员能够根据伦理的诉求来生产和传播信息，即使抱有反伦理的心理，相关的信息也很容易被拒之门外。而在互联网时代，人们能够随时随地地生产、获取和分享信息，价值商业动机、消费主义和大众流行文化等因素的影响，在阅读中追求刺激成为一种尤为明显的现象，在碎片化、快餐化的阅读中，很多人不再遵循所谓的伦理，为了愉悦身心、获得特定的满足感，他们会相反设法地寻求反伦理的信息，如色情、反智等之类的信息。由此可知，在极具开放性、互动性的社交化媒体的影响下，不少人已丧失判断善恶的良知。而为了迎合那些寻求刺激的人的诉求并以此获得更多利益，不少社交化阅读平台往往会推出反伦理的阅读内容。这不能不说是社交化阅读时代的一大负面影响。而背后的原因是一些社交化阅读平台和用户的社会责任的丧失。由于社交化阅读是一个新兴的事物，对其进行规范需要一定的时间，当爬虫技术与社交化阅读相遇，就会在阅读内容和技术之间产生伦理之争，而在违背伦理的行为出现时，对什么负责、由谁负责、向谁负责等责任性问题就会不断拷问着世人。由于伦理包含着正义、爱心、诚心等要素，因而对社交化阅读来说，并不只是要求提供和传播有正能量的阅读内容，还要求本真正义和仁爱之心，不侵犯作者的著作权。

有鉴于此，社交化阅读平台在使用网络爬虫技术来抓取阅读内容时，要遵循伦理的要求，切实树立起负责人的理念，对所抓取的内容负版权使用的责任，且坚持传播正面信息。由于此处重点探讨的是技术伦理与著作权的实践这一问题，因而下面重点分析使用网络爬虫等技术抓取阅读内容，如何避免侵犯著作权问题。从相关的额法律和以往的判例来看，当网络爬虫所抓取的是诸如地址、电话等现实生活中的真实数据，则不构成侵权问题。而当网络爬虫抓取的是他人原创性的内容，如评论、观点、意见等，如不征得作者的同意，则会造成侵权。因此，网络爬虫所抓取的内容是否具有原创性、是包含着观点、意见和评论还是只有对事实的阐述、著作权人是否同意转载等，均成为判定社交化阅读技术使用伦理的依据。

需要特别注意的是，很多作品是以图片、摄影作品等形式上传到社交化阅读平台上的。为了防止对相关作品的侵权，人们采取了加水印等技术手段。其实，在当前的技术条件下，抹去水印技术只是顷刻之间的事情。当用户将水印抹去，并再次上传到其他社交化阅读平台空间时，就会造成侵权。这也是社交化阅读中的一个技术伦理问题。

综上所述，在新兴传播科技的赋权下，社交化阅读成为了一种全新的商业模式，但社交化阅读平台不能为了经济利益而置作品的著作权于不顾，在不征得著作权人允许、不支付报酬的情况下使用他人的作品。那些所谓的自己采用了新技术对作品进行处理，不需要获得著作权人许可的说法是站不住脚的。

二、社交化阅读中著作权保护的困境

虽然社交化阅读中的作品受到著作权的保护是一件不可争议的问题，但在实际的运作中，社交化阅读平台上的侵权行为仍然时有发生，作品的人著作权的保护仍然存在着诸多的困境。主要体现在以下几个方面：

1. 著作权人维权成本比较高且侵权者可以迅速删除相关内容

当著作权人发现自己的作品被侵权时，首先想到的就是维权。但社交化阅读平台上的侵权行为，其维权成本较高，它需要著作权人会费大量的时间、走较为烦琐的程序去维权，有的时候还牵涉到起诉，因而无论是从时间上还是从经济上来说，维权的成本比较高。需要指出的是，有的时候，作者发现自己的作品在某个平台上被侵权，但是这个平台是转发其他平台的内容，虽然其也造成了侵权，但最初的侵权者却不是它，而是最先上传的平台。笔者就曾经遇到这样的问题：2017 年 6 月，本人发现有个代写代发论文的网站（地址在成都）在没有经过允许的情况下全面上传了本人所撰写的一篇论文，该网站将其作为范文来推荐。更令人气愤的是，该网站还抹去了本人的署名权。发现这一问题时，本人第一时间和网站沟通，相关人员根本不当回事，问我的论文发表在哪里，当说出发表的杂志和日期时，相关人员以一种蔑视和无所谓的口气说，那个杂志和我们关系好得很，我们就是从他们那里拿到的材料。当本人要求网站撤下论文时，相关人员理直气壮地说，不会撤下来，要本人去找杂志社。如此明目张胆的侵权行为和毫无顾忌的态度，使本人深感恼火，于是打电话到成都市知识产权局，知识产权局的工作人员要求拿着证据到现场去起诉。当问及具体处理时间时，工作人员说要走程序、要取证，得有个过程。本人不在成都，做个了断，时间上和经济上都是个问题。由此可见，作品被侵权后，作者的维权成本极高。而与此相对应的是，侵权者所花费的成本则比较低甚至不需要付出任何代价。

除了维权成本较高以外，在收到侵权投诉时，侵权者可以在极短的时间之内删除侵权内容，毁灭了侵权的直接证据，尤其是摘录、汇编的作品，在删除相应的内容后，其侵权行为就更加难以被界定。这无疑也是社交化阅读中著作权保护的一大困境。

2. 作者、读者、平台的著作权保护意识较为淡薄

就作者来说，当发现自己的作品被侵权时，一些人会选择忍气吞声，一些人虽然想维护自己的著作权，但是却不知道如何维权。久而久之，他们就不再去追究著作权被侵犯的问题，这是维权意识较为淡薄的体现。就读者来说，由于他们是在互联网空间中开展阅读活动的，其阅读的广度和频度远不是传统媒体时期所能比拟的。同时，在社交需求的推动下，读者是在满怀各种情感的情况下来阅读社交化阅读平台上的作品的，很多读者没有契约精神，他们只是为了寻求刺激和娱乐，在对作品进行截取、加注、转载、收藏和共享时，很少考虑作品的出处，这种淡薄的著作权意识，极不利于著作权的保护。就平台来说，为了防止侵权行为，不少社交化阅读平台都会拟定相应的合同和协议，要求读者遵守相关的规定。然而，对社交化阅读平台来说，其以追求经济利益为第一位，它们将商业利

益凌驾于著作权之上，发布了一些有违知识产权保护的规定，如在豆瓣阅读的用户协议中，第 10 条第 2 款规定："用户同意授予豆瓣所有上述内容在全球范围内的免费、不可撤销的、永久的、可再许可或转让的独家使用权许可，据该许可豆瓣将有权以展示、推广及其他不为我法律所禁止的方式使用前述内容。"这说明，作者尤其是自媒体作者的著作权不能得到有效的保护，表明原作者不能享有其作品的独有著作权，而对读者提出类似协议的社交化阅读平台不在少数。

3. 快餐化、碎片化阅读和高频率的转发使著作权的保护难度增大

快餐化、碎片化阅读是互联网时代阅读的重要特征，社交化阅读平台上的阅读活动也是如此：用户寻找自己感兴趣的内容进行浅阅读，在发现有价值的片段内容时，他们会分享给其他用户。此外，在阅读的过程中，不少用户会及时转发相应的内容，且在转发的过程中，他们不会注明出处，甚至为了特殊的目的，还会将转发的内容据为己有，以显示自己的能耐。对于摘录和汇编的作品来说，这种侵权行为更为明显。高频度的转发，会让作品不断受到侵权。由此可知，碎片化的阅读和高频度的转发，大大增加了著作权认定的难度。

4. 社交化阅读的著作权广泛存在于各相关主体之间使得著作权的维护困难重重

在传统媒体时期，著作权主要存在于作者与出版社之间，也有部分存在于作者与读者之间，在维权时，只需要找到相应的出版社和侵权的个人或单位即可。但在社交化阅读平台上，作品的生产、上传、传播、下载、分享等各个环节都会产生新的版权问题。在对侵权行为进行界定时，其法律关系不再仅仅囿于作者与出版社和作者与侵权的个体及单位之间，而是广泛存在于作者与出版社单位之间（含网络出版的情况）、作者与阅读服务商之间、作者与用户之间、读者与阅读服务商之间、读者与出版商之间以及读者与读者之间。加之各个环节都可能存在对作品进行再创造的情况。可以说，多元化的利益纠葛使著作权的界定和维护更是难上加难，甚至陷入困顿。

5. 社交化阅读空间中的刷子和黄牛满天飞平添了著作权保护的难度

在很多社交化阅读平台之中，都存在刷子问题。数量庞大的刷子公然在社交

化阅读平台上成立工作室，在平台上向作者（尤其是新加入的作者）以及读者兜售点击率，对数据进行造假，而很多平台居然对之持放任自流的态度。而很多黄牛工作室不限于单纯地刷点，它们积极推荐榜单。这有点令人匪夷所思，因为刷点可以通过技术手段来完成，但是推荐榜单则需要平台编辑的配合，黄牛能够向作者、读者推荐榜单，难免让人怀疑其和编辑之间的联系。难怪有人会认为，平台对刷点和黄牛工作室的鞭挞，是一种贼喊捉贼的现象。由此可知，刷子和黄牛的存在，增加了著作权保护的难度。

三、社交化阅读中著作权保护的思路

尽管社交化阅读中的著作权的保护存在着诸多的困境，但整顿这些困境无疑是一个必需的行动。要整顿这些困境，必须有相应的措施。具体来说，社交化阅读中著作权的保护，可以从以下几个方面进行思考。

1. 把握合理使用的界限

对社交化阅读中的著作权的合理使用进行规定，以使阅读平台、用户在不侵犯作者著作权的情况下，对作品进行合理的使用，这对知识的有效传播和积累有着较为积极的价值，对各方来说都是有利的。社交化阅读中的著作权的合理使用包括法律规定条件下的合理使用以及作者的默认许可下的合理使用。

首先是法律规定条件下的合理使用。著作权法第二十二条规定在下列情况下使用作品，可以不经著作权人许可，不向其支付报酬，但应当指明作者姓名、作品名称，并且不得侵犯著作权人依照本法享有的其他权利：（1）为个人学习、研究或者欣赏，使用他人已经发表的作品；（2）为介绍、评论某一作品或者说明某一问题，在作品中适当引用他人已经发表的作品；（3）为报道时事新闻，在报纸、期刊、广播电台、电视台等媒体中不可避免地再现或者引用已经发表的作品；（4）报纸、期刊、广播电台、电视台等媒体刊登或者播放其他报纸、期刊、广播电台、电视台等媒体已经发表的关于政治、经济、宗教问题的时事性文章，但作者声明不许刊登、播放的除外；（5）报纸、期刊、广播电台、电视台等媒体刊登或者播放在公众集会上发表的讲话，但作者声明不许刊登、播放的除外；（6）为学校课堂教学或者科学研究，翻译或者少量复制已经发表的作品，供教学或者科研人员使用，但不得出版发行；（7）国家机关为执行公务在合理范围内使用已经发表的作品；（8）图书馆、档案馆、纪念馆、博物馆、美术馆等为陈列或者保存版本的需要，复制本馆收藏的作品；（9）免费表演已经发表的作品，该表演未向公众收取费用，也未向表演者支付报酬；（10）对设置或者陈列在室外公共场所的艺术作品进行临摹、绘画、摄影、录像；（11）将中国公民、法人或者其他组织已经发表的以汉语言文字创作的作品翻译成少数民族语言文字作品在国内出版发行；（12）将已经发表的作品改成盲文出版。社交化阅读中的著作权的合理使用也适用于著作权法。

其次是作者的默认许可下的合理使用。众所周知，社交化阅读平台具有开放性、互动性等特征，作者在上传自己的作品时，应该知道自己作品在网络空间中传播的不确定性，社会大众以及各类单位都能够随时随地阅读和使用自己的作品。在这种情况下，作者仍然将自己的作品上传至社交化阅读平台之中，用户有理由推定作者上传的作品为默认使用。如果作者没有特别的版权声明，用户便能使用其作品。但需要指出的是，用户不能将他人的作品用于商业目的，也不能侵害作者的署名权和作品的完整权。作品的合理使用限于个人学习、研究或者欣赏、介绍、评论、说明时适当引用，以及教学、科研等活动中的使用。

2. 完善社交化阅读中的法律体系

要完善社交化阅读中的法律体系，需要考虑两个方面的问题：一是需要科学立法，二是需要加强司法和执法力度。就第一个方面来说，要看到新技术条件下相关法律的滞后性，及时调整和优化相关法律法规，排除新旧媒体在著作权交易中的不正当竞争行为、规范有关主体的职责和权利。就第二个方面来说，要积极培养一批专业性的骨干人才，让他们在调解社交化阅读中的著作权纠纷方面发挥应有的作用。同时，要加大对侵权行为的惩罚力度，一旦发现侵权绝不手软，让那些明知故犯的社交化阅读平台及读者及时收手，以震慑侵权者。

3. 创新著作权交易制度

版权交易制度的创新主要包括五种情况，一是实现在线许可，二是实现开放许可，三是达成协议，四是构建版权集体管理制度，五是完善传统媒体和社交化媒体之间的著作权交易制度。

（1）实现在线许可。社交化阅读中充满着各种互动活动，网络广泛连接的特性使得作品生产、传播和共享的成本变得极低，因而人类阅读的阵地逐渐向社交化阅读平台转移。在这种情况下，社交化阅读平台已不仅仅是一种阅读平台，它还是一个在线版权交易平台。只要在作品生产、上传的第一环节做好作品的产权归属问题，就能够在作者与平台、作者与读者之间开展一对一的在线许可与付费等活动。由此可知，借助社交化阅读这一在线交易平台，相关主体之间可以建立起效率更高的版权交易规则并按照规则进行交易，避免侵权行为的发生。

（2）实现开放许可。客观地说，虽然在线许可和交易能够在一定程度上破解社交化阅读中著作权的困境，然而由于社交化阅读中充满着各种互动和分享活动，因此建立在线交易关系实属不易，加之有关各方很难在作品生产和上传的第一时间建立联系，尤其是对于那些协同创作的作品来说，更是难以捋顺版权归属问题，这无疑会在作者和读者之间产生障碍，也会阻碍阅读产业的发展。在这种情况下，弱化著作权人对其作品的控制力度，在不损害著作权人利益的情况下，各主体在社交化阅读平台上进行开放式交易。不过这种交易要求著作权人牺牲著作的财产权，因而在具体操作中有一定的难度。

（3）达成协议。著作权法的主要价值在于调整、分配作品传播、使用过程中所产生的经济利益，以及保护作品的完整性。在社交化阅读中，著作权受到新兴技术和新兴商业模式的影响，出现了更难界定和追责的情况。在社交化阅读中，平台往往采用网络爬虫等技术来抓取阅读内容，这种聚合类的内容服务，在著作权方面遭受诸多非议，原因是通过网络爬虫技术所抓取的阅读内容，其不是平台的原创，可是在阅读中去能够让平台获得巨额经济价值。然而，平台通过“深层链接”和网页“转码”的来提供阅读服务所获得的利益，是在用户（读者）的阅读和分享中获得并实现不断增值的，很难用传统意义上的著作权法来界定，在具体判断中很容易产生纷争。当法律难以尽快解决问题时，以协议的方式来解决问题，就是一个不错的选择。实际上，社交化阅读平台以及用户，均可以通过协议的形式，获得作品的使用权利。众所周知，社交化阅读中是一个新兴的阅读形式，保护其空间中作品的著作权的法律法规尚不健全。在这种情况下，以科学、合理的合约来处理著作权，是一种较为有价值的手段。在签订合约时，社交化阅读平台和读者均要与作者明确相应的授权问题，然后签约并向作者支付相应的报酬。国家版权局规定，在合约的有效期内，“甲方（著作权人）出电子版要经过出版社的许可，出版社自己要出电子版或者许可第三人出电子版，要经过甲方（作者）的书面许可”。这说明社交化阅读中的数字作品的著作权，可以以签约的形式获得。

（4）构建版权集体管理制度。在社交化阅读这一开放性极强的空间之中，采取集体管理的形式，也不失为一种有效的途径。我国的《著作权集体管理条例》的第2条指出，著作权集体管理是指集体管理组织经权利人授权集中行使权利人的有关权利，并以自己名义与使用者订立许可使用合同、收取使用费、转付使用费并进行有关法律诉讼仲裁等活动。著作权的集体管理模式主要包括两种形式，即自由竞争模式和垄断模式。社交化阅读置身于一个十分开放的网络空间之中，有着自身特定的商业链。这说明相应的著作权的管理也应该以市场为导向，并有效利用各种网络技术，构建集体性的著作权集体管理制度，这不仅能够降低运作成本，还能够有效维护各方利益，达到了共建各相关主体的利益池的目的。

（5）完善传统媒体和社交媒体之间的著作权交易机制。传统媒体和社交媒体之间的著作权交易制度不完善，使两者在著作权交易中产生了不正当竞争行为。实事求是地说，这种不正当竞争，其危害往往比侵权更为严重。要消除这种不正当竞争，可以从完善著作权的授权和版权交易等方面入手，在明确著作权归属、确定合理使用和授权使用情况的基础上，在新旧媒体之间对著作权进行合理的交易。

4. 有效利用相关的技术

从技术的层面考虑社交化阅读中的著作权保护问题，可以从数字水印技术、数字指纹技术以及区块链技术等三个方面进行思考。

首先是数字水印技术。这是著作权保护中的一种较为有效的办法。通过在原始数据中嵌入水印这一秘密信息，来证明数据的所有权问题。数字水印技术所采用的秘密信息，可以是文字和标识，也可以是序列号，水印通常是不可见的，及时可见，擦除也需要一定的时间。水印隐藏于数据之中，以特殊的形式保存下来，能够证实版权的归属问题。

其次是数字指纹技术。这是数字签名技术的一种，也是重要的著作权保护方式。发文方在文本中生成散列值，并用私用密钥对散列值进行加密，以形成数字签名。与数字水印技术将标识等加入数据产品之中以表示作品的所有者的做法不同，数字指纹技术能够对所发出的每份拷贝进行跟踪，倘若发现非法复制，就可以根据数字指纹来找到非法复制者。

最后是块链技术。区块链技术是一个全新的技术，可以用在社交化阅读空间的著作权的保护之中。也许大家都还记得，2018 年 6 月 28 日，杭州互联网法院所审判的网络传播权纠纷案。在此案的审判中，杭州互联网公司开了对先河，对采用区块链技术存证的电子数据赋予法律效力。此案一宣判便立即引起各方的关注。在杭州互联网法院看来，对区块链存证在内的电子证据进行认定，应该坚持公平、公正的态度，既不因为其是新兴技术而提高或者排斥其证据认定标准，也不会因为其技术带有难以删除、难以篡改的特性就降低认证标准，而是根据电子证据的相关法律规定来判断其证据效力。众所周知，区块链是一种去中心化数据库，由多个机构或者多个公司的服务器作为节点构成网络，如想修改某一区块数据，则需要修改该区块之外所有数据，因而其具有难以篡改和删除的特点，可以作为一种可靠的电子证据存证手段，应用于著作权方面的存证。在著作权登记中，区块链能够发挥其分布式存储、多节点连接、不受时空限制、使用成本低、数据安全得以保障等特征，将著作权的保护带入智能化阶段。毫无疑问，在于人工智能结合后，具有不可篡改和不易擦除特征的区块链技术，可以轻易地检索到被侵权的文本和侵权行为。同时，区块链技术还可以被应用于版权的交易之中，让相关的数据得以在交易中有效流转。需要指出的是，利用区块链技术来保护著作权，也并不是万无一失的，在这方面它也存在着漏洞。如在进行著作权登记时，相关部门往往不会对内容进行实质性的审查，这就造成在某个链条上登记过的作品，也可以在其他链条上登记，这种原来存在于互联网空间中的问题，在区块链上也会存在。

5. 提高社交化阅读平台的责任意识

在社交化阅读的著作权的保护中，责任是一个尤为重要的因素，正是由于平台、用户等主题缺乏著作权保护的责任意识，在社交化阅读平台上肆意上传、下载、收藏和分享有关的作品，才导致侵权问题不断发生。可以说，新兴的技术使平台和用户都钻了著作权保护的空子。然而，社交化阅读并不是法外之地，任何人都必须树立责任意识，不能依托于技术优势而损害著作权人的有关权利，在使用他人作品时，一定要有担当精神，一定要有责任心，自觉规范自身的行为，严防侵权行为的出现。

6. 提升行业的规范度

在著作权的保护中，行业规范能够在很大程度上保证版权交易产业的持续发展。在社交化阅读中，各种侵权行为屡见不鲜，越来越成为著作权保护的障碍。虽然技术和法律能够在很大程度上规避侵权问题，但是难以根治千奇百怪的侵权行为。在这种情况下，加强行业自律，将社交化阅读中的著作权的运作带入陈述的轨道，让有关各方在开展相关活动时，都能够带有谨慎之心，都能够坚持公正、仁爱、守法依规的理念，不做损害他人利益的事情，全面保护相关主体的利益。

本 章 小 结

本章对社交化阅读中知识产品著作权的内涵进行了界定，对社交化阅读中知识产品著作权的特征进行了探讨。在此基础上，本章对社交化阅读中作品传播的法律属性及侵权归责问题进行了较为详细的研究，并深入思考了社交化阅读平台上著作权的保护问题。

结论与讨论

社交化阅读平台在人类的知识生产和服务之中发挥着巨大的作用，它嵌入了经济基础结构及社会变革之中，对社会的发展进步有着不可估量的价值。不过我们也要看到，社交化阅读平台上的知识生产和服务，也存在着良莠不齐、鱼目混珠的情况，应该对其进行有效的治理。

一、嵌入经济基础结构及社会变革之中的社交化阅读平台上的知识生产与服务

1. 嵌入到经济基础结构之中的社交化阅读平台上的知识生产与服务

霍尔（Hall）认为，关乎改变人的态度——改变或确认意见——的每一种传播形式，皆浇灌了关于自我的新形象，也皆有其作用，他们并非外在于“经济基础”，它们是经济基础的一部分。① 在现代经济及其特殊的结构里，文化机构如报业、书刊、广播、电视、电影以及网络等，已不再是处于次要乃至边缘位置的东西，无论它们自身如何变化、无论它们与其他生产机构发生了怎样的勾连和整合，他们都是经济组织的一部分。虽然我们强调大众传播是上层建筑的重要一环，但大众传播体系已卷入了经济基础结构之中。

借助于信息技术，资本已经拓展到了网络空间之中，形成了一套独特的资本积累范式。社交化阅读平台等网络媒介作的知识生产和服务为信息资本主义生产与消费的重要载体，它孕育了网络经济，补足了经济循环圈，复制、生产与再生产了资本主义的生产关系。因而社交化阅读平台等网络媒介也深深地嵌入信息社会的经济结构之中。网络技术已经不只是传播技术，它进入了人类的生产性流程

① 吴理财．编码与解码视域中的公共文化服务［J］．江汉论坛，2012（1）：142.

当中，对人类产品的生产、流通及消费有着极为巨大的支撑作用。在此情况下，作为知识生产和服务平台，社交化阅读平台必将在改变全球经济价值链乃至全球经济结构中扮演着重要角色。

网络这一新的信息技术催生并扩大了人类参与、合作与分享的生产模式，将使用网络的人们（网络用户）拉入了有经济报酬（如 OGC）和无经济报酬（如 UGC）的狂欢（自愿）和不得已（非自愿，受技术操控）的知识生产和服务之中。从网络经济的层面来说，网络技术给各知识生产和服务主体带来的不是一场激动人心的“参与”之旅，而是将之带入了资本增值的航道，使之遭到深度剥削。社交化阅读平台等网络媒介所精心设计的各种平台，并不是人类娱乐和生活的美好天堂，它终将落入窠臼，让参与到其中的人戴上商业的紧箍咒。网络平台不断给人们带来娱乐、情感体验等新刺激的动力不是来源于社交化阅读平台等网络媒介的人性化关怀，而是源自于资本增值和扩张的逻辑。诸如社交化阅读平台等网络媒介中的知识生产和服务，在殖民着各类知识生产主体尤其是广大网络用户的非薪资劳动的同时还使他们的隐私处于危险的边缘，知识生产与服务、网络用户、空间、时间、爱情友情亲情，乃至社会关系都卷入了商品化的潮流，社交化阅读平台等网络媒介在轻松地操控着各类知识生产与服务主体的劳动。

当然，我们也看到了一个事实，就是社交化阅读平台等网络媒介为各类知识生产与服务主体提供了一个个可以体验人生五彩生活、拓展人的社会关系网络、提升人的社会声望、求知、找到幸福感的平台，各类知识生产与服务主体在社交化阅读平台等网络媒介提供的光怪陆离的网络平台中获得若干非经济报酬形式，依据自己的娱乐习惯、信息偏好以及社会行为等在网络平台上各取所需。恰如罗振宇所说，只要你在某一方面有专长，够本事，通过网络便可迅速找到与你相适应的组织，与其他节点分工协作，完成一个项目，并体现你的价值。你的一切——无论是主意、时间还是经历，都会由市场给你一个公道的价格。不过，在这众多非经济报酬的背后，仍然隐藏着社交化阅读等网络媒介扩大资本积累的逻辑，网络平台让各类知识生产与服务主体在获得众多非经济报酬的同时也对其创造的非经济财富进行了无偿的霸占，并将之用作吸引其他主体开展知识生产和服务活动的诱饵，以扩大社会效应，置换更多的经济报酬，将获得非经济报酬的各类知识生产与服务主体钳制在商业的逻辑空间之中。

总之，社交化阅读平台等网络媒介已经深深地嵌入到了经济基础结构之中，各类主体的知识生产与服务始终处于资方的商业逻辑之中，各类主体的知识生产与服务活动在促进网络经济发展、补足人类社会经济的循环圈等方面作出了巨大贡献。

2. 嵌入到社会变革之中的社交化阅读平台上的知识生产与服务

众所周知，“媒介权力”一直是传播研究中的核心问题，媒体被视为第四权力机构，新闻工作者被称为无冕之王。在传统媒体时期，就有学者指出，大众化传播媒体具有获取与传递信息、环境监测、社会遗产传承功能、社会协调、舆论引导、刊登广告、提供娱乐等功能。而在新媒体蓬勃发展的今天，媒介的触角更是深入人类生存、生活的方方面面，对社会的政治、经济和文化产生了巨大的影响，成为社会权力结构中的具有重大影响力的一种因素。伴随着网络等新兴技术而崛起的社交化阅读平台等网络媒介，其为各类主体提供着知识生产和服务的空间，在知识的生产、传承和服务等方面发挥着巨大的作用。而在知识的生产和服务之中，社交化阅读平台等网络媒介能够较为容易地塑造公共意见。

由此可说，在社会的发展进步中，社交化阅读平台的价值是不容忽视的，这是因为在社交化阅读平台上的知识生产和服务中，带有公共性的知识生产和服务活动能够充分地让各种文化交流碰撞，能够让社会更加关注人类发展的前途和命运。社交化阅读带有公共性和互动性，它能让相关的参与者在充分的沟通中生产知识，并提供着知识服务。众所周知，经过社会各界交流互动后生产出来的知识，一般能够超越某种狭隘的观点，对某些不合时宜、对社会发展有着负面影响的思想进行结构并使之瓦解，并播撒很多符合社会发展潮流的思想。在社交化阅读平台等知识生产和服务的新的空间之中，一系列有价值的、令人心旷神怡的场景的搭建，吸引着社会各界人士纷纷进入，兴高采烈地开展着知识生产、传播和消费活动，结成一个个的社群，由此打造出若干个知识生产和服务社区，并在此基础上延伸和拓展网络公共领域的空间，使知识生产和服务不仅成为人们日常生活的重要组成部分，也成为人类文化生产和传承的重要组成部分，并由此成为推动社会变迁的重要武器。由此可知，社交化阅读平台上的知识生产与服务已经嵌入到社会变革之中，为社会的发展注入了强大的动力，这也是世界各国大力发展社交化阅读的原因所在。

二、社交化阅读中知识生产与服务的未来走向

随着移动通信技术的发展，社交化阅读平台上的知识生产与服务大有可为——网速的提升推高了知识生产和传播的品质，场景的搭建满足了各种主体的体验感，媒体壁垒的打破让内容在不同的媒体之间自由流动，社交天性的满足让知识生产和服务成为日常生活的重要组成部分……在这种情况下，社交化阅读平台上的知识生产与服务的未来走势已经较为明显。

1. 知识生产和服务将会更加智能化

随着智能媒体的发展，社交化阅读平台上的知识生产与服务必将朝着智能化的方向迈进，知识生产和服务产品的智能控制、人机交互的人性化特征越来越明显，知识生产、传播和消费将更为立体化。

2. 知识生产和服务将会更为多元化

伴随着社交化阅读的深入发展，社交化阅读平台上的知识生产与服务将会向着更为多元化的方向发展：一是方向的多元化。社交化阅读平台上的知识生产和服务将不再是以大众狂欢为面向，而是以出版、教育和专业的知识需求为面向。二是主体的多元化。社交化阅读平台上的知识生产和服务的主体众多，包括政府、科研院校、社会团体、社会组织、社会大众以及各类平台企业等，其生态链更为完善。三是形态的多元化。社交化阅读平台上的知识生产和服务将会不断创新可供应的知识产品形态与知识服务方式，如文献产品、查询服务及知识导航产品、资讯产品、线上培训产品、广告产品等。四是技术应用的多元化。社交化阅读平台上的知识生产和服务的技术应用也会朝着多元化的方向发展，如语义分析、知识资源管理、知识加工、知识挖掘、知识组织等。

3. 知识付费将会大行其道

知识付费得益于社交媒体的崛起，受惠于大众对知识的渴求。随着众多资本的进入，知识付费的商业模式将会日益成熟，知识产品的形态将会日益多元化。

可以预料的是，在今后的相当长的时间内，媒体行业、数字出版行业、教育行业以及社会大众对知识尤其是优质知识的需求将会不断上升，而很多互联网公司都在想方设法地进入知识付费市场。这使得知识付费市场呈现出需求旺盛、资本进入强势的局面。因而可以肯定，在社交化阅读平台上，知识付费将会大行其道。

三、社交化阅读中知识生产和服务存在着较大的隐患

社交化阅读平台等网络媒介的知识生产和服务为人类带来了新的经济模式和生活方式，使社会的生产和生活结构发生了巨大的变化，人们越来越沉浸在知识生产和服务带来的喜庆之中。然而，与其他网络平台一样，社交化阅读平台也不是一块净土，依托于社交化阅读平台所进行的知识生产与服务，时时夹杂着较为浓重的垃圾味：诈骗、色情、暴力、诽谤抹黑、泄密、灌水、无节制的狂欢导致身心受到严重损害、网络推手的推波助澜、数字版权的严重侵犯，等等，为国家的网络治理带来巨大麻烦。

有人认为网络空间是一个没有围墙、不设防的空间。事实上，网络空间也有自己的运行规则，不懂网络空间的交通规则就不可能在网络这条信息高速公路上驰骋。正如克莱·舍基所说："抛弃旧有限制并不会引领我们进入一个没有限制的世界。无论是过去、现在还是将来的世界都有其限制，抛弃旧的限制仅仅是为了给制定新限制清理出空间。"① 莫斯可也告诉我们：释放"机器中的幽灵"就意味着要认识到，既然所有的生命都是信息，所有的信息都是生命，那么一切都有可能。这完全是一个对符码的控制问题。②

社交化阅读平台等网络媒介中的知识生产和服务裹挟着巨大的破坏性。当前的网络空间是一个网络用户当道、微博流行，资方逐利、平台林立的空间，各知识生产和服务主体创造和促进知识传播的巨大能力对网络空间的治理形成巨大挑战，知识生产、传播和消费可能偏离主流价值观的轨道，疯狂地对剩余价值进行榨取使社交化阅读平台等网络媒介无暇顾及知识生产和服务平台的垃圾清理。群情激化、风险想象以及递增回馈效应都会对社会带来巨大的负面影响。递增回馈

① 克莱·舍基．认知盈余［M］．胡泳，哈丽丝，译．北京：中国人民大学出版社，2011：181.

② 莫斯可．数字化崇拜：迷思、权力与赛博空间［M］．黄典林，译．北京：北京大学出版社，2010：145.

效应类似于将一个扩音器放置于某个麦克风的旁边，麦克风发出的声音，通过放置于旁边的扩音器传入到其他的扩音器，使原来的声音在“递增”的情况下发挥扩音效应，若类似的情况不断反复，原来比较微弱的声音就会在一系列扩音之后变得震耳欲聋。那些因为递增回馈效应而传来的声音，往往是扭曲了的声音，以至于对社会产生了巨大的破坏力。此外，社交化阅读中的作品的侵权问题时有发生，且在侵权行为进行界定和追责时，会存在这样那样的困境。

面对社交化阅读平台等网络空间之中吵吵嚷嚷的杂音，现实却是知识把关难度大、公众风险意识参差不齐、多元利益博弈、社会责任意识薄弱等境况。在这种情况下，我们应该培育各知识生产和服务主体的主流价值观和理性意识，防止无聊地扔垃圾的行为。

总之，社交化阅读平台等网络媒体已经深深地嵌入社会经济基础结构之中，网络空间中的知识生产和服务形成了与网络新资本形态相一致的范式。在可以预见的未来，社交化阅读平台上知识生产和服务将会更加智能化、知识生产和服务将会更为多元化、知识付费将会大行其道，但社交化阅读平台上知识生产和服务中的诈骗、色情、暴力、诽谤抹黑、泄密、灌水、无节制的狂欢、数字霸权的严重侵犯等，无疑会给社会带来巨大的负面冲击。因此，人类在享受社交化阅读平台的知识生产和服务所带来的果实的同时，要坚决而有效地对其展开治理，避免其负面影响。

参考文献

一、中文著作类

[1] 鲍德里亚．完美的罪行［M］．王为民，译．北京：商务印书馆，2000.

[2] 陈虎东．场景时代——构建移动互联网新商业体系［M］．北京：机械工业出版社，2016.

[3] 陈启杰等．中国后工业社会消费结构研究［M］．上海：上海财经大学出版社，2011.

[4] 丹·希勒．数字资本主义［M］．杨立平，译．南昌：江西人民出版社，2001.

[5] 道格拉斯·凯尔特．波德里亚：一个批判性读本［M］．陈维振，等，译．南京：江苏人民出版社，2005.

[6] 德波．景观社会［M］．南京：南京大学出版社，2017.

[7] 费孝通．乡土中国［M］．上海：上海人民出版社，2006.

[8] 弗里茨·马克卢普．美国的知识生产与分配［M］．孙耀君，译．北京：中国人民大学出版社，2007.

[9] 顾晓光．拥书权拜小诸侯——图书馆馆长访谈录［M］．北京：海洋出版社，2014.

[10] 郭庆光．传播学教程［M］．北京：中国人民大学出版社，2011.

[11] 哈贝马斯，交往与社会进化［M］．张博树，译．重庆：重庆出版社，1993.

[12] 黄健．新媒体浪潮［M］．南宁：广西教育出版社，2011.

[13] 景天魁，等．时空社会学：理论与方法［M］．北京：北京师范大学出版社，2012.

[14] 凯斯 · R. 桑斯坦 . 信息乌托邦：众人如何生产知识 [M]. 毕竟悦，译 . 北京：法律出版社，2008.

[15] 克莱 · 舍基 . 无组织的组织力量 [M]. 胡泳，沈满琳，译 . 杭州：浙江人民出版社，2015.

[16] 克莱 · 舍基 . 认知盈余 [M]. 胡泳，哈丽丝，译 . 北京：中国人民大学出版，2012.

[17] 孔剑平，等 . 社群经济：移动互联网时代未来商业驱动力 [M]. 北京：机械工业出版社，2015.

[18] 雷切尔 · 博茨曼，等 . 共享经济时代 [M]. 唐朝文，译 . 上海：上海交通大学出版社，2015.

[19] 李彬 . 全球新闻传播史（公元 1500—2000 年）[M]. 北京：清华大学出版社，2009.

[20] 刘辉 . 认同理论 [M]. 北京：知识产权出版社，2017：101.

[21] 马克思恩格斯选集（第 1 卷）[M]. 北京：人民出版社，1972.

[22] 马克思恩格斯全集（第 48 卷）[M]. 北京：人民出版社，1982.

[23] 马歇尔 · 麦克卢汉 . 理解媒介：论人的延伸 [M]. 何道宽，译 . 北京：商务印书馆，2000.

[24] 迈克尔 · A. 豪格，多米尼克 · 阿布拉姆斯 . 高明华，译 . 社会认同过程 [M]. 北京：中国人民大学出版社，2011.

[25] 麦克尔 · 哈特，安东尼奥 · 奈格里 . 帝国 [M]. 杨建国，等，译 . 南京：江苏人民出版社，2003.

[26] 芒图 . 十八世纪产业革命 [M]. 陈希秦，杨人楩，吴绪，译 . 北京：商务印书馆，1983.

[27] 莫斯可 . 数字化崇拜：迷思、权力与赛博空间 [M]. 黄典林，译 . 北京：北京大学出版社，2010.

[28] 曼纽尔 · 卡斯特 . 网络社会的崛起 [M]. 夏铸九，王志弘，等，译 . 北京：社会科学文献出版社，2000.

[29] 米兰达 · 布鲁斯-米特福德，菲利普 · 威尔金森 . 符号与象征 [M]. 周继岚，译 . 上海：生活 · 读书 · 新知三联书店，2010：125.

[30] 尼葛洛庞帝．数字化生存［M］．胡泳，译．海口：海南出版社，1997.
[31] 诺曼·K. 邓津，等．定性研究：方法论基础［M］．风笑天，等，译．重庆：重庆大学出版社，2007.
[32] 派恩．体验经济［M］．北京：机械工业出版社，1999.
[33] 罗伯特·斯考伯，谢尔·伊斯雷尔．即将到来的场景时代［M］．赵乾坤，周宝曜，译．北京：北京联合出版公司，2014.
[34] 托马斯·弗里德曼．世界是平的［M］．北京：东方出版社，2006.
[35] 藤竹晓．现代大众传播理论［M］．东京：日本放送出版社，1968.
[36] 王绍平，等．图书情报词典［M］．上海：汉语大词典出版社，1990.
[37] 王晓朝．清华哲学年鉴（2003）［M］．石家庄：河北大学出版社，2004.
[38] 韦博成．统计诊断引论［M］．南京：东南大学出版社，1991.
[39] 谢立中．现代性后现代性社会理论［M］．北京：北京大学出版社，2004.
[40] 詹金斯，等．参与的胜利——网络时代的参与文化［M］．高芳芳，译．浙江大学出版社，2017.
[41] 张新新．变革时代的数字出版［M］．北京：知识产权出版社，2016.
[42] 章戈浩．数字时代的受众商品论［A］//胡正荣．新媒体前沿［C］．北京：社会科学文献出版社，2012.
[43] 赵颖梅．知识服务探索与实践［M］．成都：西南交通大学出版社，2014.
[44] 赵悦阳．医学图书馆知识服务理论与实践［M］．沈阳：辽宁科学技术出版社，2014.
[45] 赵帅．网络时代：“最好”的时代［M］．北京：北京工业大学出版社，2014.
[46] 中央电视台大型纪录片《互联网时代》主创团队．互联网时代［M］．北京：北京联合出版公司，2015.

二、外文类（著作、期刊论文）.

[47] Bill McKibben，Deep Economy. The Wealth of Communities and the Durable Future（Times Books，2007），105. The research is from Brian Halweil，Eat Here：Homegrown Pleasures in a Global Supermarket，World Watch Institute

(W. W. Norton, 2004) 11-12.

[48] Burgess J. YouTube. Online Video and Participatory Culture [M]. Cambridge and Malden, MA: Polity Press, 2009.

[49] Chrysikos A, Ward R. Cloud Computing Within Higher Education: Applying Knowledge as a Service (Kaa S) [M]. Continued Rise ofthe Cloud, 2014.

[50] David Weinberger. Too Big to Know-Rethinking Knowledge Now That the Facts Aren't the Facts, Experts Are Everywhere, and the Smartest Person in the Room Is the Room [M]. Basic Books, 2014.

[51] Dyer-Witheford, Nick. Cyber-Marx: Cycles and Circuits of Struggle in High-Technology Capitalism [M]. Urbana, Ill.: University of Illinois Press, 1999.

[52] E. M. Rogers, A. Singhal. Empowerment and Communication: Lessons Learned From Organizing for Social Change [J]. International Communication Association, 2003, 27 (1): 27.

[53] Heidiger V, Vonderau P. Films that Work: Industrial Film and the Productivity of Media [M]. Amsterdam: Amsterdam University Press, 2009.

[54] Jhally, S. The Codes of Advertising: Fetishism and the Political Economy of Meaning in the Consumer Society [M]. New Yorkand London: St. Martin's Press and Frances Pinter, 1987.

[55] Jha1ly. S. The Codes of Advertising: Fetishism and the Political Economy of Meaning in the Consumer Societv [M]. New York and London: St. Martin's Press and Frances Pinter, 1987.

[56] Mattelart, A. Networking the World, 1794—2000 [M]. University of Minnesota Press, 2000.

[57] Marshall McLuhan, Lewis H. Lapham. Understanding Media: The Extensions of Man [M]. MIT Press; Newedition, 1988.

[58] McKibben B. Deep Economy: The Wealth of Communities and the Durable Future [M]. New York: St. Martin's Griffin , 2008: 105.

[59] Mayer, V. Below the Line: Producers and Production Studies in the New Television Economy [M]. Durham: Duke University Press, 2011.

[60] McChesney, R. The Political Economy of Media: Enduring Issues, Emerging Dilemmas [M]. New York: Monthly Review Press, 2008.

[61] Meyrowitz, J. No Sense of Place: The Impact of Electronic Media on Social Behaviour [M]. Oxford: Oxford University Press, 1985.

[62] Napoli, P. M. Audience evolution: New technologies and the transformation of media audiences [M]. New York: Columbia University Press, 2005.

[63] Polanyi. The TacitDimension [M]. London: Routlege & Kegan Raul, 1966.

[64] Read, Jason. The Micro-Politics of Capital: Marx and the Pre-History of the Present [M] Albany, New York: State University of New York Press, 2003.

[65] Schiller D. How to Think about Information [M]. Chicago: University of Illinois Press, 2010.

[66] Scholz T. Digital Labour: The Internet as Playground and Factory [M]. New York: Routledge, 2013.

[67] William Bloom. Personal Identity, National Identity and International Relations [M]. Cambridge University Press, 1990: 53.

[68] Conger. The empowerment process: Integrating theory and practice [J]. Academy of management review, 1988, 13 (3): 471-482.

[69] Ito, M., Horst, H., Bittanti, M., Boyd, D., et al. Living and learning with new media: summary of findings from the digital youth project [J]. Digital Media & Learning, 2008 (1).

[70] Kliegl, R. Tracking the mind during reading: The influence of past, present, and future words on fixation durations [J]. Journal of Experimental Psychology: General, 2006 (135): 12-35.

[71] Mark Granovetter. Business Groups and Social Organization [J]. Handbook of Economic Sociology, 2003 (10).

[72] Mark Granovetter. The Social Constructiong of Comiption [J]. Theory and Sooiety, 2005 (2).

[73] Martin E. Fundamentalism as a socail phenomenon [J]. Bulletin of the American Acadmey of Arts of Sciences, 1980: 42.

[74] Matthews, Nancy A. Surmounting a legacy: the expansion of racial diversity in a 1oca1 anti-rape movement [J]. Gender and Society, 1989 (4).

[75] Micky Lee: Google ads and the blindspot debate. Media, Culture & Society, 2011 (4).

[76] Miles I. Knowledge in tensive business service: Prospects and polices [J]. The journal of Future Studies, Strategic Thinking and Policy, 2005 (12).

[77] Napoli, Philip M: Revisiting "Mass Communication" and the "Work" of the Audience in the New Media eEnvironment. Media, Culture & Society, 2010 (4).

[78] Postigo H: America online volunteers: Lessons from an early co-production community. International Journal of Cultural Studie, 2009 (9).

[79] Read, Jason: The Hidden Abode of Biopolitical Production: Empire and the Ontology of Production. Rethinking Marxism, 2001 (12).

[80] Ross, P. "Problematizing the User in User-Centered Production: A new Media Lab Meets Its Audiences." Social Studies of Science, 2001 (2).

[81] Scythe, D. W. Some Observations on Communication Theory, Educational Technology Research & Development, 1978 (12).

[82] Scythe, D. W: Dependency Road: Communications, Capitalism, Consciousness, and Canada, Canadian Journal of Sociology, 1981 (9).

[83] Scythe, D. W: "Communications: Blindspot of Western Marxism." Canadian Journal of Political and Social Theory, 1977 (1).

[84] Smythe, Dallas W: Communications: Blindspot of Western Marxism. Canadian Journal of Political and Social Theory, 1977 (1).

[85] William Bloom. Personal Identity, National Identity and International Relations [M]. Cambridge: Cambridge University Press, 1990.

三、论文类(期刊论文、论文集、学位论文、报纸)

[86] 曹晋，张楠华．新媒体、知识劳工与弹性的兴趣劳动——以字幕工作组为例 [J]. 新闻与传播研究，2012 (5).

[87] 陈树强．增权：社会工作理论与实践的新视野［J］．社会学研究，2003（5）．
[88] 陈伟军，媒介融合趋势下的知识生产［J］．国际新闻界，2011（5）．
[89] 董军．被遗忘的一段想象：现代互联网思想的启蒙［J］．上海师范大学学报（哲学社会科学版），2018，47（1）．
[90] 邓逸钰，王垚．数字出版领域知识服务智能化转型新模式探究［J］．新媒体研究，2018（3）．
[91] 傅翠晓，等．知识生产研究综述［J］．科技进步与对策，2009（1）．
[92] 管云波．知识表征的研究：从个体认知到社会呈现［D］．山西大学博士学位论文，2011．
[93] 贺芳．基于知识生态理论的知识服务运营模式研究——知识服务生态系统运营模式［J］．北京印刷学院学报，2019（3）．
[94] 何琳，魏雅雯，茆意宏．移动互联网用户阅读利用行为研究［J］．图书情报，2014（17）．
[95] 胡军．关于知识定义的分析［J］．华中科技大学学报，2008（4）．
[96] 胡泳．自由时间的力量［J］．IT 经理世界，2011（23）．
[97] 黄丽等．网络直播平台整顿背后：用户量超 2 亿有平台市值逾 30 亿美元［N］．每日经济新闻，2016-04-01（4）．
[98] 黄令贺，等．百科词条特征及用户贡献行为研究——以百度百科为例［J］．中国图书馆学报，2013（1）．
[99] 黄先蓉，等．IP 生态视域下移动化阅读产业盈利模式创新研究［J］．出版科学，2018（1）．
[100] 黄慧珍．终极信仰视野下的三种人类文化价值模式［J］．教学与研究，2005（9）．
[101] 金坤．传媒经济学视阈下互联网音频知识付费现象研究［D］．广州大学学位论文，2018．
[102] 李长健．论劳动关系的异化——兼论事实劳动关系与劳务关系的区别［J］．华中农业大学学报（社会科学版），2004（12）．
[103] 李志峰，高慧，张忠家．知识生产模式的现代转型与大学科学研究的模式

创新［J］. 教育研究，2014（3）.
［104］林国安. 从“得到”看知识服务新媒体的运营策略［J］. 采写编，2017（5）.
［105］林海芬，苏敬勤. 产业持续动态创新模型的演变及实证研究——基于知识生产视角［J］. 科学学与科学技术管理，2010（2）.
［106］刘涛. 身体抗争表演式抗争的剧场政治与身体叙事［J］. 现代传播，2017（1）.
［107］陆晔. 大 IP 时代的网络视频即视频网站流量分析方法［J］. 新媒体研究，2017（8）.
［108］吕卫文. 知识生产的“社会—认知”分析［D］. 华中科技大学学位论文，2009.
［109］梁颐. 互联网赋权研究：进程与问题［J］. 东南传播，2013（4）.
［110］毛里齐奥·拉扎拉托. 非物质劳动（上）［J］. 国外理论动态，2005（3）.
［111］彭兰. WEB2.0 在中国的发展及其社会意义［J］. 国际新闻界，2007（10）.
［112］彭兰. 移动互联网时代的现场与在场［J］. 湖南师范大学社会科学学报，2017（3）.
［113］邱林川. 告别 i 奴：富士康、数字资本主义与网络劳工抵抗［M］. 社会，2014（4）.
［114］邱林川. 新型网络社会的劳工问题［J］. 开放时代，2009（12）.
［115］齐懿，孙珂. 论劳动关系的异化［J］. 知识经济，2013（14）.
［116］孙俊峰，等. 一生读书计划：党政干部书架［M］. 山西教育出版社，2016.
［117］唐晓波，李新星. 基于人工智能的知识服务研究［J］. 图书馆学研究，2017（13）.
［118］王传珍. 知识付费奇点与未来［J］. 互联网经济，2017（1）.
［119］王佳航，余媛. 信息过载视域下的内容付费——以喜马拉雅与得到 APP 的付费专栏为例［J］. 新闻论坛，2017（6）.

[120] 魏艳华. 人工智能：开启知识服务新业态——访方正阿帕比出版业务和海外业务总经理李宁 [J]. 中国报业，2019 (15).

[121] 吴理财. 编码与解码视域中的公共文化服务 [J]. 江汉论坛，2012 (1).

[122] 岳经纶. 建构"社会中国"：中国社会政策的发展与挑战 [J]. 探索与争鸣，2010 (10).

[123] 杨逐原. 对回归理性的网络论坛的思考 [J]. 社科纵横（新理论版），2008 (9).

[124] 张慧. 付费语音问答平台"分答"的传播机制分析 [J]. 传媒观察，2016 (12).

[125] 张晓林. 走向知识服务——寻找新世纪图书情报工作的生长点 [J]. 中国图书馆学报，2000 (5).

[126] 张棣. 知识服务变现与创新的实践 [J]. 出版广角，2018 (7).

[127] 张新新. 变革时代的数字出版 [M]. 知识产权出版社，2016.

[128]《中华人民共和国公共图书馆法学习问答》编写组. 中华人民共和国公共图书馆法学习问答 [M]. 北京：中国法制出版社，2019.

四、网络资料

[129] 新浪网. 不列颠百科全书将"绝版" [EB/OL]. http：//news. sina. com. cn/w 2012-03-15 / 072024118249. shtml. 2018-03-05.

[130] 周源. 知乎团队的路是怎么走来的，知乎未来又将如何发展 [EB/OL]. https：//www. zhihu. com/ question/19551453/answer/14198737.

[131] List of Wikipedias [EB/OL]. [2011-11-24]. http：//s23. org/wikistats/wikipedias_html. Tim O'Reilly. What is web2. 0：Design patterns and business models for the next generationsoftware [EB/OL]. http：//www. oreillynet. com/pub/ a/ oreilly/ tim/ news/ 2005/09/30/ what-is-web-20. html , 2005-09-30.